"互联网+教育"大平台建设理论与实践

石义琦 / 编著

东北师范大学出版社

长 春

图书在版编目（CIP）数据

"互联网+教育"大平台建设理论与实践 / 石义琦编
著. — 长春：东北师范大学出版社，2021.7
ISBN 978-7-5681-7532-6

Ⅰ. ①互… Ⅱ. ①石… Ⅲ. ①网络教育—研究 Ⅳ.
①G434

中国版本图书馆CIP数据核字（2021）第143554号

□责任编辑：石　斌　　　　□封面设计：言之凿
□责任校对：刘彦妮　张小娅　□责任印制：许　冰

东北师范大学出版社出版发行
长春净月经济开发区金宝街 118 号（邮政编码：130117）
电话：0431-84568115
网址：http://www.nenup.com
北京言之凿文化发展有限公司设计部制版
北京政采印刷服务有限公司印装
北京市中关村科技园区通州园金桥科技产业基地环科中路 17 号（邮编：101102）
2022年4月第1版　2022年4月第1次印刷
幅面尺寸：170mm×240mm　印张：18.75　字数：306千

定价：45.00元

前言
FOREWORD

人类社会已进入21世纪，信息技术已渗透到人类发展的方方面面，人们的生产方式、生活方式以及学习方式正在发生深刻的变化，这其中，记录、传承人类文明发展几千年历史的基础教育更是在信息技术的冲击下经历了巨大的变革。传道、授业、解惑的师长们逐步远离了粉笔和黑板，计算机、网络、人工智能等越来越多地出现在课堂上，教学过程也不再单纯依靠教师个人的经验，而是通过一些技术手段、平台和资源为学生营造一个同伴教育的学习环境，教师从教学的主导者演变成了教育的组织者。全民教育、优质教育、个性化学习和终身学习已成为信息时代教育发展的重要特征。面对日趋激烈的国力竞争，世界各国普遍关注教育信息化在提高国民素质和增强国家创新能力方面的重要作用。《国家中长期教育改革和发展规划纲要（2010—2020年）》（以下简称《教育规划纲要》）明确指出："信息技术对教育发展具有革命性影响，必须予以高度重视。"

2012年9月5日国务委员刘延东在全国教育信息化工作电视电话会议上提出："十二五"期间，要以建设好"三通两平台"为抓手（也就是"宽带网络校校通、优质资源班班通、网络学习空间人人通"，建设"教育资源公共服务平台和教育管理公共服务平台"），力争实现四个新突破，即教育信息化基础设施建设新突破、优质数字教育资源共建共享新突破、信息技术与教育教学深度融合新突破、教育信息化科学发展机制新突破。

2018年4月13日教育部发布的《教育信息化2.0行动计划》正式提出"三全两高一大"，即教学应用覆盖全体教师、学习应用覆盖全体适龄学生、数字校园建设覆盖全体学校，信息化应用水平和师生信息素养普遍提高，建成"互联网+教育"大平台，推动从教育专用资源向教育大资源转变、从提升师生信息技术应用能力向全面提升其信息素养转变、从融合应用向创新发展转变，努力构建"互联网+"条件下的人才培养新模式、发展基于互联网的教育服务新模式、探索信息时代教育治理新模式。

上述政策文件可以充分说明，"互联网+教育"大平台是推动教育信息化发展的重要支撑。本书试图从教育与技术、技术与平台以及"互联网+教育"大平台的发展三个层面撰写信息技术推动教育软件与平台发展的理论与实践。深圳市南山区从2008年就开始开展"互联网+教育"大平台建设的实践探索，通过10多年的努力，南山区的"互联网+教育"大平台随着新的需求与技术的发展，经历了两次改版升级，我把它称为"三代'互联网+教育'大平台"。本书重点介绍深圳市南山区三代"互联网+教育"大平台建设方案：第一代建于2008年，以基于PC端的应用为主，称为"基于PC服务的教育综合大平台"；第二代建于2015年，主要是基于云技术，解决数据中心与移动端的应用问题，称为"基于云服务的教育综合大平台"；第三代建于2019年，主要是基于微信小程序的大用户轻应用，称为"基于小程序的轻应用教育大平台"。

"互联网+教育"大平台是新一轮教育改革的重要支撑，大平台的建设迫在眉睫。但教育软件的发展历程以及教育对软件平台的需求还存在不完全一致的现象。因此，我期待此书能在"互联网+教育"大平台的设计与建设方面给读者带来一点启发。

石义琦

2020年2月于深圳南山

目 录
CONTENTS

第一章 教育与技术

我国电化教育诞生于1915年，标志性事件是金陵大学设校园电影放映场。我国的电化教育是先有其事，后有其名，其事是1915年最早出现的，其名是1936年正式确定的。关于我国电化教育发展的阶段划分，学者们的意见也不一致，经过研讨，大多数人同意"三阶段论"，将我国电化教育发展历程划分为三大阶段：中国早期电化教育阶段（1915—1949年）、新中国初期的电化教育阶段（1949—1978年）、电化教育全面发展阶段（1978年至今）。下面主要介绍1978年以后我国电化教育的发展过程。按照教学过程中使用的主流技术与主流理论，作者将其分为传统电教平台时期、计算机辅助教学时期、信息技术与学科教学整合时期、信息技术与学科教学融合时期、智慧教育时期。

第一节 传统电教平台时期（1978—1990年）

自1978年我国电化教育重新起步以来，到20世纪90年代初期，我国的电化教育处于视听教育阶段，即传统电教平台时期。20世纪70年代后期，随着我国经济的重建，教育复苏，电化教育重新起步，一切从头做起，立机构、组队伍、添设备、编教材、出书刊、开课程、建专业、搞试验，各项建设红红火

1

火，迅速发展，这个时期作者称之为"传统电教平台时期"。

传统电教平台时期，电化教育的"三件"建设就是该时期的标志，即硬件建设、软件建设、潜件建设。硬件建设由"三机一幕"到电教系统工程建设，主要是电教设备、设施的建设，其主要任务是电化教育系统工程的建设，也就是现代教育技术环境的建设，主要内容包括"八室一站三系统"。"八室"是：①普通电教室；②多媒体综合电教室；③语言实验室；④计算机室；⑤学科专用电教室；⑥微型电教室；⑦视听阅览室；⑧电教教材库。"一站"是卫星地面接收站。"三系统"是：①广播系统；②闭路电视系统；③计算机网络系统。

软件建设主要是电教教材的建设，主要形式是投影片、幻灯片、电视片和录音带，其主要任务是建立各科现代教材体系。现代教材体系由两个部分构成：一是书本教材（又叫文字教材、印刷教材）系统，包括文字教科书、讲义、教学指导书、学习指导书、习题集、实验实习指南等；二是非书本教材（又叫音像教材、视听教材、电教教材）系统，包括幻灯、投影、录音、电影、电视、唱盘、视盘、计算机课件等。这两类教材都以教学大纲为依据，为实现同一教学目的服务。现代教材体系有两个明显的特点：一是成套化、系列化，二是多媒体化。建立现代教材体系，也就是实现各科教材的系列化、成套化、多媒体化，最后建成各科的教材箱和学习包。

潜件建设主要是电教理论和方法的建设，其主要任务是建立电教理论体系和现代信息技术环境下的现代教学模式体系。潜件建设由电教概念、特点、作用等的简单阐释，到初步构成以"七论"（本质论、功能论、发展论、媒体论、过程论、方法论、管理论）为内容的理论体系框架等。"七论"的基本内容：①本质论。电化教育就是运用现代教育媒体，并与传统教育媒体恰当结合，传递教育信息，以实现教育最优化。电化教育的本质是一种新的教育方式，又是一个过程，是人机协作、高速优质培养人的过程。②功能论。电化教育有两个基本功能、四个基本作用。两个基本功能：一是它不受时间、空间、微观、宏观的限制，将教学内容涉及的事物、现象、过程，全部再现于课堂，极大地丰富了学生的学习资源，扩大知识领域；二是它能提供代替的经验，使抽象概念半具体化，具体事物半抽象化，从而使教学、学习变得容易，既容易转向具体实际化，也容易转向抽象概念化。四个基本作用包括提高教育质量、提升教育效率、扩大教育规模和促进教育改革。③发展论。中国电化教育的发展经历了萌芽阶段、起步阶段、初期发展阶段、停滞阶段、迅速发展阶段。④媒体论。电教媒体是利用现代技术储存和传递教育信息的工具，它由两个相互联系的要素所构成：一是硬件，或叫设备，即用于传递教育信息的各种教学机器；二是软件，又叫教材，即各种教学片带。两个要素缺一不可，否则不能形成电教媒体，而软件（教材）是媒体的灵魂，是电教的主攻方向。⑤过程论。电化教学过程是一种特殊的教学过程，它是教师借助现代教学媒体，传递教学信息，引导学生学习的过程。电化教学过程的基本要素是教师、学生、现代教学媒体，必须充分发挥三者的作用，才能实现教学过程最优化。⑥方法论。电化教育的方法包括电化教学方法和电化教育科学研究方法。电化教学方法是利用现代教育媒体，并与传统教育媒体恰当结合，传递教学信息，进行教学活动所采取的工作方法。常用的电化教学方法大致有以下几种：课堂播放教学法、远距离播放教学法、程序教学法、微型教学法、机器考查成绩法。只有使电化教学方法与传统教学方法实现最优结合，才能达到最佳的教学效果。电化教育科学研究方法是逻辑方法与数学方法的结合。这两类方法各有所长，前者的长处在于说理，后者的长处在于准确，交叉使用，可以互相补充、互相完善。⑦管理论。电化教育的管理包括人的管理、时间的管理、信息的管理、设备的管理和教材的管理五个方面。对人的管理是一切管理的重点，也是电教管理的重点。"电教七论"奠定了中国特色的电化教育理论体系的基础，是电化教育学科形成的最显著标志。

在传统电教平台时期，我国电化教育的"三件"建设都取得了较大的进展，主要成绩包括：①硬件建设方面。普通教室"三机一幕"（投影机、幻灯机、录音机和投影幕）的建设发展相当快，有些经济发达地区已经基本普及。②软件建设方面。20世纪80年代以来，各级学校制作了数以万计的各类电教教材，包括幻灯、投影、录音、电视、计算机课件等，特别是制作了一批与九年义务教育文字教材配套的音像教材，在一定程度上弥补了电教教材的不足，促进了教学质量的提高。③潜件建设方面。经过20多年的探索，我们已初步构建了一个以"七论"为内容的理论体系框架，初步形成了以课堂播放教学法、远距离播放教学法、程序教学法、微型教学法、机器考查成绩法等为内容的电化教育方法体系。存在的主要问题是"三件"建设不同步，"重硬轻软忘了潜"（只重视硬件建设，忽视软件建设，忘了潜件建设）。

在传统电教平台时期，电教领域应用的主流技术是投影、录音、电视技术；起主导作用的理论基础是戴尔的"经验之塔"和行为主义学习理论；教育指导思想是应试教育；教学原则是以操作训练为中心，重在刺激呈现和训练；技术的作用是知识呈现与输出；教学方法是呈现、刺激、反应、强化；表现形式是视听传输型。

第二节　计算机辅助教学时期（1990—2000年）

1958年IBM公司开发出了最早的计算机辅助教学（CAI）系统。20世纪50年代末到20世纪70年代末是以大、中、小型计算机为中心的时代，这一时期的教育软件都是为一些大、中型的计算机辅助教育系统开发的。这些系统硬件投资比较大，教学软件数量较少，使得计算机辅助教学的发展曾一度走入低谷。随着20世纪70年代末微型计算机的出现，计算机教育应用峰回路转，迅速发展。到20世纪90年代初，多媒体技术逐渐发展成熟，计算机教育应用和教育软件的发展引起了人们前所未有的关注，大量教育软件进入教师的教学和学生的学习视野，这个时期作者称之为"计算机辅助教学时期"。

中国的计算机教育应用是20世纪80年代初从苹果机开始的，比国外发达国家晚了20多年。进入20世纪90年代后，中国的教育软件开启商品化和市场化，涌现出了一批从事教育软件开发的公司，这时才真正进入计算机辅助教学时期，如北京科利华公司、北京新未来电子技术公司等。这些公司推出了一批有影响力的教育软件，如CSC校长办公系统、园丁校长办公系统、CSC电子备课系统、CSC电脑家庭教师（小学版、初中版和高中版）、武大"华软"系列多媒体智能教育软件和深圳"鹏博士"多媒体教育软件等，极大地推动了教育软件的发展。

1996年9月国家教委基础教育司颁布了《中小学计算机教育五年发展纲要（1996—2000年）》，明确地提出了我国"九五"期间计算机教育软件研制开发的目标和落实目标的主要措施。1996年国家计委又将"计算机辅助教学软件研制与开发"列为国家"九五"重大科技攻关项目，该项目于1997年正式启动，目前已经取得了较大的成果。1998年12月教育部推出的《面向21世纪教育振兴行动计划》又为我国的电化教育事业勾画出一个鲜明的轮廓，也为我国电化教育普及、教育软件发展和校园网建设提供了前所未有的机遇。

教育软件不仅是一种软件产品，同时还是一种教育产品，因而具有区别于一般软件产品的特殊性。相对于教育的研究和发展来说，计算机辅助教学还是一个新生事物，是一个学步的婴儿。未来的教育软件必须做到以下几方面：①重视学习理论和教学理论研究成果的应用。②充分挖掘信息技术为教育提供的新的可能性，把计算机教育应用与教育教学改革结合起来。世界各国计算机教育应用的经验表明，以传统的方式运用新技术注定要失败，信息技术运用于教育对教育来说是一场深刻的变革，必须把自上而下的改革和自下而上的改革结合起来，使技术真正与教学结合起来，才可能取得成功。③以素质教育作为软件的基本内容和软件开发的重要指导思想。④教育软件基本模式由操作与训练、模拟等方式向问题解决、主动探索、协作学习等方面发展。

从计算机辅助教学时期开始，信息技术才真正成为必不可少的学习和教育工具。我们认为，计算机辅助教学时期可以分为两个大的阶段：第一阶段，计算机作为数据处理和文字处理的工具，存储试题和档案；第二阶段，计算机作为教授和学习的辅助工具，解决教学中的重点、难点问题。但是，近几年来，随着多媒体和网络技术的发展，以计算机为核心的教育信息技术正在成为现代教育技术的主流，发展计算机教育已经成为当今世界教育改革的重要内容。计算机在教育中的作用正在进入一个全新的阶段，即以计算机为基础的教育和学习。这是因为信息技术已经成为人类的基本工具，是最活跃的生产力。因此，信息技术也必然应该成为解决信息时代教育问题的基本工具。1998年2月，《中国青年报》社会调查中心的"北京市中学生家教软件市场调查"表明，高达72.4%的学生和家长赞同"家教软件将成为学生课外学习的主要工具"。

目前，信息技术教育应用已经被教育主管部门确定为教育改革的突破口。要实施素质教育，要实现"快乐"和"高效"地教育和学习，除了观念需要来一次彻底的变革之外，最为迫切的是要在教育和学习上采用全新的手段，显然，这对教育软件的数量和质量都提出了新的要求。

在计算机辅助教学时期，以教为中心的思想在教育中源远流长，这个时

期的教育软件基本上也都是以教为中心，主要作用仍然是辅助教授，而很少考虑学生"如何学"的问题，主要表现为：①把计算机作为存储工具；②把计算机作为教师教学的辅助手段，用来帮助教师教授；③把计算机作为教学工具，代替教师的教授、指导。这种以教为中心的教育思想和教育软件仍然是计算机辅助教学时期的主流。但是，以教为中心的教育思想目前受到越来越严峻的挑战。一方面，20世纪初杜威进行的大量理论和实践的探索表明，必须重新考虑学习者的地位，教是外因，学是内因；另一方面，新信息技术的发展和建构主义思想的传播使得以学为中心的思想有了更充分的技术和理论支持。显然，开发以学习为中心的思想指导的教育软件已经势在必行！

在计算机辅助教学时期，电教领域应用的主流技术是以个人计算机为核心的教育信息技术；起主导作用的理论基础是行为主义学习理论和认知学习理论；教育指导思想从应试教育向素质教育过渡；教学原则是以教为中心，重在教授与辅导；技术的作用是教学辅助软件、知识载体；教学方法是知识结构、认知结构、指导、教授；表现形式是多媒体辅助型。

第三节　信息技术与学科教学整合时期（2000—2010年）

整合技术的学科教学知识（TPACK）是一种新兴的知识类型，它超越了单纯的学科内容知识、教学法知识和技术知识，并存在于这三种知识的动态交互关系当中，在我国起步于20世纪90年代末至2000年初。

20世纪90年代初，美国中小学对以计算机和网络通信为标志的信息技术就有较普遍的应用，所以在国际上信息技术与课程整合是美国最早开展的。而我国的信息技术与课程整合起步相对较晚。20世纪90年代末，随着网络技术的发展，信息技术对教育的影响才慢慢由计算机辅助教学时期过渡到信息技术与学科教学整合时期。但在整合的起始阶段，实施的主要模式是Web Quest（基于网络的探究），它关注的是学生基于网络的自主学习、自主探究。进入21世纪以后，除了Web Quest，整合的模式又增加了"运用技术加强理科学习

（Technology Enhanced Learning in Science，简称TELS）"模式。TELS的切入点是结合技术整合的要求，将中学理科课程重新设计——把初、高中理科各学科的课程内容设计成18个主题模块（初、高中各9个主题模块）。TELS模式这样做是要把类似Web Quest的、基于网络的探究性学习引入理科的课堂教学，以便更有效地实现信息技术与学科教学的课内整合（原来的Web Quest完全属于课外整合），从而革除Web Quest这种课外整合模式有利于学生创新精神与创新能力的培养，却往往不利于中小学各学科基础知识的系统学习与掌握的弊病。由上述两种主要整合模式可见：它们的主要关注点都是技术（强调基于网络，也就是信息技术环境下的学习）和学生（强调学生的自主学习、自主探究）；TELS模式虽然开始关注课内整合，但其目的只是把基于网络的自主探究性学习引入课堂。也就是说，这两种整合模式在教与学的过程中都特别强调技术，特别强调学生对课程内容的自主学习和对技术的自主运用，而没有认真关注教师所需的知识和教师在将信息技术整合于学科教学过程中的重要作用。显然，这是美国大力推进教育信息化进程中存在的问题与缺陷，对教育信息化能否健康、持续、深入地发展产生直接的影响。

在美国，最早发现这个问题并力图加以纠正的学术机构是全美教师教育学院协会创新与技术委员会。全美教师教育学院协会（American Association of Colleges of Teacher Education，简称AACTE）是全美各大学的教师教育学院的联盟；创新与技术委员会则是在该协会内专门为促进与技术有关的教育创新而成立的一个组织机构。该委员会在2008年编辑、出版了《整合技术的学科教学知识：教育者手册》，首次提出TPACK（Technological Pedagogical and Content Knowledge）概念，这是一种学科教学与技术整合的全新概念框架。TPACK剖析了技术知识在信息化环境下教学中的重要作用，并认为是以下三种知识构成了TPACK的基础：①学科内容知识（CK），指任何一门学科的知识内容，也是教师需要承担的教学内容；②教学法知识（PK），指教师应当具有的有关促进学生学习的各种教学策略、教学方法与教学活动方面的知识；③技术知识（TK），指教师应当具有的，可以被整合到学科教学中的各种传统与新兴的技术知识。

上述三种知识之间是相互作用、相互约束和相互支持的，如图1-3-1所示。

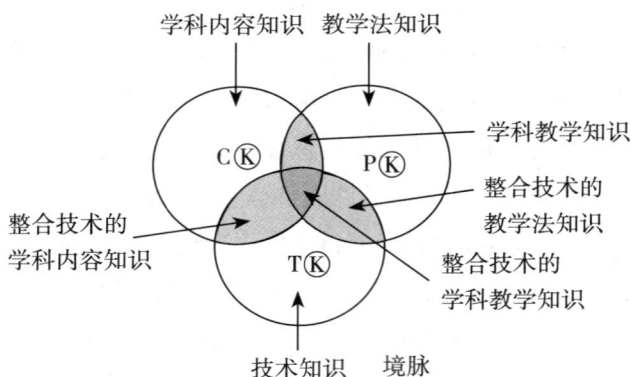

图1-3-1　TPACK框架及其知识元素

由图1-3-1可知，TPACK有四类知识元素，这四类元素是：①整合技术的学科内容知识（Technological Content Knowledge，TCK），是指技术知识和学科内容知识之间的相互关系，学科内容知识通常会受到各种技术及其表征和功能的影响和限制；②学科教学知识（Pedagogical Content Knowledge，PCK），是指一种涉及如何组织、表征特定主题、问题或议题，如何对它们进行调整以符合学习者的不同兴趣和能力，并在教学中进行呈现的知识；③整合技术的教学法知识（Technological Pedagogical Knowledge，TPK），是关于技术如何支持或限制教学实践的相关知识；④整合技术的学科教学知识（TPACK），是指有关技术、教学法和学科内容三者之间复杂关系的知识，这种知识有助于教师形成适合特定境脉（Context）的有效教学方法与策略。

TPACK理念及框架强调：教师对以上三种知识以及通过它们之间的相互作用而形成的四类元素都要有深刻的理解，这样才能把技术、教学法以及学科内容精心组织与协调起来进行有效的教学。TPACK是一种新兴的知识类型，它超越了单纯的学科内容知识、教学法知识和技术知识，并存在于这三种知识的动态交互关系中。TPACK框架的要义是：它不存在于真空之中，而是根植和置身于特定的境脉之中。

TPACK是整合了技术的全新学科教学知识，所以，对TPACK的学习、运用与推广，不仅对每个学科内容与技术的整合非常关键，还将改变教师的培训方式和技术在教学情境中的应用方式。不过，既然是学科教学知识，那就一定要依靠广大教师去理解、掌握和运用。可见，对于TPACK的学习与运用特别是在信息技术整合于各学科教学的过程中，虽然学科教学知识、教学理论、教学方法至关重要，但是，教师必须在这个过程中发挥关键性的主导作用才有可能使信息技术与学科教学的整合有效实施。这样，TPACK就从以学生为中心的教育思想赖以支撑的教学理论基础的角度动摇了这种教育思想的统治地位。

自21世纪以来，在与E-Learning（数字化或网络化教与学方式）有关的国际会议上和信息技术教育应用的有关刊物上，一个被称作混合式学习（Blended Learning），简称B-Learning的概念日渐流行。进入21世纪以后，随着互联网的普及和E-Learning的发展，国际教育界在总结近10年网络教育实践经验的基础上，赋予B-Learning一种全新的含义：把传统教与学方式的优势和E-Learning的优势结合起来。也就是说，既要发挥教师引导、启发、监控教学过程的主导作用，又要充分体现学生作为认知过程主体的主动性、积极性与创造性。

当前国际教育界的共识是：只有将二者结合起来，使二者优势互补，才能达到最佳的教学效果。从B-Learning的这一新含义可以看出，这一概念的重新提出不仅反映了国际教育界对教与学方式看法的转变，还反映了国际教育界关于教育思想的转变——不再是片面地只强调建立在建构主义学习理论基础上的以学生为中心的教育思想，也不是只强调以教师为中心的传统教育思想，而是既要发挥教师引导、启发、监控教学过程的主导作用，又要充分体现学生认知主体地位的以B-Learning为标志的混合式教育思想。

从B-Learning这一新内涵可以看出，它与我国何克抗教授早在20世纪90年代中期就已倡导的"主导—主体相结合"的教育思想不谋而合。只是整个20世纪90年代，如前所述，建立在建构主义学习理论基础上的以学生为中心的教育思想在全球范围占据了绝对的统治地位，这才使这种混合式教育思想在当时的国际上没有立足之地，在国内也只能发出微弱的声音——只是少数试验学校运用这种教育思想进行教学改革的试验探索。

直到21世纪初，以学生为中心的教育思想"一统天下"的局面才开始被打破。而这种局面的改变，如上所述就是起源于上述两大标志性事件。这样才使以学生为中心的教育思想的统治地位彻底动摇，从而为以B-Learning为标志的新型科学教育思想逐渐被全球教育界所认同奠定了客观的现实基础。这正是TPACK对全球教育信息化发展的重要意义与影响所在。事实上，随着以B-Learning为标志的全新教育思想逐渐被全球教育界所认同，当前国际上的教学观念、教与学的方式以及教学设计等与信息化教学相关的方方面面，正在发生内涵深刻而影响深远的演变。

在信息技术与教学整合时期，电教领域应用的主流技术是以计算机和网络通信为标志的信息技术；起主导作用的理论基础是建构主义学习理论、数字化学习和混合学习理论；教育指导思想从素质教育向个性化学习过渡；教学原则是以学为中心，重在"主导—主体"相结合；技术的作用是提供认知工具，营造学习环境（以计算机和网络通信为基础的学习环境）；教学方法是既要发挥教师引导、启发、监控教学过程的主导作用，又要充分体现学生作为认知过程主体的主动性、积极性与创造性；表现形式是基于问题的主动参与型。

第四节　信息技术与学科教学融合时期（2010—2020年）

信息技术与学科教学从"整合"到"融合"，不只是一个概念的改变。其实信息技术与学科教学融合包括营造信息化教学环境、实现新型的教与学的方式、变革传统的课堂教学结构、触及教育系统的结构性变革。

自20世纪90年代开始，以多媒体计算机与网络通信为标志的信息技术日益广泛地应用于人们的工作、学习与生活的方方面面，并在经济、军事、医疗等领域显著地提高了生产力，从而在这些领域产生了重大的革命性影响。但令人遗憾的是，信息技术在教育领域的应用却成效不显：一般都是手段、方法的应用，对于教育生产力的提升，信息技术似乎成了可有可无、锦上添花的东西，而非必不可少的要素，更谈不上对教育发展产生革命性影响。著名的"乔布斯之问"提出的也是这样的问题——"为什么计算机改变了几乎所有领域，却唯独对学校教育的影响小得令人吃惊！"迄今为止，从国际范围来看，以美国为代表的西方学术界对于信息技术在教育领域的应用，或信息技术与学科教学的整合，历来都是只从改变教与学环境或改变教与学方式的角度，顶多也只是同时从改变教与学环境和教与学方式的角度去阐述信息技术在教育领域的意义与作用，或者去定义"信息技术与课程整合"的内涵、实质，都未能抓住问题的本质与关键。

2010年7月29日中共中央和国务院颁发的《国家中长期教育改革和发展规划纲要（2010—2020年）》提出："信息技术对教育发展具有革命性影响，必须予以高度重视。"教育部发布的《教育信息化十年发展规划（2011—2020年）》10多次提到"深度融合"，倡导信息技术与教育全面深度融合、与教学融合，希望找到一种全新的、能实现教育信息化宏伟目标的有效途径与方法，即能够实现"教育系统结构性变革"的途径与方法，以解决长期以来信息技术在教育领域的应用一直成效不显，即信息技术对教育发展始终未能真正产生革命性影响这一重大问题。

既然用"深度融合"观念与做法取代"整合"观念与做法的目的是真正触及教育系统的结构性变革，而不是只用于改进教学手段、方法这类"渐进式修修补补"，那么可见"深度融合"的观念与做法和传统"整合"观念与做法的根本区别就在于："深度融合"要求实现教育系统的结构性变革，而"整合"不要求也不关注这种变革。

教育系统最重要、最核心的是学校教育，学校教育的主阵地是课堂教学，即课堂教学就是学校教育最重要、最核心的内容，因此实现了课堂教学结构的变革也就等同于实现了学校教育系统最主要的"结构性变革"，即"学校教育系统结构性变革"的基本内涵就是要实现课堂教学结构的根本变革。课堂教学结构的变革又是指什么呢？我国何克抗教授提出的"信息技术与课程深层次整合理论"对"信息技术与课程深层次整合"给出的定义为："所谓信息技术与课程深层次整合，就是通过将信息技术有效地融合于各学科的教学过程来营造一种信息化教学环境，实现一种既能充分发挥教师主导作用又能突出体现学生主体地位的以'自主、探究、合作'为特征的新型教与学方式，从而把学生的主动性、积极性、创造性较充分地发挥出来，使传统的课堂教学结构发生根本性变革——由'以教师为中心'的教学结构转变为'主导—主体相结合'的教学结构。"

上述定义包含三个基本属性，即营造信息化教学环境、实现新型的教与学的方式、变革传统的课堂教学结构。只有紧紧抓住这三个基本属性才有可能正确理解信息技术与学科教学深层次整合的确切内涵，才能真正把握信息技术与学科教学"深度融合"的实质。这一定义所包含的三个基本属性并非平行、并列关系，而是彼此相关、逐步递进的关系。营造信息化教学环境是信息技术与课程整合的基本内容。所谓信息化教学环境是指能够支持真实的情境创设、思考启发、信息获取、资源共享、多重交互、自主探究、协作学习等多方面教与学要求的教学环境，也就是能支持新型教与学的方式的教学环境。实现以"自主、探究、合作"为特征的新型的教与学的方式则是一节"整合"课要达到的部分目标。有了新型的教与学的方式，再加上正确教育思想观念的指导和相关学习资源的支持（这种支持体现在为学习者提供认知探究工具、协作交流工具和情感体验与内化的工具上），才有可能最终实现"深层次整合"的整体目标。

"信息技术与课程深层次整合"的整体目标则是要变革传统的课堂教学结构，将教师主宰课堂的"以教师为中心"的传统课堂教学结构改变为既充分发挥教师主导作用，又能突出体现学生主体地位的"主导—主体相结合"的教学结构，而课堂教学结构的变革，如上所述是"教育系统结构性变革"最重要、最核心的内容，这正是信息技术与学科教学深层次整合的实质与落脚点，也是"深度融合"的确切内涵。

对于中国的现实来说，这种"深度融合"的具体内容就是要将教师主宰课堂的"以教师为中心"的传统课堂教学结构改变为既充分发挥教师主导作用，又能突出体现学生主体地位的"主导—主体相结合"的教学结构。实现信息技术与学科教学深度融合（深层次整合）的途径、方法涉及以下三个环节：①深刻认识课堂教学结构变革的具体内容。教师要由课堂教学的主宰者和知识的灌输者，转变为课堂教学的组织者、指导者，转变为学生自主建构意义的帮助者、促进者，学生良好情操的培育者；学生要由知识灌输的对象和外部刺激的被动接受者，转变为信息加工的主体、知识意义的主动建构者和情感体验与内化的主体；教学内容要由只是依赖一本教材，转变为以教材为主，并有丰富的信息化教学资源相配合；教学媒体要由只是辅助教师突破重点、难点的形象化教学工具，转变为既能辅助教师的教，又能促进学生自主地学，从而使学习者得到更丰富、有效的支持的认知探究工具、协作交流工具及情感体验与内化工具。②实施能有效变革课堂教学结构的创新教学模式。要想将课堂教学结构变革这一目标真正落到实处，只有通过任课教师在课堂教学中设计并实施有效的教学模式才有可能，为此，应在不同学科中采用能实现课堂教学结构变革的创新教学模式。近年来，受到全球教师热烈追捧的"翻转课堂"以及我国北京师范大学何克抗教授一直在中小学实施的"跨越式教学"模式，就是这样的教学模式。③开发相关学科的丰富学习资源。要根本改变传统的课堂教学结构，除了需要有效的教学模式以外，还应开发出相关学科的丰富学习资源，以作为学生自主学习、自主探究的认知工具、协作交流工具以及情感体验与内化工具。不同学科应开发的不同学习资源为：人文与社会科学类应是各种扩展阅读材料；自然科学类应是不同学科的建模软件、仿真实验、制表工具、各种VR与AR软件以及交互性课件等；外语学科是与社会现实及大自然密切相关的"扩展听、读材料"。在信息化教学创新理论的指导下，必须通过必要的教师培训，将创新教学模式与各种学习资源切实运用于课堂教学过程。

在信息技术与教学融合时期，电教领域应用的主流技术是以多媒体计算机、网络通信和互动教育软件为标志的信息技术；起主导作用的理论基础是建构主义、联通主义；教育指导思想是课堂教学结构性变革；教学原则是以学为中心，注重教师、学生、教学内容、教学媒体与环境课堂五要素地位与作用的重新设计；技术的作用是营造信息化教学环境，提供学习资源，搭建互动平台；教学方法是认识课堂教学结构变革的具体内容，提供相关学科的丰富学习资源，实施有效变革传统课堂教学结构的创新教学模式；表现形式是基于课堂结构变革的主动学习。

第五节　智慧教育时期（2015年至今）

通过上述四节内容的阐述，我们了解到我国教育信息化发展经历了20世纪80年代的传统电教平台时期、90年代的计算机辅助教学时期、2000年初的信息技术与学科教学整合时期、2010年后的信息技术与学科教学深度融合时期。《教育信息化十年发展规划（2011—2020年）》也明确提出力争到2020年实现全面融合、部分创新的阶段性发展目标，要求"以教育信息化带动教育现代化，破解制约我国教育发展的难题，促进教育的创新与变革"。目前进入教育应用创新阶段，寻求教育系统的整体变革成为教育信息化发展的新目标。以

智慧教育（Smart Education）引领教育信息化创新发展，带动教育教学创新发展，最终指向创新型人才的培养，已成为教育信息化发展的必然趋势，作者称之为"智慧教育时期"。

当前移动终端、物联网、云计算、大数据、移动通信等新一代信息技术的发展刺激了研究者和教育实践者去拓展学习的概念和开展学习环境的设计，推动学习环境的研究与实践从数字化走向智能化。要在社会信息化大背景下，推动教育信息化进程，解决当前教育发展的难题（公平与均衡、优质与创新、个性与灵活），以理念创新、技术创新、教学法创新等落实教育信息化创新发展，智慧教育成为教育信息化的新追求。智慧教育作为"智慧地球"思想在教育领域的延伸，世界上多个国家和地区已将智慧教育作为未来教育发展的方向，如澳大利亚、韩国、马来西亚、新加坡等均颁布了相关的国家教育政策。从数字化教育到智慧教育，这不仅仅象征着教育信息化中技术促进了数字化转为智能化的"形变"，更蕴含着信息技术促进教育变革所追求的"质变"，尤其是教育文化的创新。

信息化环境下的智慧教育指信息技术支持下发展学生智慧能力的教育，旨在利用适当的信息技术构建智慧学习环境，运用智慧教学法促进学习者开展智慧学习，从而培养具有良好的价值取向、较高的思维品质和较强思维能力的智慧型人才，落实智慧教育理念，深化和提升信息时代、知识时代和数字时代的素质教育。根据不同的尺度范围，智慧学习环境可以划分出不同的学习空间，如智慧终端、智慧教室、智慧校园、智慧实验室、智慧教育云等；根据学习情境和方式的不同，可将智慧教学法划分为差异化教学、个性学习、协作学习、群智学习、入境学习、泛在学习等。

智慧学习环境以适当的信息技术、学习工具、学习资源和学习活动为支撑，科学分析和挖掘全面感知的学习情境信息或者学习者在学习过程中生成的学习数据，以识别学习者特性和学习情境，灵活生成最佳适配的学习任务和活动，引导和帮助学习者进行正确决策，有效促进学习者智慧能力发展和智慧行动出现。总的来说，智慧学习环境将突显以下基本特征：具有全面感知学习情境、学习者所处方位及其社会关系的性能；基于移动、物联、泛在、无缝接入等技术，提供随时、随地、按需获取学习的机会；基于学习者的个体差异提供个性化的学习诊断、学习建议和学习服务；记录学习过程，便于数据挖掘和深入分析，提供具有说服力的过程性评价和总结性评价；提供丰富的、优质的数字化学习资源供学习者选择；提供支持协作会话、远程会议、知识建构等多种学习工具，促进学习的社会协作、深度参与和知识建构；提供自然简单的交互界面、接口，减轻认知负荷；设计多种智慧型学习活动，降低知识记忆成分，提高智慧生成与应用的含量。信息技术的发展为智慧学习环境建设提供了有力支持，其中智慧计算是核心技术。智慧计算是继主机计算、个人计算、网络计算的技术革新之后的新阶段。智慧计算整合了硬件、软件、网络等技术要素，在现有技术基础上增添了情境感知和自动分析等新的性能。一般将智慧计算划分为5A阶段：感知（Awareness）——关注泛在设备（如传感器、智能卡）和无线网络；分析（Analysis）——集成的商业智能和专业的分析软件，用于分析由其他感知设备收集的实时数据；抉择（Alternatives）——利用规则引擎和工作流，以自动方式或者人工审核确定替代行动来应对异常；行动（Actions）——利用综合的关联和适当的流程应用程序，主动采取行动以减轻威胁或捕捉机会；审核（Auditability，可理解为溯因）——利用每一个阶段的活动数据，记录发生过的事件并分析其相符情况和改善情况。在电子书包教学应用实践蓬勃开展之际，智慧学习环境建设思路之一，即在现有的电子书包环境（包含移动终端、交互显示设备、无线网络的物理环境，课堂交互系统、教学服务平台的软件环境，电子课本、教学资源、学科工具的数字资源）建设的基础上，整合创新技术支撑（物联网技术、二维码技术、多屏互动技术、自然交互技术、学习分析技术等），构建智慧学习环境。

　　智慧教学法强调信息技术在促进教学方式和教学过程变革中的作用，面向信息技术在教育领域应用融合、创新的要求，可从班级、小组、个人、众体四个层面提出具有智慧教学特征的学习样式：班级差异化教学、小组合作研究型学习、个人兴趣拓展学习和网众互动生成性学习。①班级差异化教学。班级差异化教学是兼容标准化与个性化的良方，可使学习者掌握核心概念及技能。一个完整的差异化教学过程应首先通过前测了解每个学生的特性，涉及已有的知识水平、个人兴趣和学习风格；再结合课程标准及学生特性设计教学内容和教学过程；教学实施过程中强调诊断学习的重要性，能及时进行形成性评价，并将结果作用于其他环节；最后开展总结性评价，评估学生的学习结果。②小组合作研究型学习。通过小组合作研究型学习，学习者可获取项目内所有概念和技能。当前信息技术支撑下，典型的小组合作研究型学习有基于问题的学习和基于项目的学习。问题式学习强调把学习置于复杂的问题情境，通过小组合作解决真实的问题。其实施步骤包括描述问题、建立假设、规划调研、开展调研、分析结果、展示分享。项目式学习强调在真实世界中基于资源开展探究活动，最终实现作品制作并将作品展示给他人。其实施步骤包括选定项目、制订计划、活动探究、制作作品、交流成果和活动评价。③个人兴趣拓展学习。每个学生都有不同的兴趣爱好、不同的创造潜能，在掌握核心学科知识的基础上，要充分利用智慧计算技术为其创设个性发展的学习环境。学生在智慧学习环境中将基于个人兴趣确定学习主题，选择结构化、富媒体学习资源，借助相关学习工具，在个体构建或群体参与下获取与个人发展相关的知识与技能。④网众互动生成性学习。在社会网络连接建立的"学习小世界"中，以个体为起点，与相关领域的网络个体、网络群体形成学习共同体，实现知识信息最大限度地交流与共享，通过这样的连接确保在各自的领域保持不落伍，促进社会知识生成和集体智慧发展。

智慧学习实践应以培养智慧型人才为目标取向，旨在在智慧学习环境下应用智慧教学法引发创新学习实践。教育中应用技术的最终目标应该是促进学习形态由技术强化教学转变为技术创新学习，变革与创新技术支撑下的学习实践。智慧学习环境应该是促进学生创新学习的自然推力。当然，智慧教育最重要的作用是促进教育目标变革，特别是人才观念更新。当前实践智慧学习既要开展课堂创新应用实践，也要积极实践发挥学生主体能动性、体现其个性特征的课堂外的非正式学习。同时结合以上智慧学习环境的一个基本特征，即挖掘和深入分析学习历史数据以提供智能决策、多元评价和推送服务，实践智慧学习过程中，主张开展智慧学习分析，为学习者提供个性化自适应学习服务。

智慧学习评价是在以数据为依据的背景下，为学习与教学提供智慧的学习评价。其目标是各级教育系统充分利用技术的力量来测量各要素，并使用评价所得数据来促进教育系统的持续改进。学习分析技术的兴起为智慧学习评价的开展提供了支撑。学习分析是大数据在教育领域的具体应用。学习分析通过使用学习过程数据，可以描述和解释过去的现象，可以预警和干预正在发生的学习，可以推断发展趋势和预测将来，回答关于学习和教学的不同问题。利用学习分析开展学习评价，其数据源来自全面采集的过程信息，将丰富评价项目；

提供可视化的分析结果，将丰富反馈形式；预警和干预正在发生的学习，提升学习评价的价值。"智慧"的学习评价将变革创新评价方法，从经验性评价走向科学数据分析，走向发展性评价；又将为改进教与学提供科学依据，服务于智慧学习实践。

在智慧教育时期，教育信息化应用的主流技术是以人工智能、移动终端、物联网、云计算、大数据、移动通信等为标志的信息技术；起主导作用的理论基础是"因材施教"思想、建构主义、联通主义；教育理念是智慧教育；教学原则是以学为中心，注重培养善于学习、善于协作、善于沟通、善于研判、善于创意、善于解决复杂问题的智慧型人才；技术的作用是营造信息化教学环境，提供学习资源，搭建互动平台；教学方法是差异化教学、个性学习、协作学习、群智学习、入境学习、泛在学习等；表现形式是基于课堂结构变革的主动学习。

第二章 技术与平台

第一节 教育软件的发展

    2019年2月3日，中共中央、国务院印发的《中国教育现代化2035》提出了"加快信息化时代教育变革"，充分说明教育信息化是我国当前教育事业建设的重大战略。教育信息化的关键是应用，而教育软件与资源则是应用的核心，即教育软件是教育信息化的核心。教育软件作为推广教育信息化的重要工具，是教育现代化改革和发展的需要。

    教育软件是基于计算机多媒体技术、以服务于教育为目的的软件产品，它包括计算机知识教育软件、语言教育软件、科普教育软件以及与学生课本内容紧密结合的学生教育软件，此外，还包括为实现教育信息化、数字化开发制作的校园管理教学软件等。教育软件包括三方面的内容：涵盖了文字、图形、动画、音频和视频等媒体传播信息的普遍性；覆盖了理、工、农、文、史、法、经管等各学科知识的广泛性；具有面向小学、中学、大学、成人教育和企事业员工等年龄段的大跨度性。

    近年来，教育信息化硬件建设水平得到大幅提升，我国的现代教育技术硬件平台与一些发达地区和国家差异并不大，而在教育应用软件上投入较少，教育软件的起步较晚，发展缓慢，种类数目虽多，但缺乏精品，质量参差不齐，应用平台也很局限，难以推广。教育软件发展明显滞后，制约了教育信息化战略的实施。回首过去，我国基础教育领域教育软件（以下简称"教育软件"）的发展过程为：从20世纪80年代初的苹果电脑到90年代家用个人电脑的普及以及学校计算机教学平台的建立，国家教育部门颁布相应规划政策，使得教育软件在我国的发展进入黄金期，并开始逐步市场化、商品化。这一过程比发达国家晚了近20年。

通过回顾教育软件的发展和分析教育软件面临的新形势我们发现，教育软件开发的心理科学基础、计算机在教育中的作用等方面都正在发生实质性变化。鉴于此，我们认为，2010年前，我国教育软件的发展过程可以明显地划分为三代，这样能够使我们更清晰地把握教育软件的发展形势，科学地总结过去和展望未来。最初我国研发的教育应用软件往往以传统教科书、课堂教学为蓝本，形式内容单一死板，单纯地将课堂课本上的内容进行数字化整合处理，缺乏互动机制和创新性，发展缓慢，难以吸引学生，这可以称为"第一代教育软件"，使用于计算机辅助教学时期。随着信息技术的发展和互联网技术的成熟，教育软件逐步向媒体化、智能化、网络化转型，这可以称为"第二代教育软件"，使用于信息技术与学科教学整合时期。以建构主义为理论基础，为全面提高素质服务，以情境创设、协作、探究、游戏等为主要方法，以计算机为基础的教育和学习环境，以素质教育为目标，以培养学习能力、创造能力为主，这可以称为"第三代教育软件"，使用于信息技术与学科教学融合时期。

随着云计算、大数据、虚拟化与人工智能等技术的发展，《中国教育现代化2035》提出"建设智能化校园，统筹建设一体化智能化教学、管理与服务平台"作为教育信息化核心的建设内容。《教育信息化2.0行动计划》的建设目标是"三全两高一大"，即"三全"：教学应用覆盖全体教师，学习应用覆盖全体适龄学生，数字校园建设覆盖全体学校；"两高"：信息化应用水平和师生信息素养普遍提高；"一大"：建成"互联网+教育"大平台。因此，作者认为"互联网+教育"大平台可以称为"第四代教育软件生态"，使用于智慧教育时期。

教育软件既然是教育信息化应用发展的核心，那么开发出精品的教育软件就是关键。要开发出精品教育软件，我们就要深入了解教育软件目前存在的问题、教育软件的属性和种类以及教育软件的发展趋势。

（1）教育软件目前存在的问题。现行的教育教学软件存在很多问题，广大师生对教学软件的质量并不满意。①开发过程中存在的问题：缺乏先进的理论指导，软件开发前的需求分析不全面；开发人员分工不合理；开发团队中缺乏教学设计人员或计算机教育专家；项目实施过程中缺乏全面、有效的监控；数据结构不规范，不按《教育资源建设技术规范》开发、设计、制作教育教学软件，共享性差。②用户使用过程中发现的问题：缺乏实践应用检测；简单、重复、大同小异是现时教育教学软件的一个通病；缺少精品，课本搬家；缺少人性化的设计、缺乏人性化的界面，比较死板，而且产品的稳定性、兼容性、可交互性较差；不能提供在线服务；不能提供售后服务或售后服务质量差。③管理和营销上存在的问题：政府参与少，企业行为突出；管理无序；供需脱节；销售渠道狭小；企业要注重长远发展，不能只图一时的利润；盗版问题严重。

（2）教育软件的属性和种类。作者认为教育软件有三种属性：①软件的属性，包括软件的构造性和可靠性，以及软件是固化的知识，软件是硬件的灵魂，软件是信息化的核心等理解。②教育的属性，即对学生、孩子和成人进行教育的工具，当然这是个信息智能化的工具。特别是那些与教材相配套的教育软件，这种教育的属性就更明显了。对于进入学校的、进入课堂的教育软件，应该经过教育部门的审定。就是不与教材相配套的教育软件，也应该经过有关部门的鉴定或推荐。③意识形态的属性，就是要有意义，要用正确的思想去教育人、用高尚的思想去陶冶人，教育软件是完成这种任务的载体。不能有黄色的、暴力的，不能违反国家的法律法规，要有知识性与科学性。所以说教育软件是进行教育的工具，是用正确思想教育人的载体。

教育软件的分类维度很多，作者认为教育软件主要从功能方面来进行分类比较科学。从应用来看，教育软件涉及学校管理、教师教学、学生学习、教学资源等教育的各个层面，连接教育体系上下，涵盖学校课堂内外。"教育软件"一词虽得到了广泛使用，但我们对它的认识还比较模糊，教育软件已经不仅仅局限于多媒体课件，种类已经相当丰富。教育软件就功能而言包括以下几种：①教学环境或教育软件平台类：电子教案系统、电子白板、教育网络系统、校园网平台等。这类软件主要用于局域网、校园网、多媒体教室等，以辅助教学。现在部分软件和硬件系统相结合，取代传统的电教室和

语音室。例如，基于Web的电子教案系统提供了丰富的多媒体表现方式，支持HTML、FLV、GIF、文本等目前比较流行的媒体格式。②知识类、培训技能类：计算机基础教育、家庭教育、学生教育、职业培训类等多媒体软件。这类软件集知识、技能和趣味性于一体，注重知识与技能教育。例如，仿真化学实验室在计算机中提供了一个虚拟的化学实验室，用户可以自由地搭建实验仪器、添加药品，并让它们进行反应。它可以让学生亲自动手，使其对化学现象的印象更加深刻，对化学定律的理解不再枯燥。学生更可以用此软件仔细研究化学过程，设计实验去验证自己的设想，探索未知世界，它是学生进行探索式学习的好工具。③教育管理类：学校教务管理、学生档案及学习成绩管理、排课及考试题库等。这类软件应用于中小学、大中专院校的辅助教学与管理。例如，学校学生档案及学习成绩管理系统提供丰富的查询、打印、登记、修改功能及报表导出引擎，适合班主任老师对学生的详细情况的记录备案，同样也适合任课老师对学生成绩的综合分析和对班级、学生的名次编排。④素材库类：这类软件提供丰富的文字素材和多媒体素材（声音、图片、影像）。

以搭建"互联网+教育"大平台为目标的"第四代教育软件生态"主要的发展趋势如下：①向多元化发展。当前以计算机为基础的多媒体技术、交互式电视、国际互联网技术、宽带网技术、人工智能以及虚拟技术等信息技术的发展构成了计算机教育软件多元化发展的技术基础。教育软件属于应用软件，不同的软件类型具有不同的特点，没有一种万能的软件。因此，教学中使用软件资源要广收并用，充分利用不同软件的优点，以促进教学。②向网络化发展。Internet是由分布在世界各地的大量计算机网络采用共同的传输协议连接而成的，是网络之间的网络。1995年年底美国Sun公司在Internet上推出"网页浏览器HotJava"，这彻底改变了Internet浏览器只能查询检索Internet上信息的状况，为Internet在教育领域的应用开辟了广阔的前景，从此基于Internet的多媒体网络教学不断发展。我国在这方面投入了大量的人力和物力，也取得了一定的成果，如开发了不少网上教学软件，并开设了网上课程、网上学校、网络远程教育、MOOC等。③向智能化方向发展。智能计算机辅助教学（ICAI）是传统计算机辅助教学的高级形式。在这种教学系统中，ICAI根据每个学生建立的认知模型，确定学生的学习水平、学习进度及课程内容的掌握程度；通过智能分析系统进行搜索、判断、决策，动态产生与其相适应的学习策略，从而更合理地安排教学内容及教学进度；对学习过程中学生的错误，通过智能诊断机制进行动态分析，分析错误的原因，提供合理的改进方案；当学生遇到困难时，能为学生提供有针对性的帮助。④向虚拟现实、增强现实方向发展。虚拟现实（Virtual Reality，简称VR）是由多媒体技术与仿真技术结合而成的一种人工交互世界，这种人工交互世界里可以创造一种身临其境的完全真实的感觉。为了和虚拟世界交互，要进入虚拟现实的环境需要带上特殊的头盔、衣服和数据手套。⑤向集成化方向发展。课程教学的核心是师生的相互交流、相互影响。但在很长一段时间内，市场上销售的课件和教师自己制作的课件开发的产品只是教科书的简单补充和附属品，"代替"了教师对该内容的教，排斥了教师的交互作用和课程教学的丰富生动性。计算机整合技术、动态交互模式、云计算、大数据与虚拟化的出现，使我们有可能开发出集成化的教育软件，建设"互联网+教育"大平台，从而支持智慧教育的发展。

第二节　Web技术

万维网（World Wide Web）是Internet上最流行与最受用户欢迎的分布式信息系统，它的影响力已远远超出了专业技术范畴，在信息服务、电子商务、远程教育、休闲娱乐等各个领域都有着广泛的应用，对社会生活有着深远的影响，已经成为现代社会工作和生活中必不可少的一个部分。Web之所以能取得如此大的成功，归因于一系列技术手段的支持，其中统一资源标识符URI（Uniform Resource Identifier）、超文本传输协议HTTP（Hyper Text Transfer Protocal）、超文本标记语言HTML（Hyper Text Markup Language）是这些技术手段中三个重要和基础的环节，现时的各种Web服务都基本是在这三种技术手段的支持下完成的。

Web始于1989年，当时英国科学家Tim Berners-Lee和比利时人Robert

Cailliau在欧洲粒子物理研究所（European Organization for Nuclear Research，简称CERN）提议和构造了在Internet上使用超文本来发布、分享和管理信息的方法。Web是World Wide Web（WWW），即互联网的简称，Web的基本概念是把所有个人计算机、计算机网络和超文本整合成一个功能强大并且易于使用的全球信息系统，也可以称为一个相互链接在一起、通过Web浏览器来访问的超文本文档系统。浏览器里看到的网页可能包含文本、图像以及其他多媒体，通过文档之间的超链接，可以从一个网页浏览其他网页。Web逐渐在科研和大学中流行，然后走向大众，变成人们生活、娱乐和工作中的基本工具。在这个发展过程中，Web拥有了最大量的用户，由于人们随时的使用，它变成了最大的分布式计算系统，基于最广为接受的开放标准，时时新，日日新，Web已经成为一个动态生长的开放系统。Web技术可以提供一个突破时空限制、交流各种信息的互动平台，使得用户无论身在何处都能够通过网络充分共享全社会的智慧。Web 1.0时代，网站提供的信息只能阅读，不能添加或修改，其作用相当于图书馆，典型的教育应用就是专题网站，使用于信息技术与学科教学整合期；Web 2.0的本质是互动，它可以为人们提供信息，同时人们也可以通过它进行交流，更多地参与信息产品的创造、传播和分享，典型的教育应用就是Blog、Wiki和Moodle，使用于信息技术与学科教学深度融合期；Web 3.0先进的技术和独特的信息服务方式为更好地实现个性化信息服务提供了新的机遇，典型的教育应用就是语义服务、人工智能，使用于智慧教育时期。

一、Web 1.0

最早的网络构想来源于1980年由Tim Berners-Lee构建的ENQUIRE项目，这是一个超文本在线编辑数据库，尽管看上去与现在使用的互联网不太一样，但是在许多核心思想上却是一致的。Web 1.0时代开始于1994年，其主要特征是大量使用静态的HTML网页来发布信息，并开始使用浏览器来获取信息，这个时候主要是单向的信息传递。通过Web，互联网上的资源可以在一个网页里比较直观地表示出来，而且资源之间在网页上可以任意链接。

Web 1.0的本质是聚合、联合、搜索，其聚合的对象是巨量、无序的网络信息。Web 1.0只满足了人对信息搜索、聚合的需求，而没有满足人与人之间沟通、互动和参与的需求，所以Web 2.0应运而生。

二、Web 2.0

Web 2.0始于2004年3月O' Reilly公司和Media Live国际公司的一次头脑风暴会议。Tim O' Reilly在发表的*What is Web 2.0*一文中概括了Web 2.0的概念，并给出了Web 2.0的框图——Web 2.0 Meme Map，该文成为Web 2.0研究的经典文章。此后关于Web 2.0的相关研究与应用迅速发展，Web 2.0的理念与相关技术日益成熟和发展，推动了Internet的变革与应用的创新。

Web 2.0使用互联网方式的变化，与过去多年快速发展的宽带化、Web用户规模的快速增长、用户的参与热情，都密不可分。大规模的普通用户需要更好用、更个性化、更以他们为中心、更多样的内容、服务和应用，这就是互联网发展的第一推动力。开发者们开始思考和探索激活网络效应、群众智慧的参与架构以及社会计算模式。

在Web 2.0中，软件被当成一种服务，Internet从一系列网站演化成一个成熟的为最终用户提供网络应用的服务平台，用户的参与、在线的网络协作、数据储存的网络化、社会关系网络、RSS应用以及文件的共享等成了Web 2.0发展的主要支撑和表现。Web 2.0模式大大激发了开发者创造和创新的积极性，使Internet重新变得勃勃生机。

Web的演变是持续进行的，Web就像是有生命的实体，在不断生长，所以当我们说Web 2.0和Web 1.0之间的差别时，是一个相对静态的阶段性观点。Web 2.0是区别于Web 1.0的一种新型Internet应用。Web 1.0的主要特点在于用户通过浏览器获取信息，用户是网络信息的使用者；而Web 2.0更注重用户的交互性，用户不仅是网站的使用者和信息的接收者，更重要的是能参与其中，成为信息内容的制造者。Web 2.0时代，用户不再单纯地进行信息消费，开始拥有了信息生产者的权利。用户在网络空间的信息传播行为，在展现自我信息和观点的同时，也无形中影响了社会信息的传播和舆论导向。Web 2.0的本质特征是参与、展示和信息互动，它的出现弥补了Web 1.0的不足。如果说Web 1.0主要满足的是人们对于信息的需求，那么Web 2.0主要满足的就是人与人之间沟通、交往、参与、互动的需求。

Web 2.0的几个特质：①大规模互连。从过去一对多的发布和通信，转向多对多的连接，网络效应使得边际同核心一样重要。②去中心化。大规模互联颠覆了传统的控制和权力结构，带来了更大程度的去中心化。③以用户为中心。网络效应给予用户前所未有的力量，他们参与、对话、协作，最终产生巨大的影响。④开放。开放性是以Internet的开放技术标准为基础的，是由开放应用所构成的生态系统。这些应用建构在开放数据、开放API和可重用的组件之上。⑤轻量级。软件由小团队使用敏捷方法设计和开发，使用简单数据格式和协议，采用运行开销小的平台、框架，应用和服务部署简易。⑥自然浮现。不是依靠预先完整定义好的应用结构，而是让应用的结构和行为随着用户的实际使用而灵活适应和自然演变，而不是控制。这些特质使Web 2.0的应用体现得越来越多，由这样的应用所构成的应用生态系统，具备了将大规模个性化的信息和服务带给极大规模普通人的潜力。

Web 2.0的典型应用包括Blog、Wiki、RSS、Tag、SNS、P2P、IM等。

（一）Blog

Blog（博客）是一个易于使用的网站，用户可以在其中自由发布信息、与他人交流以及从事其他活动。Blog能让个人在Web上表达自己的心声，获得志同道合者的反馈并与其交流。Blog的写作者既是档案的创作人，也是档案的管理人。Blog的出现成为网络世界的革命，它极大地降低了建站的技术门槛和资金门槛，使每一个Internet用户都能方便快速地建立属于自己的网上空间，满足了用户由单纯的信息接收者向信息提供者转变的需要。特别是目前流行的微博（Micro Blog），成为一种通过关注机制分享简短实时信息的广播式社交网络平台。2019年2月，中国互联网络信息中心发布的第43次《中国互联网络发展状况统计报告》显示，截至2018年12月底，我国微博用户数达到4.62亿，微信朋友圈、QQ空间用户使用率分别为83.4%、58.8%，较2017年年底分别下降3.9、5.6个百分点；微博使用率为42.3%，较2017年年底上升1.4个百分点。

（二）Wiki

Wiki（百科全书）支持面向社群的协作式写作，同时也包括一组支持这种写作的辅助工具。Wiki系统属于一种人类知识的网络系统，用户可以方便地在Web的基础上对Wiki文本进行操作；同时Wiki系统还支持那些面向社群的协作式写作，为协作式写作提供了必要的帮助；最后，Wiki的作者构成了一个群体，Wiki系统为这个群体提供了简单的交流工具。与其他超文本系统相比，

Wiki有使用简便且开放的优点，所以Wiki系统可以帮助用户在一个社群内共享某个领域的知识。

（三）RSS

RSS（站点摘要）是站点之间共享内容的一种简易方式。用户可以通过RSS订阅Blog的文章，也可以从相关站点订阅各种新闻。对用户来说，RSS订阅没有广告或者图片影响标题或者文章概要的阅读，同时RSS阅读器会自动更新用户定制的网站内容，保证新闻的及时性。用户可以定制多个RSS摘要，从多个来源搜集新闻整合到单个数据流中；对于网站来说，RSS扩大了网站内容的传播面，也增加了网站的访问量，因为访问者调阅的RSS文件和浏览的网页都是从网站服务器上下载的。RSS的出现是Internet时代信息爆炸的必然产物，它能帮助忙碌的现代人在海量的信息中获得自己关心的新闻和观点。目前，RSS已被广泛地应用于Blog、Wiki和网上新闻频道等。

（四）Tag

Tag（标签）是一种更加灵活、有趣的日志分类方式。用户可以为每篇日志添加一个或多个Tag，可以看到Blog空间中所有具有相同Tag的日志，并由此建立起与其他用户更多的联系和沟通。目的是更好地显示和突出搜寻的重点关键词或者词条，以便更好地索引和指导用户浏览和索引。Tag体现出群体的力量，它增强了日志之间的相关性和用户之间的交互性，让Internet用户看到一个更加多样化的世界、一个关联度更大的Blog空间、一个实时播报热点事件的新闻台，这是一种前所未有的网络体验。

（五）SNS

SNS（社会网络）建立人与人之间社交关系的平台，它的理论依据是六度分隔理论，它通过Internet的方式，可以将人际关系网的资源完全挖掘出来。在SNS的帮助下，人们可以轻松认识"朋友的朋友"，通过认识的人找到需要的人，扩展自己的人脉，还可以更科学地管理人际网络资源，为自己赢得更多的机会。目前，世界知名的社交网络服务网站有Facebook、Myspace、Twitter等，中国有人人网、开心网、腾讯朋友等。

（六）P2P

P2P（对等网络）可以理解为伙伴对伙伴、点对点的意思，让所有的客户端都能提供资源，包括带宽、存储空间和计算能力。因此，当有节点加入且对系统请求增多时，整个系统的容量也会增大。

（七）IM

IM（即时通信）软件可以说是目前我国上网用户使用频率最高的软件。聊天一直是网民们上网的主要活动之一，网上聊天的主要工具已经从初期的聊天室、论坛变为以MSN、QQ为代表的即时通信软件。即时聊天已经突破了作为技术工具的极限，被认为是现代交流方式的象征，并构建起一种新的社会关系。

三、Web 3.0

Web 3.0是Internet发展的必然趋势，是Web 2.0的进一步发展和延伸。Web 3.0在Web 2.0的基础上，将杂乱的微内容进行最小单位的继续拆分，同时将词义标准化、结构化，实现微信息之间的互动和微内容间基于语义的链接。Web 3.0能够进一步深度挖掘信息并使其直接从底层数据库进行互通，并把散布在Internet上的各种信息点以及用户的需求点聚合和对接起来，通过在网页上添加元数据，使机器能够理解网页内容，从而提供基于语义的检索与匹配，使用户的检索更加个性化、精准化和智能化。

对Web 3.0的定义是：网站内的信息可以直接和其他网站相关信息进行交互，能通过第三方信息平台同时对多家网站的信息进行整合使用；用户在Internet上拥有直接的数据，并能在不同网站上使用；完全基于Web，用浏览器即可以实现复杂的系统程序才具有的功能。Web 3.0浏览器会把网络当成一个可以满足任何查询需求的大型信息库。Web 3.0的本质是深度参与、生命体验以及体现用户参与的价值。

Web 3.0的技术特性：①智能化及个性化搜索引擎。为用户营造个性化的信息空间，是未来搜索引擎应该追求的方向，包括表达信息需求、改变浏览搜索结构、针对个性化的信息需求建立模型等。Web 1.0中用户的被动角色以及Web 2.0中用户的有限参与必须得到改变，因为网络看起来是供给者的网络，但实际上应该是消费者的网络。②数据的自由整合与有效聚合。只有克服数据信息的不兼容性，才能实现自由整合与有效聚合。任何一个用户通过一台连接网络的计算机，就应该能获取到他在技术允许的条件下所有可以获取的信息，这符合用户浏览网络的根本目的。也只有这样，网络提供者才能获得更高的效益。③适合多种终端平台，实现信息服务的普适性。方便地获取信息就应该让用户可以离开电脑屏幕，也就是说Web 3.0应该实现不同终端之间的兼容。

Web 3.0与Web 1.0及Web 2.0的区别可以概括如下：①从用户参与的角度来看，Web 1.0的特征是以静态、单向阅读为主，用户仅是被动参与；Web 2.0则是一种以分享为特征的实时网络，用户可以实现互动参与，但这种互动仍然是有限度的；Web 3.0则以网络化和个性化为特征，可以提供更多的人工智能服务，用户可以实现实时参与。②从技术角度看，Web 1.0依赖的是动态HTML和静态HTML网页技术；Web 2.0则以Blog、Tag、SNS、RSS、Wiki、六度分隔、XML、AJAX等技术和理论为基础；Web 3.0的技术特点是综合性的，语义Web，本体是实现Web 3.0的关键技术。③从应用角度来看，传统的门户网站，如新浪、搜狐、网易等是Web 1.0的代表；博客中国、校内网、Facebook、YouTube等是Web 2.0的代表；Google、阔地网络等是Web 3.0的代表。

Web 3.0发展得非常快，将来Web 3.0对我们的生活会产生巨大的影响。但是现在还有很多问题需要研究，Web 3.0未来需要关注的方向：①内容的可用性。当前，还只有很少的Web 3.0的内容可用，Web 3.0的内容应该被扩展，以包括HTML静态页面、现存的XML内容、动态内容和多媒体、Web Services等。②Web 3.0的可扩展性。Web 3.0的可扩展性包括Web 3.0页面的存储和组织以及Web 3.0信息的快速查询。③支持多种语言。所有Web 3.0都应该提供对多语言信息的操作，而与本地语义无关。④信息的可视化。随着信息量的快速膨胀，内容的可视化越来越重要，用户要求更容易地识别相关的内容。⑤Web 3.0语言的稳定性。Web 3.0是一个崭新的领域，互联网组织将会制定出一些规则和标准。

在Web 3.0中，Web的内容不仅仅用来显示，更重要的是具有真正的含义，使得可以用软件工具在Web中漫游来处理用户提出的复杂任务。而实现Web 3.0的一个关键技术就是RDF（资源描述框架），因为RDF提供了资源的通用描述方式。Web 3.0的一个目标是突破虚拟世界的界限来控制现实世界，我们将可以用RDF来描述电视机、电话等设备从而实现对它们的协调控制。

第三节　J2EE与.NET技术

2012年我国提出"三通两平台"的建设要求，从上到下各级教育部门开始设计"互联网+教育"大平台，面临着应用服务器的架构与部署。在各种应用服务器的解决方案中，Sun J2EE与Microsoft .NET是目前主流的两大阵营，占据了绝大部分市场。它们都针对分布式N-tier应用的设计、集成、性能、安全性和可靠性等诸多方面，为用户提供了总体的指南和规范，并基于这些指南和规范技术提供了相应的平台、工具和编程服务、服务器进程、会话管理、商业逻辑框架、应用数据缓存、应用逻辑、持久化性、事务、安全和日志服务等内容。

一、J2EE技术

J2EE（Java 2 Platform Enterprise Edition）是美国Sun公司推出的一种全新概念模型，与传统的互联网应用程序模型相比有着不可比拟的优势。J2EE是一种利用Java 2平台来简化诸多与多级企业解决方案的开发、部署和管理相关的复杂问题的体系结构。J2EE技术的基础就是核心Java平台或Java 2平台的标准版，J2EE不仅巩固了标准版中的许多优点，如"编写一次、到处运行"的特性，方便存取数据库的JDBC API、CORBA技术以及能够在Internet应用中保护数据的安全模式等，同时提供了对EJB（Enterprise Java Beans）、Java Servlets API、JSP（Java Server Pages）以及XML技术的全面支持。

J2EE使用EJB Server作为商业组件的部署环境，在EJB Server中提供了分布式计算环境中组件需要的服务，如组件生命周期的管理、数据库连接的管理、分布式事务的支持、组件的命名服务、消息服务等；有些企业级的EJB Server，还提供了支持高可用性和高性能的群集技术、失败的自动转移和恢复、应用负载的自动均衡能力等。实现商业逻辑的EJB组件可以更加高效地运行在应用服务器中，支持多种客户端的访问。HTTP的客户端可以先向运行在Web Server上的Java Servlet或者JSP发出请求，在JSP中嵌入Java的代码调用运行在EJB Server中的EJB，以实现商业逻辑；而其他客户端可以通过IIOP（互联网内部对象请求代理协议）直接访问运行在EJB Server上的组件。

一个多层的分布式应用模型意味着应用逻辑被按功能划分成组件，并且可以在同一个服务器或不同的服务器上安装组成J2EE应用的这些不同的组件。一个应用组件应被安装在什么地方，取决于该应用组件属于该多层的J2EE环境中的哪一层。这些层是客户层、Web层、业务层及企业信息系统层（EIS），这就是J2EE的体系结构（图2-3-1）。

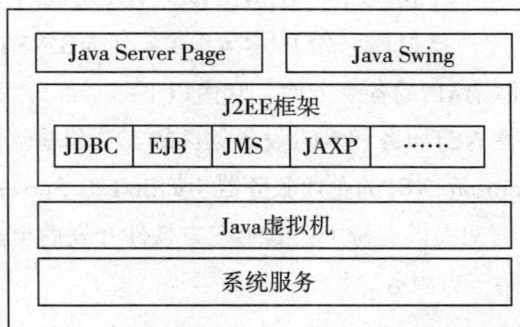

图2-3-1　Java&&J2EE体系结构

J2EE是一组规范集，每一个规范规定了Java技术应当如何提供一种类型的功能。J2EE平台为基于多层分布式应用模型上的Java应用的设计、开发、装配和部署，提供了一个完整的框架。J2EE规范为开发应用和与企业系统集成定义了数目众多的应用编程接口（API）和多种应用编程模型。最新的J2EE规范包括EJB 2.0、J2EE Connector Architecture 1.0、JDBC 2.0、JSP 1.2、Servlet 2.3、JTA 1.0.1、JMS 1.0.2、JNDI 1.2、Java RMI 1.0、RMNIOP 1.0、JAAS 1.0、Java Mail 1.1、JAXP 1.1等，为应用服务器提供了支持。

二、Microsoft .NeT

Microsoft .NET是一个产品套件。微软提供了一个分布式的Web应用开发环境，它并没有提供一个应用服务器的软件或软件包。它的出发点是面向操作系统的层次，而不是中间件层。微软将Windows NT/2000看作其应用服务器的基础，通过附加一系列具备中间件功能的软件包来构建应用服务器的平台。其应

用服务器的构建体现于Microsoft .Net的Web应用开发框架中。.NET战略引入了许多新概念，包含了一些新的技术，如Web Service和C#语言，但其很大程度上是微软以前的开发企业级应用的平台DNA的重新包装。微软在.NET中提供了一系列企业级服务器，为部署、管理和建立基于XML和Web的应用构筑了.NET服务器结构，包括Application Center、BizTalk Server、Commerce Server、Content Management Server、Exchange Server、SQL Server等，它们结合Windows平台上的一系列开发工具和技术（包括Visual Studio.NET、ASP.NET等），提供了强有力的应用服务器解决方案。

Microsoft .NET是一个由Server、Client和Service组成的平台。.NET框架包括基本的运行库、用户接口库、CLR、C#、C++、VB.NET、JScript.NET、ASP.NET以及.NET框架API的各个方面。它由以下三个部分组成（图2-3-2）：①.NET平台包括构建.NET服务和.NET设备软件的工具和基础框架；②.NET产品和服务包括基于Microsoft .NET的企业服务器（如BizTalk Server 2002和SQL Server 2000，它们为.NET框架提供支持）；③第三方软件开发商提供的.NET服务，构建在.NET平台上的第三方服务。

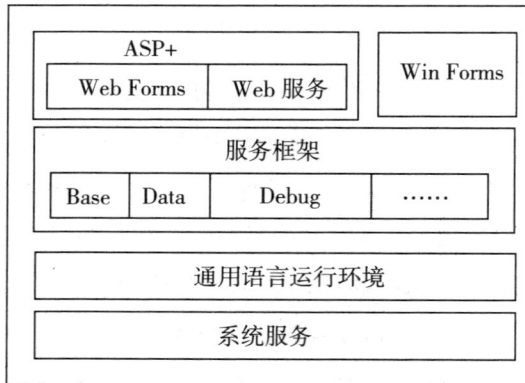

图2-3-2　NET框架结构

三、J2EE与.NET架构的比较

由于目前"互联网+教育"大平台的应用服务器标准不同，功能各异，实现策略不尽相同，因此本文从实用的角度，从以下六个方面对这两种架构进行了比较。

（一）操作系统

J2EE平台建立在基于命令行的UNIX基础之上，相关应用系统兼容性好；.Net的核心只工作在Windows环境下，.NET的所有相关应用都要以Windows平台为依托。

（二）可移植性

J2EE平台的独立性使程序的移植变得轻松简单。J2EE平台独立的特性包括两个方面：一是Java语言本身的平台独立性；二是J2EE标准的平台独立性。Java是一种跨平台的语言，只要有Java虚拟机就能在不同平台上执行同一个Java程序。J2EE标准的平台独立性使得任何符合J2EE标准的应用服务器之间都可以共用标准的组件。在满足J2EE兼容性的条件下，在不同的应用服务器之上的应用组件都能够很好地相互操作。利用Java的跨平台特性，J2EE组件可以很方便地移植到不同的应用服务器环境中。J2EE应用服务器在Windows平台上也可以很好地工作。

.Net的核心只工作在Windows环境下，从理论上讲可以支持以多种语言开发［只要这些语言的子集/超集已经定义好，并为它们建立了IL（中间语言）编译器］，但它对Java的支持不是很好，同时微软强迫开发者必须完全面对基于微软的平台，因此它的可移植性较弱。

（三）对Web Service的支持

Web Service是新一代的分布式服务，通过Web Service，任何应用程序都可以在网络上顺利地整合在一起。Web Service的基本原理是利用标准的网络协议（如HTTP）来传送XML信息。这是一种非常轻便的沟通机制，因此可以让任何程序语言、中间层组件或平台很容易地整合进来。有了Web Service，就可以快速且低成本地整合两个企业、部门或是两个程序。Web Service有两层含义：其一是指封装成单个实体并发布到网络上的功能集合体；其二是指功能集合体被调用后所提供的服务。简单地讲，Web服务是一个URL（资源定位系统）资源，客户端可以通过编程方式请求得到它的服务，而不需要知道所请求的服务是怎样实现的。

从使用者的角度来看，J2EE与.NET都是Web Service的开发和部署平台。.NET从一开始就深深打上了Web Service技术的烙印，.NET天生就是为Web Service准备的开发平台和部署平台。相对.NET而言，J2EE最初是为了将Java平台拓展到企业级解决方案的应用领域而制定的一个平台框架规范，随着Web Service的兴起和发展，J2EE不断地将Web Service的支持引入进来。

从整体上看，J2EE是通过一组API包（JAXM、JAXP、JAXR、JAX-RPC）为Web Service提供支持的。J2EE的Web Service实现一般是通过EJB来进行的，也可以把提供Web Service的Java应用独立出来，这完全依赖于设计和构建应用程序的业务处理和数据逻辑层。而在.NET中，Web Service直接构建在平台中，.NET框架提供完整的服务标准，如SOAP、WSDL（Web服务描述语言）和UDDI。在.NET框架中Web Service的实现一般通过.NET Managed Component（包括Managed Class以及COM/COM+组件）来进行。

新一代Web Services的开发工具中，J2EE平台的工具有JBuilder（Borland）、Forte for Java（Sun）、 Web Logic Workshop（BEA）、JDeveloper（Oracle）、Visual Age for Java（IBM）、 Visual Cafe（Web Gain）；.NET平台只有Visual Stdio.NET。

（四）安全性

JAAS（Java Authentication and Authorization Service）用两个步骤实现安全性：认证、授权。同时，J2EE基于命令行的UNIX操作系统安全性更高。由于了解微软产品的人太多，几乎所有的病毒和大部分黑客的攻击都是针对微软平台的。因此涉及高可靠性、高安全性、高访问量的系统，通常会谨慎考虑微软的平台。

（五）开发周期

J2EE的开发工具虽然有很多，如Sun的Forte、Borland的J Builder、IBM的Visual Age，但与微软.NET的开发平台相比，J2EE在与数据库的集成性与易用性方面还有一定的不足。由于不同厂商的数据库、Web服务器、中间件服务器等都有一些细微的差别，要开发真正的跨平台产品就需要对所有的产品都精通，分别为不同的搭配设置不同的参数，而且要进行长时间的调试，因此，如果开发同一个项目，使用J2EE的进度可能会比使用.NET慢一些。.NET的整个平台、开发工具的高集成性和友好的开发环境给开发人员留下了深刻的印象，使用.NET平台开发周期较短。

（六）后期维护

J2EE平台是建立在Java语言基础上的，它是真正面向对象的语言。面向对象的设计方法不但可以设计庞大而复杂的系统，还可以使Web应用程序具有良好的扩充性和维护性。标准化的框架结构是以分布式的多层应用体系为基础的，这使J2EE应用天然就具有可扩充性和可维护性。在系统的任意层面中可以增加新的功能，而不影响原有的系统。

如果选择了.NET，今后所有的产品开发都将只有一个供应商——微软，而微软的产品升级换代很快，且换代后平台还存在一些不兼容的地方。尽管第一次实施的成本比较低，但高昂的升级成本将令用户和供应商头疼。

（七）第三方厂商支持

由于J2EE是开放的规范框架，任意厂商只要有实力都可以按照规范来开发实现，不同厂商的组件也可以在一起协同使用，因此，J2EE从一开始就得到了众多厂商的支持，如IBM、BEA、HP、Oracle等公司。如果选用J2EE技术，那么在诸多遵循标准的厂商所提供的应用程序服务器中，可以选择最符合需要、成本最低而且又认为最佳的平台。

.NET一开始就属于微软，它的核心部件仍由微软掌握，微软只扮演整个.Net开发环境和运行环境提供者的角色，选择.NET则意味着选择了微软一个厂商。

综上所述，从平台的稳定性、可移植性以及产品的多样性等方面来考虑，J2EE是成熟、稳定、高效而且自由开放的，但.NET在Web Service上的支持比J2EE略胜一筹。

第四节 C/S与B/S架构

随着计算机的诞生和应用，计算机模式从集中式结构（数据和应用程序在一台主机上）转向了分布式结构（数据和应用程序跨越多个节点机），尤为典型的是C/S结构（客户机/服务器模式），该结构在20世纪80年代后得到了广泛的应用。随着网络技术的高速发展，尤其是基于Web的信息发布和检索技术、Java技术以及网络分布式对象技术的飞速发展，计算机网络结构向着更加灵活

的多级分布结构演变，网络结构跨入一个新阶段，即B/S结构（浏览器/服务器模式）。基于Web的B/S方式其实也是一种客户/机服务器模式，只不过它的客户端是浏览器。当今数据库技术的蓬勃发展促进了数据库应用软件开发市场的扩大。在流行的数据库软件开发模式中，B/S和C/S模式占主导地位，但又不能相互简单替代，采取两者相结合的网络架构已成为必然趋势。所以，对它们的选择直接影响最终数据库软件的使用和今后的维护工作。

一、C/S架构

C/S架构，即Client/Server（客户机/服务器），主要由客户应用程序、服务器管理程序和中间件三个部件组成。客户应用程序是系统中用户与服务器进行交互的部件。服务器程序负责有效地管理系统资源，对资源进行最优化管理。中间件负责联结客户应用程序与服务器管理程序，协同完成一个作业，以满足用户查询管理数据的需求。一般说来，客户前端应用程序提供友好的图形用户界面（GUI）以供用户输入，并且根据验证规则检查输入数据的合法性，以及提交查询、显示查询的结果等，后端数据库服务程序储存、检索和保护数据库数据。在这种方式下客户应用程序通常并不直接处理后端数据库上的数据，所有请求必须通过网络协议和数据库网络接口发送给数据库服务器进行处理。数据库服务器程序首先验证客户是否有访问请求数据库的权限，然后根据客户请求检索访问用户需要的数据，运行之后把最终处理结果反馈给用户。

C/S架构的发展经历了从两层结构到三层结构的过程。

两层结构（图2-4-1）由两部分构成：前端是客户机，主要完成用户界面显示，接收数据输入，校验数据有效性，向后台数据库发送请求，接收返回结果，处理应用逻辑；后端是服务器，运行数据库管理系统（DBMS），提供数据库的查询和管理功能。数据存放在服务器上，客户端界面作为程序的另一部分存在于客户桌面计算机上。客户端的主要任务是向服务器发送请求并接收结果；而服务器的主要任务是接受请求、完成计算，并把结果反馈给客户端。在两层结构中，桌面客户机应用程序对在局域网上的数据库服务器提出数据请求。这种结构适用于决策支持应用程序，在决策支持应用程序中，由客户机向数据库服务器发出单个查询请求可以得到大量的数据用于桌面客户机随后的分析、处理和展示。这种结构也适用于局部化低事务处理率的OLTP（联机事务处理过程）。两层结构只适用于客户端少于100个、1个数据源、基于局域网的系统。这是一种"肥客户机（Fat Client）"/"瘦服务器（Thin Server）"的网络计算模式。

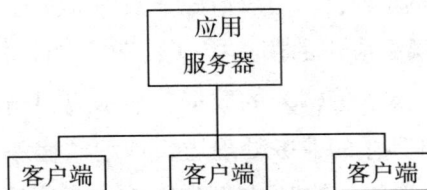

图2-4-1 两层C/S结构

两层结构存在一些不足，主要包括：系统的可伸缩性差；难以和其他系统进行互操作；难以支持多个异构数据库；客户端程序和服务器端DBMS交互频繁，网络通信量大；所有客户机都需要安装、配置数据库客户端软件，这是一件十分庞杂的工作；等等。

基于两层结构的以上不足，三层结构伴随着中间件技术的成熟而兴起。其核心概念是利用中间件将应用分为表示层、业务逻辑层和数据存储层三个不同的处理层次（图2-4-2）。

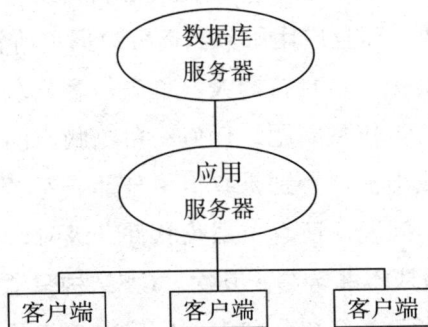

图2-4-2 三层C/S结构

三层C/S结构中引入了中间层，这个中间层既作为一个浏览服务器，又作为一个应用服务器。在这个中间服务器中，可以将整个应用逻辑驻留其上，而只有表示层存在于客户机上。这种结构被称为"瘦客户机"。这种结构中，无论是应用的HTML页，还是Java Applet都是运行时刻动态下载的，只需随机地增加中间层的服务（应用服务器），即可满足扩充系统的需要。三层结构是将应用功能分成表示层、功能层和数据层三部分。其解决方案是：对这三层进行明确分割，并在逻辑上使其独立。原来的数据层作为DBMS已经独立出来，所以关键是要将表示层和功能层分离成各自独立的程序，并且还要使这两层间的接口简洁明了。一般情况下只将表示层放置在客户机上。在三层C/S结构中，表示层是应用的用户接口部分，它具有用户与应用间的对话功能，用于检查用户从键盘等输入的数据，显示应用输出的数据。功能层相当于应用的本体，它将具体的业务处理逻辑地编入程序。表示层和功能层之间的数据交往要尽可能简洁。数据层就是DBMS，负责管理对数据库数据的读写。在三层C/S结构中，中间件是最重要的部件。它是一个用API定义的软件层，是具有强大通信能力和良好可扩展性的分布式软件管理框架。它的功能是在客户机和服务器或服务器和服务器之间传送数据，实现客户机群和服务器群之间的通信。

三层C/S结构较两层C/S结构具有一定的优越性：具有良好的开放性；降低了整个系统的成本，维护升级十分方便；系统的可扩充性良好；系统管理简单，可支持异种数据库，有很高的可用性；可以进行严密的安全管理。

C/S架构软件的优势与劣势：①C/S架构软件的优势是能充分发挥客户端PC的处理能力，很多工作可以在客户端处理后再提交给服务器。对应的优点就是客户端响应速度快，而且应用服务器运行数据负荷较轻。②C/S架构软件的劣势是需要高昂的维护成本且投资大。首先，客户端需要安装专用的客户端软件。这涉及安装的工作量问题，任何一台电脑出问题，如病毒、硬件损坏，都需要进行安装或维护。特别是有很多分部或专卖店的情况，不是工作量的问题，而是路程的问题。还有，系统软件升级时，每一台客户机都需要重新安装，维护和升级成本非常高。其次，C/S结构只适用于局域网，而随着互联网的飞速发展，移动办公和分布式办公越来越普及，这需要我们的系统具有扩展性。这种方式远程访问需要专门的技术同时要对系统进行专门的设计来处理分布式的数据。最后，CIS对客户端的操作系统一般也会有限制。可能适用于Windows 98，但不能用于Windows 2000或Windows XP，或者不适用于微软新的操作系统，更不用说Linux、Unix了。

二、B/S架构

Internet技术的不断发展，尤其是基于Web的信息发布和检索技术的发展，导致整个应用系统的体系结构从C/S的主从结构向灵活的多级分布式结构演变，这一演变给体系结构给当今以Web技术为核心的信息网络的应用赋予了新的内涵，这种新的多级分布式结构就是B/S架构。

B/S架构，即Browser/Server（浏览器/服务器）是一种以Web技术为基础的新型MIS系统平台模式。把传统C/S模式中的服务器部分分解为一个数据服务器与一个或多个应用服务器（Web服务器），从而构成一个三层结构的客户服务器体系（图2-4-3）。它的客户端是标准的浏览器（如Internet Explore、Netscape Navigator等），服务器端为标准的Web服务器，协同应用服务器响应浏览器的请求。数据和应用程序都存放在服务器上，浏览器功能可以通过下载服务器上的应用程序得到动态扩展。服务器具有多层结构，B/S结构处理的数据类型可以动态扩展，以B/S模式开发的系统维护工作集中在服务器上，客户端不用维护，操作风格比较一致，只要是浏览器的合法用户都可以十分容易地使用。B/S结构主要是利用了不断成熟的WWW浏览器技术，结合浏览器的多种Script语言（VBScript、JavaScript……）和Activex技术，用通用浏览器就实现了原来需要复杂专用软件才能实现的强大功能，并节约了开发成本，是一种全新的软件系统构造技术。B/S模式是一种三层结构的系统，具体如下：

第一层客户机是用户与整个系统的接口。客户端只需要一个通用的浏览器软件，如微软公司的IE等。浏览器将HTML代码转化成图文并茂的网页。网页还具备一定的交互功能，允许用户在网页上输入信息提交给第二层的Web服务器，并提出处理请求。

第二层Web服务器将启动相应的进程来响应这一请求，并动态生成一串HTML代码，其中嵌入处理的结果返回给客户机的浏览器。如果客户机提交的请求包括数据的存取，Web服务器需与数据库服务器协同完成这一处理工作。

第三层数据库服务器的任务是协调不同的Web服务器发出的SQL请求，管理数据库。

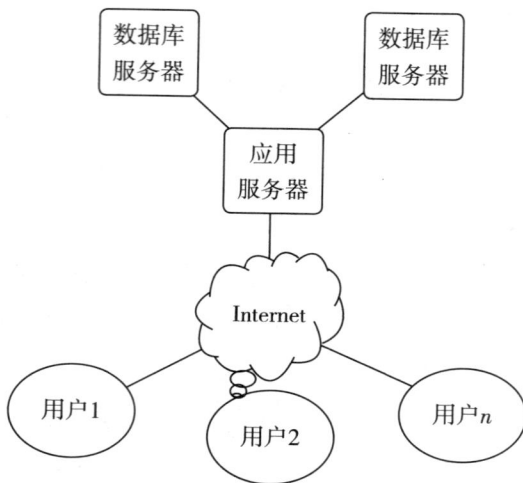

图2-4-3 B/S架构

B/S架构软件的优势与劣势：

B/S架构软件最大的优势就是可以在任何地方进行操作而不用安装任何专门的软件。只要有一台能上网的电脑就能使用，客户端零维护，即可跨平台操作，任何一台机器只要装有浏览器软件，均可作为客户端来访问系统，并且维护和升级也很简单。只要能上网，再由系统管理员分配一个用户名和密码，就可以使用了，甚至可以在线申请，通过公司内部的安全认证（如CA证书）后，不需要人的参与，系统可以自动分配给用户一个账号进入系统。B/S架构的软件成本低、选择多，还具有良好的开放性和可扩充性，并且还可采用防火墙技术来保证系统的安全，有效地满足了当前用户对管理信息系统的新需求。经过近些年的应用，B/S架构也暴露出了许多不足的地方，具体表现在以下几个方面：①浏览器只是为了进行Web浏览而设计的，所以当其应用于Web应用系统时，许多功能不能实现或实现起来比较困难，如通过浏览器进行大量的数据输入，或进行报表的应答都是比较困难和不便的。②复杂的应用构造困难。虽然可以用ActiveX. Java等技术开发较为复杂的应用，但是相对于发展已非常成熟的一系列GS应用工具来说，这些技术的开发复杂，并没有完全成熟的技术可供使用。③HTTP可靠性低，有可能造成应用故障，特别是对于管理者来说，采用浏览器方式进行系统的维护是非常不安全与不方便的。④Web服务器成为数据库的唯一客户端，所有对数据库的连接都通过该服务器实现。Web服务器同时要处理与客户请求以及与数据库的连接，当访问量大时，服务器端负载过重。⑤由于业务逻辑和数据访问程序一般由JavaScript、VBScript等嵌入式小程序实现，分散在各个页面里，难以实现共享，给升级和维护也带来了不便。同时源代码的开放性使得商业规则很容易暴露，而商业规则对应用程序来说则是非常重要的。

三、C/S与B/S结构比较

C/S和B/S是当今世界开发模式技术架构的两大主流技术。C/S是美国Borland公司最早研发的，B/S是美国微软公司研发的。目前，这两项技术已被世界各国所掌握，国内公司以C/S和B/S技术开发出的产品也很多。但这两种结构各有所长，具体从如下十个方面进行比较分析。

（1）硬件环境不同。C/S建立在局域网的基础上，局域网之间再通过专门的服务器提供连接和数据交换服务。在C/S结构中，客户端和服务器端都需要处理数据任务，这就对客户机的硬件提出了较高的要求。B/S结构建立在广域网之上，不必配备专门的网络硬件环境。虽然对客户端硬件的要求不是很高，只需要运行操作系统和浏览器，但服务器端需要处理大量实时数据，这就对服务器端的硬件提出了较高的要求。总体来讲，B/S结构相对C/S结构能够大大降低成本，有比C/S更强的适用范围，一般只要有操作系统和浏览器就行。

（2）系统的开放性不同。C/S对操作系统依赖性强，不同的操作系统之间数据交流困难。而B/S结构可支持跨平台操作，可移植，用与操作系统和网络协议无关的方式存储数据。

（3）使用方便性不同。C/S用户的界面是由客户端软件决定的，其使用的方法和界面各不相同。而B/S用户的界面都统一在浏览器上，浏览器易于使用、界面友好，用户只需学会使用浏览器，即可进行各类信息资料的检索和翻阅，特别适合非计算机专业人员使用。

（4）开发与维护成本不同。C/S的应用必须开发出专用的客户端软件，无论是安装、配置还是升级都需要在所有的客户机上实施，极其浪费人力和物力。而B/S的所有功能都在Web服务器上实现，不需在客户端进行任何改变，故而可降低开发和维护成本。

（5）安全性不同。C/S结构一般面向相对固定的用户群，对信息安全的控制能力强。而B/S不能直接存取数据库中的数据，增强了数据的安全性，但由于当前系统软件安全技术较差，再加上用户多，应用程序的安全性较低。

（6）交互性不同。C/S结构在客户端有一套完整的应用程序，可以设计复杂的用户界面，并在出错提示、在线帮助等方面功能强大，从而较之B/S结构交互性更强。

（7）程序架构不同。C/S程序更加注重流程，可以对权限多层次校验，对系统运行速度可以较少考虑。而B/S对安全以及访问速度的多重考虑建立在需要更加优化的基础上。

（8）系统灵活性不同。C/S系统中的模块有一部分需改变，就要关联其他模块的变动，系统极难升级。而B/S系统三部分模块各自相对独立，其中一部分模块改变时，其他模块不受影响，应用的增加、删除等操作不影响用户个数和执行环境，系统改进变得非常容易，且可以用不同厂家的产品来组成性能更好的系统。

（9）网络通信量不同。C/S网络只包括Client和Server之间的通信量，网络通信量大。而B/S采用逻辑上的三层结构，而物理上的网络结构仍然是原来的以太网或环形网，这样第一层与第二层结构之间的通信、第二层与第三层结构之间的通信都需占用同一条网络线路，所以网络通信量小。

（10）信息共享度不同。C/S系统使用专用的客户端软件，其数据格式为专用格式文件。而B/S系统使用的是HTML，HTML是数据格式的一个开放标准，目前大多数流行的软件均支持HTML，同时MIME技术使得Browser可访问多种格式文件。

为了吸收C/S结构与B/S结构各自的优势，改进劣势，在原有B/S体系结构的基础上，采用一种新的体系结构——C/S与B/S混合结构（图2-4-4）。在这种结构体系中，一些需要用Web处理，满足大多数访问者请求的功能界面（如信息发布查询界面）采用B/S结构，后台只需少数人使用的功能应用（如数据库管理维护界面）采用C/S结构。组件位于Web应用程序中，客户端发出HTTP请求到Web Server。Web Server将请求传送给Web应用程序。Web应用程序将数据请求传送给数据库服务器，数据库服务器将数据返回Web应用程序。然后再由Web Server将数据传送给客户端。对于一些实现起来困难的功能或一些需要丰富的HTML页面的功能，通过在页面中嵌入ActiveX控件来实现。

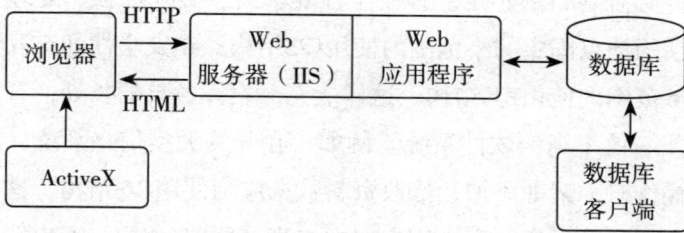

图2-4-4   C/S与B/S混合结构

采用这种结构的优点在于：①充分发挥了B/S结构与C/S结构的优势，弥补了二者的不足。充分考虑用户利益，在保证浏览查询者操作方便的同时也使得系统更新简单，维护简单灵活，易于操作。②信息发布采用B/S结构，保持了"瘦客户端"的优点。装入客户机的软件可以采用统一的浏览器，而且浏览器和网络综合服务器都基于工业标准，可以在所有的平台上工作。③数据库端采用C/S结构，通过ODBC/JDBC连接。这一部分只涉及系统维护、数据更新等，不存在完全采用C/S结构带来的客户端维护工作量大等缺点，并且在客户端可以构造非常复杂的应用，界面友好灵活、易于操作，能消除许多B/S存在的固有缺点。④对于原有基于C/S结构的应用，可以非常容易地升级到这种结构，只需开发用于发布的WWW界面，可以保留原有的C/S结构的某些子系统，充分地利用现有的系统资源。这使得现有系统或资源无须大的改造即可以连接使用，保护了用户以往的投资。⑤通过在浏览器中嵌入ActiveX控件可以实现在浏览器中不能实现或实现起来比较困难的功能，如通过浏览器进行报表的应答。另外，客户端ActiveX控件的加盟可以丰富HTML页面，产生令人惊奇的效果。⑥将服务器端划分为Web服务器和Web应用程序两部分。Web应用程序采用组件技术实现三层体系结中的商业逻辑部分，达到封装源代码、保护知识产权的目的。Internet应用程序大部分属于分布式应用程序，采用组件技术的一个重要特点就是它的处理能力能够随着用户数量、数据量所需性能的提高而增强。

B/S结构是随着Internet技术的兴起，对C/S结构的一种变化和改进，但并不表示B/S结构的所有方面都比C/S结构先进。C/S结构和B/S结构各有利弊，在进行系统结构设计时，应综合考虑系统需求的各个方面，从而选择最为合理的系统网络架构。

在实际系统结构设计中，多采取C/S结构与B/S结构相结合的模式，发挥两者的优势，并弥补各自的不足。在安全性要求高、交互性强、处理数据量大、数据查询灵活的地点固定的小范围内使用C/S结构；在安全性和交互性不高，地点灵活的广域范围内使用B/S结构。这样能充分发挥各自的长处，开发出安全可靠、灵活方便、效率高的软件系统。例如，在开发大型信息系统，需要对数据库进行频繁操作时，诸如添加、修改资料数据应当使用C/S结构，这样客户端功能比较强，安全系数也高；高级用户层则应当使用B/S结构，客户端可以比较方便、灵活地对数据进行查询。这样设计，可以充分发挥C/S结构和B/S结构的优越性。

第五节　云计算与虚拟化技术

在信息化技术不断发展的情况下，云计算（Cloud Computing）依托信息网络的建设逐渐发展起来，同时云计算作为高科技发展下的产物，是一种全新的商业化运算模型。虚拟技术是云计算的支撑，是云计算发展及革新的动力，同时也是云计算技术的基础。云计算在大数据的处理和分析上能够充分发挥其运算分析速度快、运算结果精确度高的特性。云计算在大数据解决方案和决议中发挥着举足轻重的作用。通过虚拟化技术，云计算把计算、存储、应用和服务都变成了可以动态配置和扩展的资源，从而能够实现在逻辑上以单一整体的服务形式呈现给用户。所以，虚拟化技术是云计算中最关键、最核心的技术原动力。

一、云计算

从20世纪80年代开始，我们便为软件、硬件系统的可扩展性伤透了脑筋。数量繁多的硬件种类、软件平台使得我们不得不进行多种系统之间的移植工作；而后来随着网络技术的发展和PC的发展，我们对本地计算处理速度和轻便性的要求也越来越高。在诸多的解决矛盾的技术中，云计算仿佛是最直接、最理想的一种技术。

云（Cloud）是网络的象征，所以云计算最广义的解释就是网络计算。这恐怕是目前大家对于云计算的共同看法。除此之外，大家对于云计算的理解和定义都不太一样。

云计算是并行计算（Parallel Computing）、分布式计算（Distributed Computing）和网格计算（Grid Computing）发展的结果。云计算是虚拟化（Virtualization）、公用计算（Utility Computing）、基础设施即服务（IaaS）、平台即服务（PaaS）、软件即服务（SaaS）等概念混合演进并跃升的结果。云计算是一种以计算机与网络为基础的服务模式，是指用户通过互联网进行资源共享，提供与获取资源的按量交付的网络服务，通过借助手机、电脑等客户端进行数据的计算与资源的整合。

云计算的基本原理是使计算分布在大量的分布式计算机上，而非本地计算机或远程服务器中，企业数据中心的运行将更与互联网相似。这使得企业能够将资源切换到需要的应用上，根据需求访问计算机和存储系统。云计算其实是在分布式计算的基础上改进而成的，也可以说是分布式计算的发展方向。云计算是一种新的计算模式，它是一种基于互联网的计算模式，它将计算、数据存储、应用软件等资源作为服务通过互联网提供给用户。云计算的应用包含这样的一种思想：把一切力量联合起来，给其中的每一个成员使用，而这个成员只需要使用这些力量就可以了，而不需要知道这些力量是怎么来的，不需要研究它们。云计算是互联网计算模式的商业实现方式，其优点是安全、方便，共享的资源可以按需扩展。云计算体现了软件即服务的理念，是支撑物联网的重要计算环境之一。狭义的云计算就是指基础资源的交付和使用模式，指通过网络以易扩展、易实现并且按需的方式获得所需的资源；广义的云计算是指服务的交付和使用模式，指通过网络以易扩展、易实现并且按需的方式获得所需的服务。这种服务可以是计算服务或者是软件和互联网相关的服务，也可以是任意其他服务，它具有超大规模、虚拟化、可靠安全等独特功效。

目前，云计算的服务形式主要有三种：基础设施即服务（IaaS，Infrastructure as a Service）、平台即服务（PaaS，Platform as a Service）、软件即服务（SaaS，Software as a Service），如图2-5-1所示。

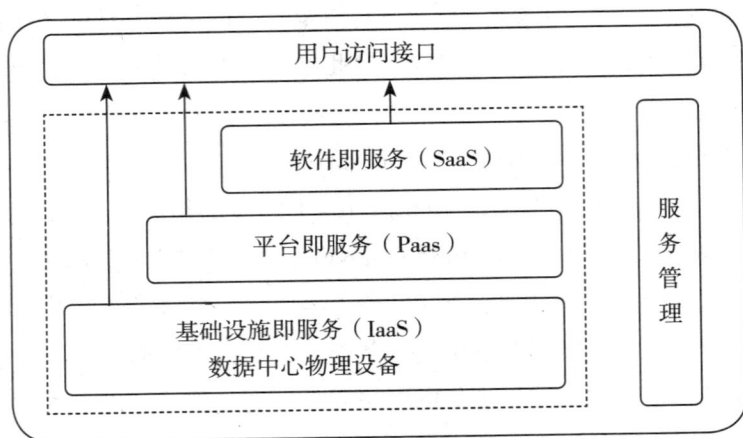

图2-5-1　云计算体系架构

（1）基础设施即服务（IaaS）。IaaS是云计算服务商直接向用户提供存储、网络、处理等基本的计算资源，用户可以根据自身需要部署和运行包括操作系统和应用程序的各种软件。目前IaaS模式的商业化应用主要集中于存储服务、计算服务等，IaaS的优点是用户只需要花费较少的租金就可以按照自己的需求租用计算、存储资源，大大降低了企业在基础设施上的部署成本。Amazo EC2、IBM Blue Cloud、 Sun Grid Engine等都是提供IaaS服务的工具。

（2）平台即服务（PaaS）。PaaS提供给客户的是服务器平台或者开发环境。与IaaS模式不同，PaaS模式用户不需要对硬件资源进行管理，PaaS能够给客户提供一个软件开发的中间平台，提供应用程序开发、数据库、应用服务器等服务。IBM IT Factory、Google App Engine、Salesforce.com等都是提供PaaS服务的工具。

（3）软件即服务（SaaS）。SaaS直接提供给用户运行在云计算数据中心上的各类应用程序，用户可以通过互联网进行访问。这种模式下，用户只需在需要时花费少量的租金即可在互联网上使用软件，这种运营模式的总体成本较低，运营效益最好。Salesforce.com、Google AppS等都是提供该服务的工具。

云计算的特点：①可靠性。云计算提供了最可靠、最安全的数据存储中心，用户不用再担心数据丢失、病毒入侵等麻烦。②个性化。云计算是一个庞大的资源库，并能够动态伸缩。从远程教学到泛在学习，从柜台服务到网上交易，越来越多的服务以一种全新的模式渗透到人们日常的生活中。有电的地方就有计算机，有网络的地方就有云服务，用户可以随时随地选择资源。③虚拟化。云计算支持用户在任意位置使用各种终端获取应用服务。用户无须了解应用程序运行的具体位置，只需一台笔记本或一个手机，就可以通过网络服务来满足一切需求，甚至包括完成超级计算这样的任务。④高性能。每个人都有过电脑中毒而不得不反复重装系统的经历，都遇到过某软件版本低而无法打开重要资源的尴尬。云计算时代，这些问题将不再成为困扰，全世界最专业的团队将会解决此难题。

二、虚拟化

在世界日趋变小、变平，信息化浪潮席卷全球的今天，信息技术必须以更加智慧的姿态来应对复杂的未知世界。"虚拟化"（Virtualization）作为"智慧信息技术"的重要组成部分之一，已成为当今信息产业领域最受关注的新兴概念。其实，计算机技术发展至今，虚拟化技术无时无刻不紧紧地伴随着它。

虚拟化技术是实现云计算"按需配置""按量计费"和"网络服务"的关键支撑技术。因此，有人说"没有虚拟化就没有云计算"。"虚拟化"这个概念既宽泛又不断变化，目前，关于虚拟化的定义众说纷纭，表述不同，各有千秋。

虚拟化是一个广义的术语，是指计算元件在虚拟的基础上而不是真实的基础上运行，是一个简化管理、优化资源的解决方案。如同空旷、通透的写字楼，整个楼层几乎看不到墙壁，用户可以用同样的成本构建出更加自主适用的办公空间，进而节省成本，最大限度地利用空间。这种把有限的固定资源根据不同需求进行重新规划以达到最大利用率的思路，在IT领域就叫作虚拟化技术。

虚拟化技术可以扩大硬件的容量，简化软件的重新配置过程。CPU的虚拟化技术可以单CPU模拟多CPU并行，允许一个平台同时运行多个操作系统，并且应用程序都可以在相互独立的空间内运行而互不影响，从而显著提高计算机的工作效率。目前，虚拟化已经从单纯的虚拟服务器成长为虚拟桌面、虚拟网络、虚拟存储等多种虚拟技术。

虚拟化技术是云计算系统的核心组成部分之一，是将各种计算及存储资源充分整合和高效利用的关键技术。在虚拟化的各种常见类型中，用户以往接触较多的是系统虚拟化。其实，虚拟化的对象是比较多的，当然，应用虚拟化技术实现对实体的虚拟的主要是各种IT资源，主要包括以下几种虚拟化：

（1）网络虚拟化。早期的网络虚拟化是指虚拟专用网络（VPN），它对网络连接概念进行了抽象，允许远程用户访问内部网络，如同实现了与该网络的物理连接。目前，虚拟局域网（VLAN）依然是数据中心的基本设计内容。而利用网络虚拟化技术将多台设备连接，组成一个逻辑单元，将其视为单一设备进行管理和使用，应该是网络虚拟化的主流。综上所述，网络虚拟化是将网络资源，包括硬件、软件等进行资源整合和设备链路聚合，为用户提供虚拟网络连接的虚拟化技术。

（2）存储虚拟化。将多个存储介质模块，如硬盘、RAID等集中统一管理，为用户提供大容量、高数据传输性能的存储系统，即虚拟存储。为物理的存储提供一个抽象的逻辑视图后，用户通过这个视图中的统一逻辑接口实现对整合资源的访问，这就是所谓的存储虚拟化。一般而言，存储虚拟化有两种形式：基于存储设备的存储虚拟化和基于网络的存储虚拟化。

（3）系统虚拟化。在同一台物理机上运行多个独立的操作系统就是系统虚拟化。这些操作系统同时运行时，相互之间并不影响，从而实现了物理机资源的复用。系统虚拟化不仅应用于IBM系列大型机，应用于基于Power架构的IBM服务器以及x86架构的个人计算机的系统虚拟化，同时，也被广泛应用于个人电脑，如目前比较常见且应用较多的，运行与本机操作系统不兼容的应用程序。

（4）服务器虚拟化。把系统虚拟化技术应用于服务器，将一台服务器虚拟成若干台服务器来使用，亦即在单一物理服务器上运行多个虚拟服务器，称为服务器虚拟化技术。这种技术的特点是支持多个客户操作系统，并将物理系统的资源以可控方式分配给虚拟机。服务器虚拟化的优势在于通过分析资源的优先级，以区分前后次序，适时地将服务器资源分配给最需要它们的工作负载，既提高了效率又方便管理，避免了被单一的工作负载峰值占用或储备资源。

（5）应用虚拟化。应用虚拟化一般指应用软件虚拟化和桌面虚拟化。前者是将应用软件从操作系统中分离出来，通过自行压缩后的可执行文件夹来运行；后者是对桌面应用及其运行环境的模拟、部署与分发。应用虚拟化为应用程序提供了一个虚拟运行环境，使用虚拟化服务器能够按照用户需求，把所需程序组件实时地上传至客户端的应用虚拟化运行环境。

（6）高级语言虚拟化。用高级语言编写的程序在运行中需要编译为标准的中间指令，这些中间指令在动态翻译环境中，抑或在解释执行中被执行，于是，理论上它可以在不同的体系结构上运行。但要实现可执行程序在不同体系结构计算机之间的转换迁移，则需要进行高级语言虚拟化。具体的运作过程是解除底层系统平台与上层可执行代码的耦合，进而实现代码的跨平台执行。

三、虚拟化技术在云计算中的应用

云计算的特征体现为虚拟化、分布式和动态可扩展。虚拟化是云计算最主要的特点。每一个应用部署的环境和物理平台都是没有关系的，通过虚拟平台进行管理、扩展、迁移、备份，种种操作都通过虚拟化层次完成；分布式是指计算所使用的物理节点是分布的；动态可扩展是指通过动态扩展虚拟化的层次，进而达到对以上应用进行扩展的目的。从云计算最重要的虚拟化特点来看，大部分软件和硬件已经对虚拟化有一定的支持，可以把各种软件、硬件、操作系统和存储网络等要素都进行虚拟化，放在云计算平台中统一管理。虚拟化技术打破了物理结构之间的壁垒，代表着把物理资源转变为逻辑可管理资源的必然趋势。未来，所有的资源都透明地运行在各种物理平台上，资源的管理都将按逻辑方式进行，完全实现资源的自动化分配，而虚拟化技术则是实现这一理想的唯一工具。针对云计算虚拟化技术的融合和应用面向高级虚拟主机、应用和资源以及虚拟化存储等方面。

从定义可以看出，虚拟化只是云计算的一个技术基础，云计算和虚拟化技术的共同点是可以将不同的硬件平台整合起来提供服务，但是无论是在规模上还是在技术内涵上，虚拟化都不能和云计算概念相提并论。云计算除了具有虚拟化的技术基础外，还有其他技术支撑，这些支撑从软件设施的基础平台到应用都有所涉及。

简单回顾一下上述内容，云计算可以概括为如下两个核心要点：

第一，本地无须计算，计算全部采用实时远程网络计算资源，云计算将计算资源和我们通常接触的资源放在同一个平台上，而不是简单的数据获取。现在我们通常通过网络访问的资源一般都是文件、视频流、音频流等，云计算则是将计算资源作为远程资源通过网络进行输送，这是云计算有别于其他任何

计算的一个特点。将计算资源在网络上进行分配，那么高速的网络支持是必需的，网络必须有非常低的延迟，并且可以将计算过程中的交互损耗降至最低。云计算也有别于以前我们接触的远程提交作业等待结果的计算方式，云计算的过程是实时交互的。

第二，支持多种硬件平台和多种软件平台，甚至通信协议，不仅要求硬件具有分布特性，软件（包含应用软件在内）也要具有分布特性。用户在使用软件资源之前，不必考虑本地硬件的特性，本地硬件的特性也不会对选择云计算作为计算平台的行为造成影响。

虚拟化技术可以概括为如下几个核心概念：

（1）针对不同的虚拟化产品进行不同的虚拟化技术，如服务器、桌面、网络，不同的IT层面体现不同的虚拟化方向，从而构成可以连接各种不同平台的整体方案。虚拟化是一个接口封装和标准化的过程，封装的过程根据不同的硬件会有不同，通过封装和标准化，为在虚拟容器里运行的程序提供适合的运行环境。这样，可以通过虚拟化技术屏蔽不同硬件平台时间的差异，屏蔽不同硬件的差异所带来的软件兼容问题，可以将硬件的资源通过虚拟化软件再重新整合后分配给软件使用。虚拟化技术实现了硬件无差别的封装，很适合在云计算的大规模应用中作为技术平台，但是，虚拟化技术并不是云计算的唯一技术基础条件，只能说虚拟化是目前实现云计算比较切实可行的一个方案。

（2）虚拟化的核心是脱离硬件依赖，可以在各种硬件上部署虚拟化产品后，形成统一的计算界面。从JVM（Java虚拟机）到VSX（视频会议终端系统）等产品，虚拟化的核心要务是脱离硬件依赖，这样无论是软件开发还是网络应用，都可以简化软件的开发模式、方法。所以虚拟化在用户界面上是标准化的、一致的，而不像云计算那样提供各种各样不同平台适用的界面。虚拟化技术的这个特点使得虚拟化技术在很多应用场合大有可为。虚拟化技术成为许多云计算方案中采用的技术平台，和虚拟化这个特征是分不开的。但是并不是所有的云计算都必须以虚拟化为技术基础，如智能家电就不可能在家电中部署虚拟机等设备。

（3）虚拟化技术并不解决本地终端的计算问题。虚拟化不能解决本地终端的计算问题，无论是虚拟服务器还是虚拟桌面，虚拟化技术都不能将所有的运算都转移到远程执行。虚拟化可以实现动态资源分配，但是并不是远程的。同时，虚拟化技术涉及网络时，如在本地使用远程虚拟机时，需要大量网络通信，这种通信流量和在虚拟机上运行的程序复杂度没有任何关联，仅仅是虚拟化技术本身需要的网络通信要求，而云计算中是不存在这个问题的。

由上述回顾可知，云计算优越性的发挥是以虚拟化技术为基础保障和重要支持的，而虚拟化技术在云计算中的具体运用主要体现如下特性：

（1）弹性服务。服务的规模可快速伸缩，从而自动适应业务负载的动态变化。用户使用的资源同业务的需求相一致，避免了因为服务器性能过载或冗余而导致服务质量下降或资源浪费。当用户不需要时，资源也会自动释放，但同时也会存储起来，以便下次继续使用或者为其他用户提供服务。与此同时，资源可以无限循环利用，这样一来就节省了资源。

（2）资源池化。资源以共享资源池的方式统一管理。利用虚拟化技术将资源分配给不同用户，资源的放置、管理与分配策略对用户透明。

（3）按需服务。以服务的形式为用户提供应用程序、数据存储、基础设施等资源，并可以根据用户需求自动分配资源，而不需要系统管理员干预。

（4）服务可计费。用户使用的资源是即用即付的。也就是说，用户使用了多少资源就为多少资源付费，资源的使用是可以被监测和控制的，监控用户的资源使用量，并根据资源的使用情况对服务计费。

（5）泛在接入。用户可以利用各种终端设备（如PC电脑、笔记本电脑、智能手机等）随时随地通过互联网获取云计算服务。

第六节　SOA服务体系

SOA（Service Oriented Architecture，面向服务架构）的概念最初在1996年由Gartner提出，由于当时的技术水平和市场环境尚不具备真正实施SOA的条件，因此当时SOA并未引起人们的广泛关注，沉寂了一段时间。Web服务开始流行以后，互联网迅速出现了大量的基于不同平台和语言开发的Web服务组件。为了能够有效地对这些为数众多的组件进行管理，人们迫切需要找到一种新的面向服务的分布式Web计算架构。需求推动技术进步，正是这种强烈的市场需求使得SOA成为人们关注的焦点。作为一种IT架构的风格，SOA把所有的业务请求封装成服务的形式，其模块化的特点使得企业可以改变它的业务。对于瞬息万变的市场来说，SOA可以在很大程度上使企业快速、低成本地实现对新业务的支持，从而在竞争激烈的市场上赢得机遇。

经历了几年前的概念炒作期，到2009年SOA的用户案例已经开始慢慢增多，也有人称2009年为SOA的落地年，特别是最近10年是SOA发展的高速期。

一、SOA的定义

20世纪90年代到2000年初，国家大力推动教育信息化的发展，各级政府和学校在教育信息化管理与应用领域积极实践，建设了一批管理与教学的应用系统，但这些系统之间缺乏标准，无法共建共享，导致大量信息孤岛的产生。在不同操作系统、系统软件的基础环境中，我们不可避免地面临的一个问题是：对不同供应商提供的基于不同技术架构的信息系统进行整合，信息高度集成化的要求和现有软件系统的不足之间的矛盾已经制约了企业的发展。对于以上问题，SOA是一个不错的选择方案，在适应业务改变方面，它可以更加灵活，现有的系统功能我们可以充分利用，同时提供了系统各部分的通信能力。企业IT系统的SOA建设主要集中在三个领域：新应用建设、原有系统的升级改造以及应用系统集成。

SOA可以理解成一种架构模型，它以业务为中心，对系统中服务的定义采用标准形式，而服务的部署、组合和使用采用定义好了的标准方式。SOA也可理解成一种思想，一种理念，一种方法和工具，它是信息化发展到一定阶段的产物。SOA解决的是服务集成的问题。

到目前为止，关于SOA还没有一个统一的、被广泛认可的定义，这是因为SOA中的两个领域，即业务领域和技术领域之间存在重叠（图2-6-1），因此不同的厂商和个人根据自己的需求对SOA进行了不同的诠释。

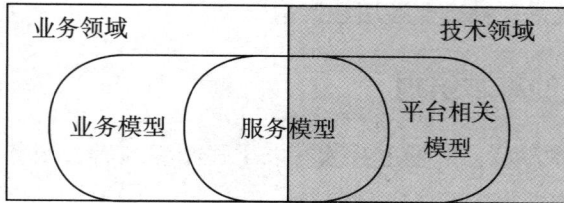

图2-6-1　SOA业务领域与技术领域部分重叠

Gartner将SOA描述为："客户端服务器的软件设计方法，一项应用由软件服务和软件服务使用者组成……SOA与大多数通用的客户端服务器模型的不同之处在于它着重强调软件组件的松散耦合，并使用独立的标准接口。"

Loosely Coupled Com将SOA定义为："按需连接资源的系统。在SOA中，资源被作为可通过标准方式访问的独立服务提供给网络中的其他成员。与传统的系统结构相比，SOA规定了资源间更为灵活的松散耦合关系。"

Gartner和Loosely Coupled Com的定义都提出了SOA的主要特性，即松耦合性。

W3C将SOA定义为："一套可以被调用的组件，用户可以发布并发现其接口。"

Service Architecture Com将SOA定义为："本质上是服务的集合。服务间彼此通信，这种通信可能是简单的数据传送，或许两个或更多的服务协调进行某些活动。服务间需要某些方法进行连接。所谓服务就是精确定义、封装完善、独立于其他服务所处环境和状态的函数。"

无论如何阐释SOA，它的核心思想是不变的，那就是服务，SOA的重点是面向服务。当然，SOA架构促使企业内部及外部所有相关的系统公平访问，定义良好的服务，以绑定那些信息，它们又进一步抽象成流程层和组合应用，从而形成新的解决方案。SOA为架构增加了更多灵活性，使得我们可以灵活地通过配置层完成系统的改造。

SOA是一种粗粒度、松耦合服务架构，服务之间通过简单、精确定义接口进行通信，不涉及底层编程接口和通信模型。SOA可以看作B/S模型、XML（标准通用标记语言的子集）/Web Service技术的自然延伸。

SOA将帮助软件工程师站在一个新的高度理解企业级架构中的各种组件的开发、部署形式，它将帮助企业系统架构者更迅速、更可靠、更具重用性地架构整个业务系统。较之以往，以SOA架构的系统能够更加从容地面对业务的急剧变化。SOA系统是一种企业通用性架构。

二、SOA的基本结构

要真正地实现SOA，市场上必须有以下三个参与者：服务注册者、服务提供者、服务消费者（图2-6-2）。

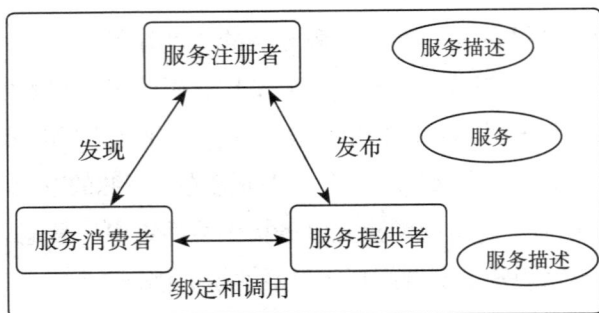

图2-6-2　SOA体系结构

服务注册者（又叫服务代理者），相当于一个服务信息的数据库，为服务消费者和服务提供者提供一个平台，使两者可以各取所需，同时中心有一个通用的标准，使服务提供者提供的服务符合这个标准，服务消费者使用的服务才可以跨越不同的服务提供者。

服务提供者，通俗地讲就是软件供应商，它在服务注册中心提供符合契约的服务，将它们发布到服务代理平台，并对使用自身服务的请求进行响应。同时必须保证修改该服务不会影响到客户。

服务消费者（也叫服务请求者或服务使用者），即企业与其他消费服务的组织，它发现并调用其他的软件服务来提供商业解决方案。从概念上来说，SOA本质上是将网络、传输协议和安全细节留给特定的实现来处理。

服务请求者、服务提供者以及服务代理者通过三种基本操作相互作用：①发布。服务提供者向服务代理者发布服务，包括注册自己的功能和访问接口。②查找。服务请求者通过服务代理者查找所需的服务，并绑定到这些服务上。③绑定。服务提供者和服务请求者之间可以交互，并使服务请求者能够真正使用服务提供者提供的服务。

SOA服务具有平台独立的自我描述XML文档。Web服务描述语言（Web

Services Description Language，WSDL）是用于描述服务的标准语言。SOA服务用消息进行通信，该消息通常使用XML Schema来定义（也叫作XSD，XML Schema Definition）。消费者和提供者或消费者和服务之间的通信多见于不知道提供者的环境中。服务间的通信也可以看作企业内部处理的关键商业文档。每项SOA服务都有一个与之相关的服务品质（Quality of Service，QoS）。QoS的一些关键元素有安全需求（如认证和授权）、可靠通信（确保消息"仅且仅仅"发送一次，从而过滤重复信息）以及谁能调用服务的策略。

三、SOA的特征

（一）独立的功能实体

在Internet这样松散的使用环境中，任何访问请求都有可能出错，因此任何试图通过Internet进行控制的结构都会面临严重的稳定性问题。SOA非常强调架构中提供服务的功能实体的完全独立自主能力。传统的组件技术都需要有一个宿主（Host或者Server）来存放和管理这些功能实体，当这些宿主运行结束时这些组件的寿命也随之结束。这样当宿主本身或者其他功能部分出现问题的时候，在该宿主上运行的其他应用服务就会受到影响。

（二）大数据量低频率访问

对于.NET Remoting、EJB或者XML-RPC这些传统的分布式计算模型而言，它们的服务提供都是通过函数调用的方式进行的，一个功能往往需要通过客户端和服务器来回很多次函数调用才能完成。在Intranet的环境下，这些调用给系统的响应速度和稳定性带来的影响都可以忽略不计，但是在Internet环境下这些因素往往是决定整个系统能否正常工作的一个关键性因素。因此SOA系统推荐采用大数据量的方式一次性进行信息交换。

（三）基于文本的消息传递

Internet中大量异构系统的存在决定了SOA系统必须采用基于文本而非二进制的消息传递方式。在COM、CORBA这些传统的组件模型中，从服务器端传送到客户端的是一个二进制编码的对象，在客户端通过调用这个对象的方法来完成某些功能。但是在Internet环境下，不同语言、不同平台对数据，甚至是一些基本数据类型定义不同，给不同的服务之间传递对象带来了很大的困难。由于基于文本的消息本身是不包含任何处理逻辑和数据类型的，因此服务间只传递文本，对数据的处理依赖于接收端接收的方式，可以帮忙绕过兼容性这个大泥坑。此外，对于一个服务来说，Internet与局域网最大的一个区别就是在Internet上的版本管理极其困难，采用基于文本的消息传递方式，数据处理端可以只选择性地处理自己理解的那部分数据，而忽略其他的数据，从而得到非常理想的兼容性。

四、基于SOA的云计算

云计算涉及的是位于防火墙外的可被企业IT跨Internet使用的任何IT资源，包括存储、数据库、应用程序开发、应用服务。云计算的核心理念是以服务的形式使用这些资源。云计算提供了可以按需使用的IT资源，包括可以托管数据、服务和流程的资源。可将SOA扩展到企业防火墙之外并延伸到云计算提供商。SOA对于云计算的重要性体现在以下几个方面：①SOA是一个合理地创建信息系统的很好的架构方法，使用SOA机制可以使这些系统在企业内部或外部很好地运转以及合作。②为充分利用云计算资源，需要延伸到企业外部并接触云计算资源的接口和架构。虽然在核心的企业信息系统与云计算资源之间创建了快捷而随性的链接，但在企业内部，仍需要一个SOA架构去使用云计算技术。③SOA是一个较好的根据架构原则和指导原则去记录和组织架构的解决方案。

因为云计算的实际价值在于使用防火墙之外的其他数据中心（Somebody Else's Data Center，SEDC）中的服务、数据以及流程，若只使用云计算而缺乏合理架构，不能充分利用其他海量资源，甚至在考虑到风险和移植方面的成本时，可能会起反作用，所以在云环境中合理利用SOA架构终会获得成功，SOA与云计算结合是一个较好的解决方案。

基于SOA的云计算模型框架中的服务提供者由云计算应用程序接口层、云计算服务管理层、云计算虚拟机层、云计算服务物理层组成。

（1）云计算应用程序接口层：为通过终端进行访问的消费者提供统一规范的访问接口。云计算应用程序接口层是消费者获取计算和数据存储等服务的入口通道。

（2）云计算服务管理层：检测和反馈云计算应用程序接口层递交的服务请求。云计算服务管理层检测当前云计算服务资源中是否能够获取到请求资源，如能够获取则进一步查找资源位置，并将位置信息反馈给请求方；如资源已被分配完毕，则拒绝接受资源请求。

（3）云服务虚拟机层：管理实例和核心实体（VMS、主机、数据中心和应用程序）的执行。该层能够同时管理和运行大量的云基础设施，将虚拟机提供给基于用户需求、动态监测和管理应用程序执行的主机，并定义了主机如何在云环境中分配不同的虚拟机。

（4）云计算服务物理层：云计算服务的基础设施层提供云计算服务的基础骨干，将可被终端用户利用的云计算资源提供给上层结构。云计算服务物理层提供的基本云计算资源有数据存储资源、CPU资源、宽带资源等。

第三章　基于PC服务的教育综合大平台

人类社会进入21世纪，信息技术已渗透到经济发展和社会生活的各个方面，人们的生产方式、生活方式以及学习方式正在发生深刻的变化，全民教育、优质教育、个性化学习和终身学习已成为信息时代教育发展的重要特征。面对日趋激烈的国际竞争，世界各国普遍关注教育信息化在提高国民素质和增强国家创新能力方面的重要作用。《国家中长期教育改革和发展规划纲要（2010—2020年）》（以下简称《教育规划纲要》）明确指出："信息技术对教育发展具有革命性影响，必须予以高度重视。"

2012年9月5日国务委员刘延东在全国教育信息化工作电视电话会议上提出："十二五"期间，要以建设好"三通两平台"为抓手（也就是"宽带网络校校通、优质资源班班通、网络学习空间人人通"，建设教育资源公共服务平台和教育管理公共服务平台），力争实现四个新突破，即教育信息化基础设施建设新突破、优质数字教育资源共建共享新突破、信息技术与教育教学深度融合新突破、教育信息化科学发展机制新突破。

2018年4月13日教育部发布的《教育信息化2.0行动计划》正式提出"三全两高一大"，即教学应用覆盖全体教师、学习应用覆盖全体适龄学生、数字校园建设覆盖全体学校，信息化应用水平和师生信息素养普遍提高，建成"互联网+教育"大平台，推动从教育专用资源向教育大资源转变、从提升师生信息技术应用能力向全面提升其信息素养转变、从融合应用向创新发展转变，努力构建"互联网+教育"环境下的人才培养新模式，发展基于互联网的教育服务新模式，探索信息时代教育治理新模式。

上述政策文件可以充分说明，"互联网+教育"大平台是推动教育信息化发展的重要支撑。深圳市南山区从2008年就开始开展"互联网+教育"大平台建设的实践探索，通过10多年的努力，南山区的"互联网+教育"大平台随着新的需求与技术的发展，经历了两次改版升级，作者把它称为"三代'互联网+教育'大平台"。第一代建于2008年，以基于PC端的应用为主；第二代建于2015年，主要解决数据中心与移动端的应用；第三代建于2019年，主要是基于微信小程序的开发与集成。下面分三个章节，将每一代大平台从建设理论到具体实践层面给大家介绍。第一代"互联网+教育"大平台，我们将其称为"南山教育综合服务大平台"。

第一节　总体思路

一、指导思想

自2001年"校校通"工程全面实施以来，各地纷纷建设校园网、城域网。要使教育信息化尽快进入深层次应用领域，实现教育信息化可持续发展，就必须从系统观、生态观的角度对其进行思考，构建和谐的教育信息生态。

教育生态学把学校看成一个有层次的、各因子在功能上协调一致发生作用的生态系统。而当信息技术介入学校领域时，技术开始在学校教育中发挥重要的作用，成为学校生态系统的重要部分。只有当信息技术广泛应用于学校日常教育教学活动，成为系统的有机组成部分的时候，也就是使学校生态形成一个新的稳定的生态系统的时候，才能真正实现教育的信息化。

教育信息化是运用现代信息技术促进教育发展的持续变革过程。在教育信息化实践中引入"信息生态"的概念，形成"教育信息生态观"，强调系统各要素的相互联系、相互影响及其生态内涵，对解决我国当前教育信息化面临的瓶颈问题具有一定的启发性意义。图3-1-1是一个典型的教育信息生态系统模型，该模型中包含了教学思想层、教学实践层和社会支持环境层，其核心价值是促进教师和学生在信息生态中的全面发展，强调人、技术、教学实践之间的和谐互动。

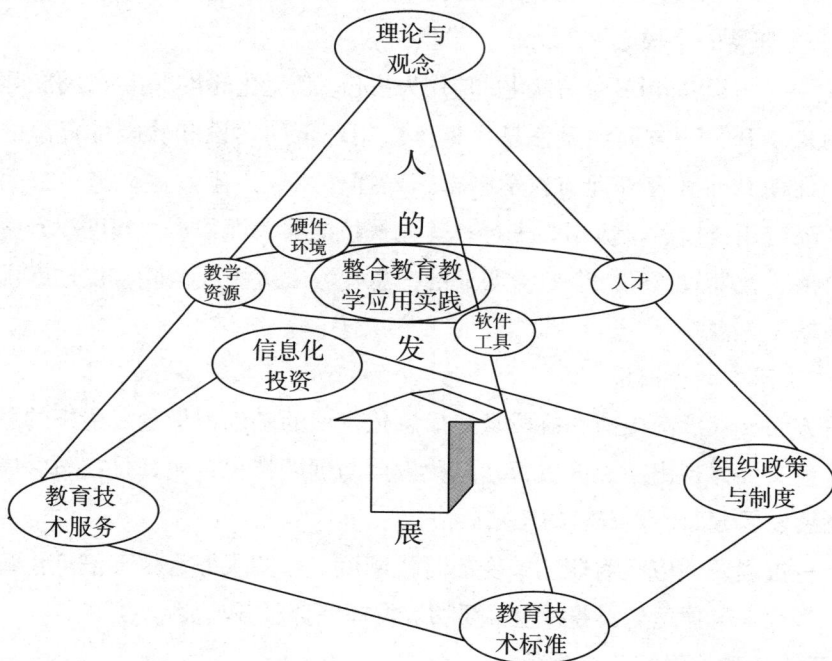

图3-1-1　区域教育信息生态系统模型

在我国区域教育信息化普遍无法深入、大投入得不到大回报的今天，采用信息生态观点来推动教育信息化建设实践，对于区域教育信息化建设无疑具有很大的借鉴价值和启发意义。

二、实施原则

南山教育综合服务大平台项目是一项规模庞大、技术含量高、结构复杂、功能强大、涉及面广、建设周期长的大型系统工程，必须进行全局的统一规划，才能够使信息系统的建设健康、有序地进行，从而带动南山区教育局整体信息化以及人员信息技能的提高，满足教育现代化发展的大局需要。以下描述总体的项目实施原则以及实现系统建设目标的实施阶段建议。

构建南山区和谐教育信息生态需要以"教育要面向现代化、面向世界、面向未来"为基本指导思想，以加强课堂信息化应用为主要切入点，以全面推进新课程改革为工作核心，以科研和信息化人才培养为突破口，以可持续发展为战略方针，充分利用现代信息技术和先进的教育教学理念，立足本地，放眼国际，积极探索，勇于创新，实现基础教育的跨越式发展。其基本指导原则包括以下几个方面。

（一）坚持一个核心

坚持一个核心即以教育信息化的应用为核心。信息化的各项工作要始终围绕实际应用来展开，一方面注重信息化整体应用环境的建设和软硬件资源的协调发展，促使其在教育管理与教学中真正发挥作用，产生效益；另一方面信息化的各项应用要以教学应用为先导，优先扶植能够大面积、大幅度提升南山区教学效果、教学效益和社会效益明显的信息化教学应用或试验，促进南山区教育的跨越式发展。

（二）落实两个前提

一方面要继承南山前一阶段教育信息化发展的基础，借鉴一些好的思路与做法，但又要体现出南山区教育信息化发展与创新特色，尤其是在教学应用以及可持续发展方面，要有新的思路。

另一方面要适应政府职能转变的时代潮流，强调服务，教育信息化管理机构要从管理走向管理与服务并重，要切实发挥综合服务功能。

（三）正确处理好三个关系

一是教育局信息中心与学校网络中心的关系，发挥区教育局信息中心的综合性服务功能，简化校园网络中心。

二是管理应用与教学应用的关系，以管理应用为切入点，以教学应用为基本目标。

三是工程项目与研究项目的关系，以工程项目建设基础环境、研究项目带动教育信息化的创新与发展。

（四）遵循四项原则

（1）统筹规划、分步实施原则。在整体规划和设计上，立足高起点，不拘泥于短期效果，从国内外的宏观背景和区域教育发展的长远考虑，建立同南山区"教育强区"相适应，具有超前性、先导性和示范性的教育信息化配套体系。同时，要在统一目标的指导下，统一规划、分步实施，避免区域的不平衡或低水平的重复投入，规划时要适度超前，但是要分阶段、分步骤地实施。

（2）统一建设、全程管理原则。对于学校和下级教育管理机关的信息管理系统，教育局要统一建设，贯彻全程管理的理念，否则，各个学校各行其是，各种系统之间互不兼容，数据不能共享，管理思路政出多门，这样会造成极大的混乱，不利于教育局统一管理。

（3）共同建设、广泛参与原则。协调信息化管理部门内部以及下属学校等各方的关系，厘清管理和建设的思路，建立科学、高效、有创新意识的信息化管理团队和建设队伍；要充分调动一线工作人员的积极性，发动各方力量广泛参与。

（4）社会服务原则。各下属单位和各级学校要充分认识教育信息化在整个社会信息化中的战略地位，把教育信息化工作真正放到政府的重要议事日程中，进一步解放思想，革新观念，以高度的使命感和紧迫感推动我区教育信息化的全面发展。同时，在体制上大胆创新，健全教育信息化的管理和运作体制，在不影响教学的前提下，积极探索产业化运营方法，推动教育信息化的可持续发展。

（五）协调发展五个要素

一个完整的教育信息网络应该包括硬件、应用软件、资源、教师培训、管理规则和模式五个要素，我们形象地称之为"路、车、货、驾驶员培训、交通规则"。这五个要素缺一不可。

（1）路：指在教育信息化推进过程中所需要的各种硬件系统，包括教育信息网络中心、校园网络、学校职能部门的应用硬件系统，如多媒体教室、资源开发中心等。

（2）车：指在各类应用硬件系统上运行的、直接为教学或管理服务的软件系统，如教育局管理信息系统、网络教学平台、校务管理平台、校园通信平台、教学资源管理平台、校园视频点播系统等。

（3）货：指装载在各类应用软件中的信息资源，包括教育管理的基础教育信息库以及以学科为中心组织的教育资源库等。

（4）驾驶员培训：硬件、软件、资源只是为信息技术教育应用和管理应用提供设备的条件，但其能否真正发挥作用，还是取决于人——一线的教学人员与管理人员。因此我们要对一线的教学人员与管理人员进行思想、方法与技术三个层面的培训。

（5）交通规则：指进行教育城域网建设、校园网络建设、平台建设、资源建设以及教师培训所需的一些管理规则，如校园网络建设规范、市教育网站管理规定、教育信息网安全保护管理条件、网络管理规章制度、运营模式、应用示范等。

以上五个方面是相辅相成、不可分割的，教育城域网应是这五个方面的统一结合体。

三、建设目标

南山区教育信息化是一个综合性工程，其目标是建设一个高速、宽带、交互、稳定、实用的计算机网络，使其能够覆盖南山区的各级教育单位、各学校并且能够提供综合的教育信息服务，从而推进南山区教育现代化的进程。无论是工程涉及的内容还是需要参与的人员和单位都是一个综合的"塔状"结构，我们可以将其形象地概括为南山区教育信息化"金字塔"（图3-1-2）。

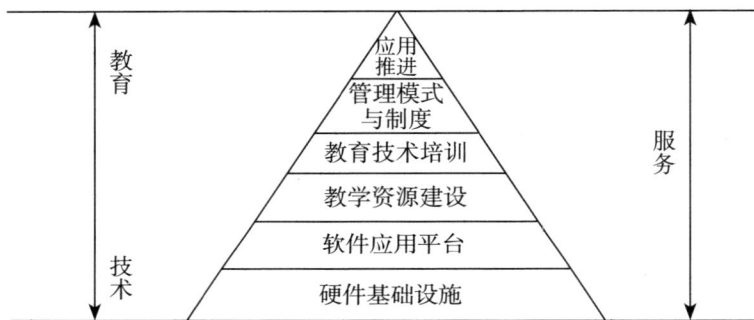

图3-1-2 南山区教育信息化工程"金字塔"

一方面，南山区教育信息化是一个系统工程，其以应用为最终目的，以技术为基础，以教育为核心，以服务为生存手段，包括硬件、应用软件、资源、教师培训、网络管理体系五个要素。本工程正是从以上五个方面通盘考虑，并在原有教育信息化建设的基础上，以应用为导向，共同建设，广泛参与，旨在使其在教育教学的实践当中真正发挥巨大作用。

另一方面，南山区教育信息化建设又是一个社会工程，触及教育和社会的很多方面，需要社会各方力量的广泛与积极参与。社区、家庭支持与积极参与是教育信息化的社会基础，各级学校是教育信息化的中坚力量，区教育局是教育信息化的核心领导力量。本工程以抢占"三个制高点"，以将南山区建设成为学习型城区为最终目标，通盘考虑社会、各级学校、区教育局在教育信息化建设中的不同作用和影响，吸纳家庭和社会的参与，利用信息技术和远程教育手段构筑终身教育体系和家校互联平台，形成学习型家庭和学习型社区；重点抓好数字化校园建设，通过信息技术基础设施建设及其同学科的有效整合，加快基础教

育信息化的现代化进程；全面推动数字化政府建设，实现教育信息管理、行政办公的自动化，利用现代化的信息技术手段，提高政府办公效率。

完善教育信息中心的软硬件建设，使其成为南山区教育信息化的核心和枢纽，为区教育局下属所有机关单位和学校提供综合的信息化支持和服务。同时，将信息中心打造成支持南山区教育信息化二次腾飞的"动力航母"，以其为载体，建立完善的管理和服务体系，探索南山区教育信息化的可持续发展之路。具体要实现的目标有：

（1）建设畅通的信息化网络环境。

（2）实现全区教育管理现代化、教育办公自动化。

（3）打造一支高素质的教育信息化队伍。

（4）形成区域教育资源共建共享的环境和机制，为新课程提供丰富的教育教学资源。

（5）为新课程构筑开放的国际化环境。

（6）推进考试现代化。

（7）教育信息化应用示范。

（8）推进网络教育，构建网络化学习型城区。

四、建设内容

具体实施上，就是要以教育数据中心、新课程资源建设、教师教育技术网络培训、信息化应用示范工程等几大主体工程为核心，以点辐面，全面推动南山区教育信息化建设。

（一）教育数据中心及应用信息系统建设

南山教育综合服务大平台应用系统的建设需要帮助南山区教育局及各学校、教育机构对相关的资源进行高效、有序的管理，不仅要满足现时的教、学、研和管理需求，更要为以后的调整和拓展打下坚实的基础。总体应以数据集中和门户整合为手段，以服务体系与安全体系为保障，将系统建成一个实用、易用、让用户爱用的，能适应、支撑、促进南山区教育持续发展的充满生机的数字化综合信息平台，最终推动南山区教育的现代化发展，成为教育体系信息化样板工程。

遵照整体规划原则，南山教育综合服务大平台在建设指导思想上突出"五个一"，即"一个标准、一个数据中心、一个门户、一个平台、一套应用"。

一个标准：项目建设遵循国家、行业的信息化建设标准，在符合标准的基础上，扩充体现南山区教育业务和管理特色的信息标准，尤其是各个应用系统必须遵循的数据标准。

一个数据中心：建立统一的教育共享数据中心，各应用系统的建设围绕数据中心展开，全区的教师、学生、教务和管理等基础数据全部进入数据中心，并通过数据交换实现应用数据共享，达到一处产生数据，多处共享使用的目的，避免每个系统重复生产，使用不一。

一个门户：建设统一的面向教育网用户的门户平台，实现南山教育综合服务大平台统一一个访问地址、统一一套用户账号、统一一次登录即可进入相关授权应用，实现公共信息服务和应用整合，提供协同工作及交流环境，充分发挥信息整合的作用。

一个平台：建成一个统一的提供公共数据、公共服务、公共管理的应用支撑平台，使业务功能的新增和变更采用插件方式，在平台上即插即用。

一套应用：在平台的基础上构建一整套应用，在数据层面横向融合，行为上纵向打通，具体包括建设基于统一的协同办公系统的政务管理网，建设学科教学网、科研培训网、基础教育网、社区教育网等应用系统，建设统一的网络资源库。

（二）新课程资源共建共享

紧密围绕新课程，统一整合全区的优质教学资源，以自建与购买相结合的模式建设新课程教育教学资源网站群，建立符合新的国家课程标准的教学资源体系以及相应的建设和应用模式，促进优秀教育教学资源的广泛共享与应用。

（三）教师教育技术能力与新课程网络培训

要充分利用著名师范院校和本地多媒体网络教学平台的优势和资源，建立国家级及校本教师现代教育技术培训示范体系，采用"四个结合"（面授培训和网络培训相结合、专家指导与行动实践相结合、校本培训和专题培训相结合、普及培训与个性培训相结合）的培训方式，实施教师信息技术与新课程全员培训，从教育理念、信息技术能力、教学设计、信息技术与课程整合的模式和方法四个层面强化中小学教师现代教育技术培训，从新的教育观、新的课程观、新的教学观、新的学习观、新的评价观、新的资源观、新的教材观等几个方面开展新课程理念与教学方法的培训，并力图实现现代教育技术与新课程理念的有机融合，真正实现运用信息技术深化基础教育课程改革。

（四）教育信息化应用示范

南山区教育信息化建设要立足高起点，结合南山区的实际优势，以运用信息技术深化新基础教育课程改革为核心，建立一批立足前沿、特色鲜明、应用性强的示范项目，力争达到很好的教育教学效果和社会效益。

第二节　系统总体架构

一、城域网硬件网络架构

教育城域网的硬件建设包括教育信息中心的建设、学校校园网的建设、学校与中心网站的互联、连接Internet等几个方面，总体架构如图3-2-1所示，南山教育城域网将建设成为万兆主干、千兆光纤到学校、百兆到桌面的高速网络环境。目前，所有学校接通了教育城域网，实现了校校通，建立起了一条先进的南山区教育的信息高速公路。校园无线覆盖正在实施。

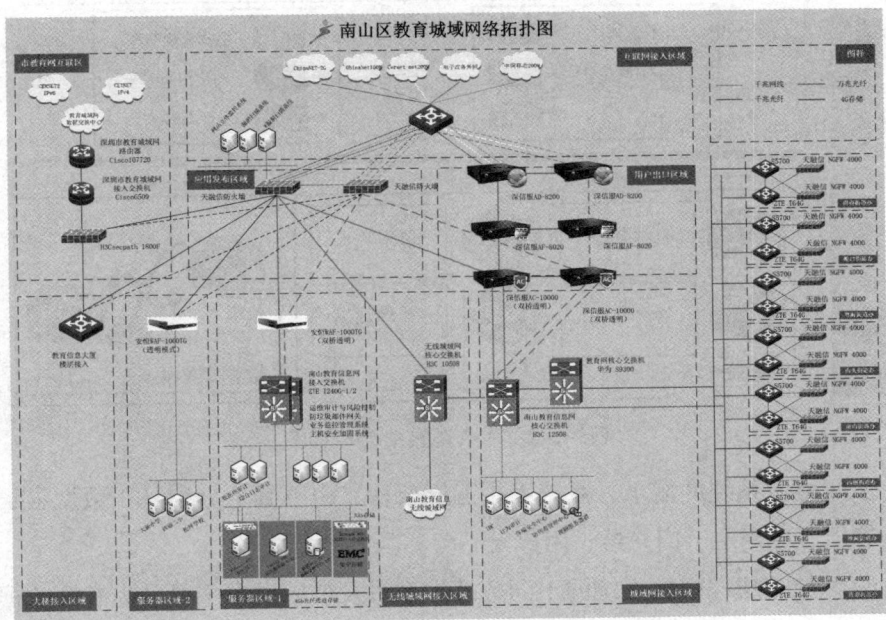

图3-2-1　南山区教育城域网的总体架构

二、系统总体架构（图3-2-2）

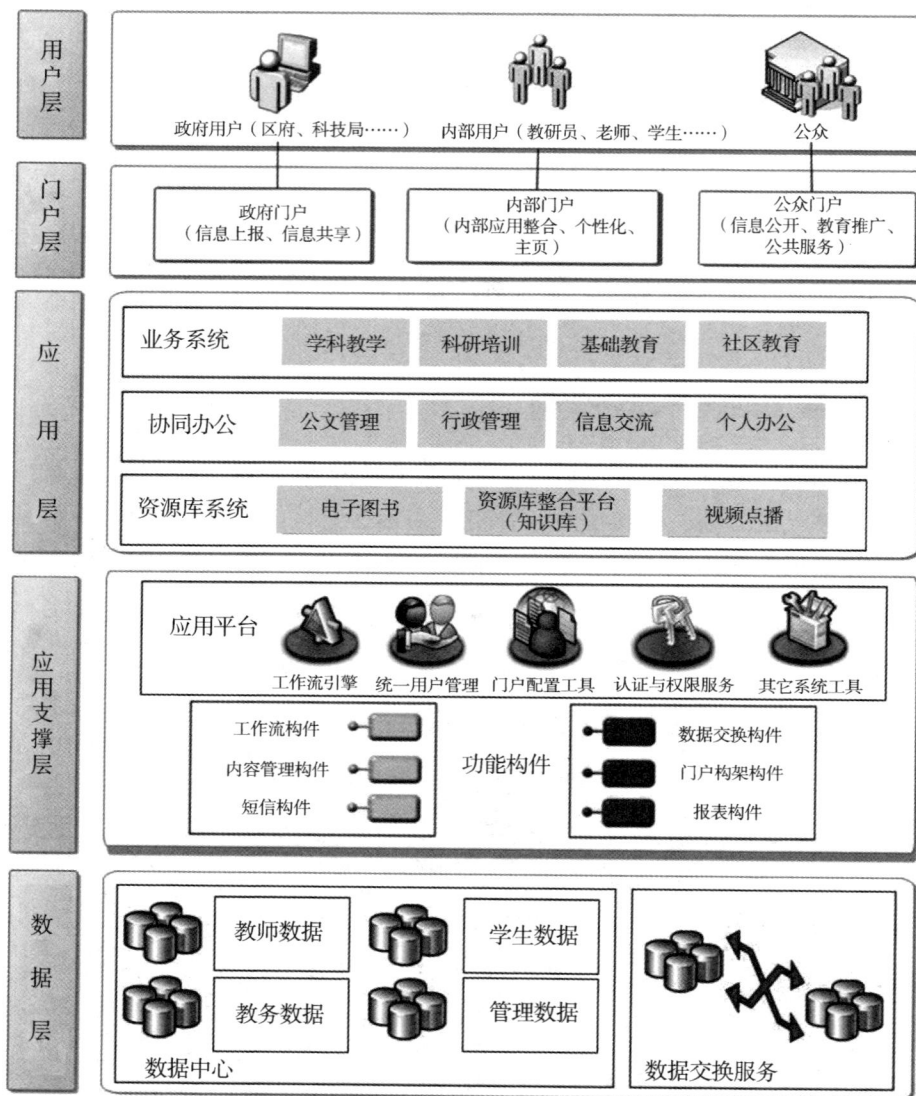

图3-2-2　系统逻辑结构示意图

按照整个系统的需求，系统采用五层架构，由下到上分别是：数据云、应用支撑层、应用层、门户层、用户云。

（1）数据层：根据系统的不同数据类型以及使用要求主要分为教师数据、学生数据、教务数据、管理数据等，是教育信息资源的数据基础。

（2）应用支撑层：项目建设的重点，作为以后南山区教育局整个IT系统建设的基础平台。应用支撑层必须为以后系统扩展和应用深入打下坚实的基础，包括整个门户平台以后实现系统的集成和用户单点登录（SSO），以及为门户界面的新增和修改提供管理工具。

（3）应用层：搭建在应用支撑层之上的一个为用户提供直接服务的功能群组层，在项目内提供包括协同系统和其他开发应用业务系统等功能。

（4）门户层：由应用支撑层直接生成针对不同用户的统一访问界面，通过策略控制，每种不同的用户可以根据其权限采用不同的验证模式，访问不同的内容，进入不同的工作区域。门户层为不同用户提供了一个个性化的访问区域。

（5）用户层：所有访问用户的集合，在本系统中包括三类用户：南山教育综合服务大平台内部访问用户（B2E）、公众用户（B2P）和南山教育综合服务大平台外部访问用户（B2G）。

三、应用系统体系结构

为有效整合南山区教育信息化资源，南山区教育局对于南山教育综合服务大平台内的应用系统进行了规划，整体包括一个中心、一个门户、个人首页和"五网一库"，用户范围涵盖南山区教育局及其下属的80多所学校，如图3-2-3所示。

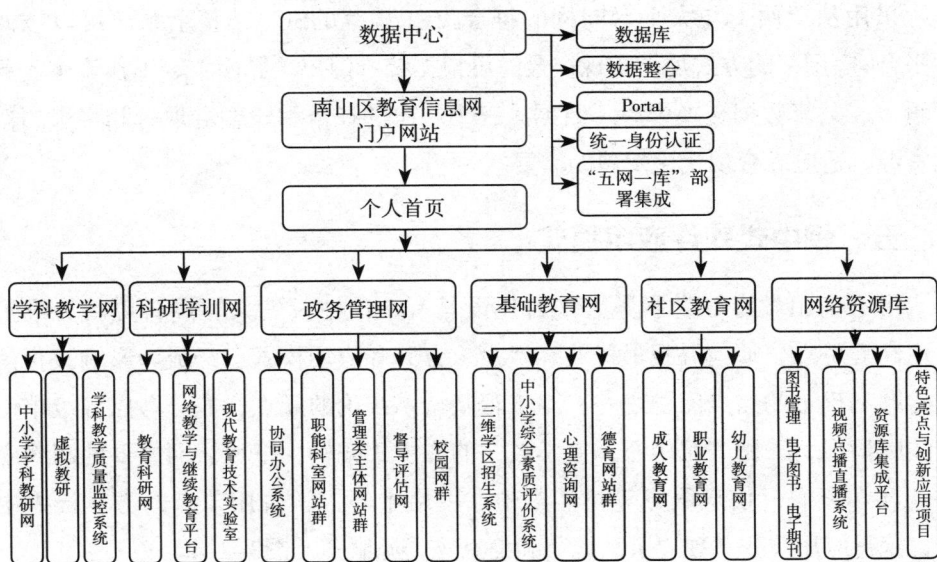

图3-2-3　南山教育综合服务大平台整体框架

总体上，南山教育综合服务大平台建设思路应定位于"平台+应用"，基于目前的系统架构规划，系统的建设可以采用"2+1+X"的模式。其中，"2"指的是架构中基础的数据中心和门户网站平台，它们是信息资源的聚合载体，是南山教育综合服务大平台的基础核心；"1"指的是体现以人为中心的应用理念，构建全区师生的个人首页；"X"指的是体现教育网业务管理层面的其他多个应用和资源系统，对应架构中的学科教学网、科研培训网、政务管理网、基础教育网、社区教育网和网络资源库。

四、技术架构设计

（一）平台+应用+自定义架构

在整个教育信息化的规范上，南山教育综合服务大平台在全局的、全新的、领先的高度上，目标是实现"一个标准、一个数据中心、一个门户、一个平台、一套应用"的现代化教育信息系统。为了体现这一信息化建设思想，整个系统的建设采用成熟的平台架构，基于模块化的应用功能结合扩展，可通过搭积木的形式适应多种环境和部署方式，增强系统的健壮性，并通过大量的自定义工具满足快速实施和将来的变化及扩展。

（二）基于J2EE框架的三层次整合技术

采用从层次上与大平台同构的符合J2EE规范的SOA，整个系统可以按照"平台+应用"的方式加以实现，最终可根据统一门户（界面）、工作流（业务逻辑）、共享数据交换中心（数据）三个层次的技术手段整合现有和将来的信息资源，适应教育现代化发展的需要。

五、集中式软件应用模式

由于南山教育综合服务大平台建设具有一次性投资大、设备更新和维护费用高等特点，如何寻找最优的经费投入方案和应用模式已经成为影响教育信息化顺利推进的焦点问题之一。本工程坚持系统论的观点，充分考虑各级单位的实际情况，采用"肥中心，瘦学校"的集中式架构，把城域网主要的网络应用、教学资源、信息服务等功能集中在网络中心，学校用节点的方式接入中心，获得应用服务"独立子系统"和信息、资源服务（图3-2-4）。

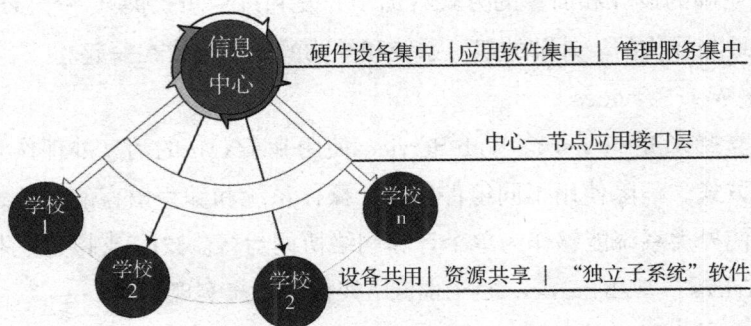

图3-2-4 "肥中心，瘦学校"集中式信息化应用模式

集中式架构的核心是IDC（互联网数据中心），让原本分散于各处的多个系统集中起来统一管理，以此节省庞大的维护和运营成本，而分散于各地的下属单位和学校可以利用发达的网络来获得节点（子系统）服务。集中式架构可以很好地解决资源优化配置和信息共享的问题，避免"信息孤岛"的出现，同时可通过高效地部署和管理服务提高整个系统的可扩展性、可管理性和安全性。

六、系统设计标准

南山教育综合服务大平台项目提出必须坚持"统筹规划、统一标准"的方针。因此参照各类标准和规范体系来指导项目建设的规划、建设与实施，通过标准化的协调和优化功能，方能保证项目建设少走弯路，提高效率，确保系统的安全可靠。

七、系统关键技术

（一）基于J2EE的分布式计算技术

J2EE中提供了分布式计算环境中组件需要的所有服务，如组件生命周期的管理、数据库连接的管理、分布式事务的支持、组件的命名服务等，可以让程序更加高效地运行于应用服务器中，支持多种客户端的访问。基于J2EE的分布式计算技术可以实现以下三个目标：集成性、可用性、可扩展性。

（二）SOA基于服务的体系结构

在SOA架构下，数据和业务逻辑融合成模型化的业务组件且具有文档接口，这种明确的设计和简单的方式有助于开发和进一步扩展。一个SOA应用可以很容易地与异构的、外部的遗留系统和外购的应用集成在一起。

（三）Web Services

系统支持Web Services。Web Services使用基于XML的消息处理作为基本的数据通信方式，消除使用不同组件模型、操作系统和编程语言的系统之间存在的差异，使异类系统能够作为单个计算网络协同运行。J2EE支持建立基于XML的Web Services。Web Services是当前SOA架构的主流实现标准。

（四）Portal

南山教育综合服务大平台中需要整合的信息有多种类型，并需要为信息使用者提供个性化服务，因此我们采用Portal（门户）整合方案。Portal是提供南山教育综合服务大平台所有信息和应用的单一访问入口，南山教育综合服务大平台用户可以通过多种方式（浏览器、PDA、手机等）接入。

（五）Portlet

Portlet（JSR168）是运行在Portal上的Portlet容器（Container）中的插件，在许多方面都类似于Servlets。南山教育综合服务大平台所有本地的应用都将通过Portlet封装，并将提供远程调用的应用封装为远程Portlet Web服务，发布到南山教育综合服务大平台内部的UDDI，使与南山教育综合服务大平台（下属学校、教育机构）相关的Portal能够很容易找到并且与之集成。

（六）单点登录技术

单点登录（Single Sign-On，SSO）是介于Portal和集成的应用系统之间的认证服务，用户登录Portal之后，只需要做一次身份验证就可以对所有被授权的网络资源进行无缝访问，不需要再次输入其他应用系统的验证信息（用户名、密码），从而可以提高用户的工作效率，降低系统出错的概率。

（七）构件技术

构件技术可实现业务模型的设计和实现，并可重用。构件（component，也译为组件）是可复用的软件组成成分，可被用来构造其他软件。它可以是被封装的对象类、类树、一些功能模块、软件框架（framwork）、软件构架［或体系结构（architectural）］、文档、分析件、设计模式（pattern）等。

（八）可视化自定义工作流技术

南山教育综合服务大平台涉及众多公文处理、工作事务处理、行政事务处理，涉及大量的事务流程管理，因此我们采用工作流技术。

（九）虚拟数据库技术

虚拟数据库技术（联合数据对象技术）就是根据跨不同数据和内容的可扩展的读写访问定义跨各种各样、分布式数据的集成视图，将多种数据类型和来源当作单一数据源查询。

第三节　数据中心

一、规划背景

随着南山区教育信息化的发展，各个学校、教育机构（里面）的各类数据、信息急剧增长，给数据的传输、存储带来了许多新的问题，特别是不同事务产生大量不同类型的数据，这些数据分别在许多不同时期建立以及被具有不同功能的应用系统所使用。教育系统中各职能单位已有的系统不能集成不同系统中的数据以提供新的信息，而使用数据的人希望看到所有数据和信息的综合情况。

当然，造成这样的情况实际上是有一定的历史原因的。在相当长的信息化建设过程中，建设者对信息化的重视和认识不足，没有意识到整体规划的重要性和必要性，没有综合考虑教育局及下级学校和教育机构应使用统一的信息系统，而是各个职能单位根据自己的需要进行部门和学校级的信息系统建设开发，而各部门和学校的信息化程度各不相同，所用的开发环境和数据库也各不相通，既造成了资源的浪费，也无法共享公用数据。这些问题在各区教育系统中或多或少地存在着。作为教育信息化建设亟须解决的问题之一，如何来解决它，是大家共同关心的问题。根据数字化校园的研究与实践，我们认为可以选择在门户层针对表现形式做一些集成，但关键还是在数据层通过建设共享数据的中心平台来解决这些问题。

二、建设规划

共享数据中心是收集、处理和存储各类共享数据，并为全区提供教育信息共享服务的平台。为实现系统的集成和各个系统之间的数据共享，提供有效的决策支持数据，需要建立基于数据管理和利用的采用综合性技术方案的共享数据中心，在存放大量数据的同时有效地将数据管理起来，并提供数据访问的手段，为系统集成和各个系统之间的数据共享提供平台，保证数据的及时性、完整性和一致性。

但是为何不是大集中的数据中心而是共享数据中心呢？首先各类数据纷杂繁多，并非每一类数据都有必要收集处理存储到数据中心中，学校业务关心的是真正核心的数据、可供进一步共享和利用的数据，这时就有信息标准、筛选、集成等问题；再者大集中的数据中心投资大，也并不是每个部门都有这样的需求，而共享数据中心完全可以满足基本数据的抽取、利用等基本要求，是一种投资回报率较高的解决方案。

三、标准规划

为保证数据的及时性、完整性和一致性，数据中心的建设必须依照标准性原则进行。遵循的标准见表3-3-1。

表3-3-1　数据中心标准表

序号	标准	制定部门
1	教育管理信息化标准	教育部
2	基础代码标准	国标
3	教育信息化技术标准委员会	上级有关部门
4	广东省教委相关标准	上级有关部门
5	深圳市基础教育管理信息化技术规范	深圳市教育局
6	基础教育教学资源元数据规范	教育部
7	其他标准	自行制定

四、主题规划（图3-3-1）

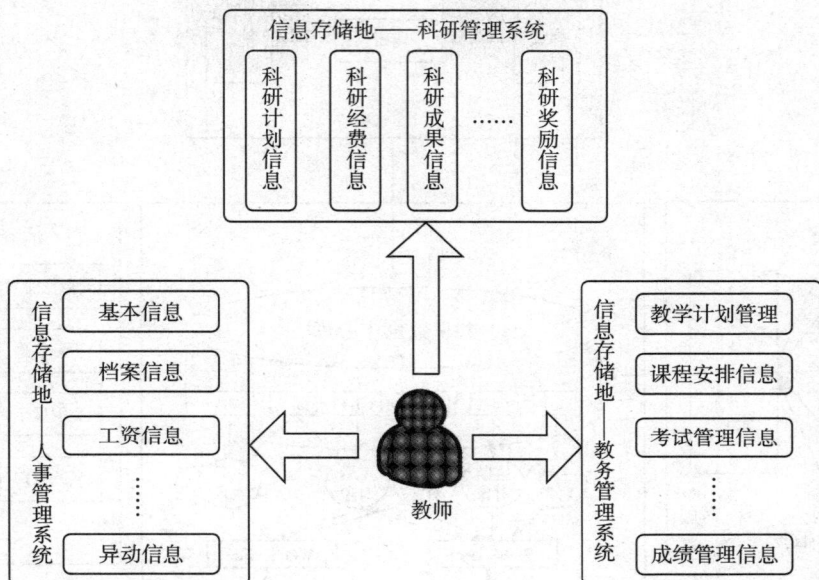

信息存储地——科研管理系统

| 科研计划信息 | 科研经费信息 | 科研成果信息 | …… | 科研奖励信息 |

信息存储地——人事管理系统

| 基本信息 |
| 档案信息 |
| 工资信息 |
| ⋮ |
| 异动信息 |

教师

信息存储地——教务管理系统

| 教学计划管理 |
| 课程安排信息 |
| 考试管理信息 |
| ⋮ |
| 成绩管理信息 |

图3-3-1 数据中心应用主题示例图（教师）

共享数据中心建立之后，应当具备相应的主题库：

财务库（科研经费、教职工工资、学生缴费贷款信息）、成绩库（学生各门课成绩、辅修课程成绩、第二专业课程成绩）、课表库（各专业教学计划、本学期开课计划、本学期排课列表）、学生库（本科生、专科生、成人学生、基本信息表）、教职工库（在职教职工基本信息、离退休职工基本信息）、学籍变动库（学生所有学籍变动、奖惩信息）、科研成果库（论文、专著、专利、鉴定成果等信息）、科研项目库（申请、在研、完成项目的信息）、教学资源库（教室、多媒体教室、课件、精品课程讲义等信息）、设备库（大型仪器设备基本信息及使用情况）代码库。

五、结构规划

为达到全局信息编码的统一和一致，保证"谁产生谁维护"，保证提供反映整个教育局的全面信息并为以后开发的决策支持系统积累分析数据，我们设计出共享数据中心系统设计图（图3-3-2）。

75

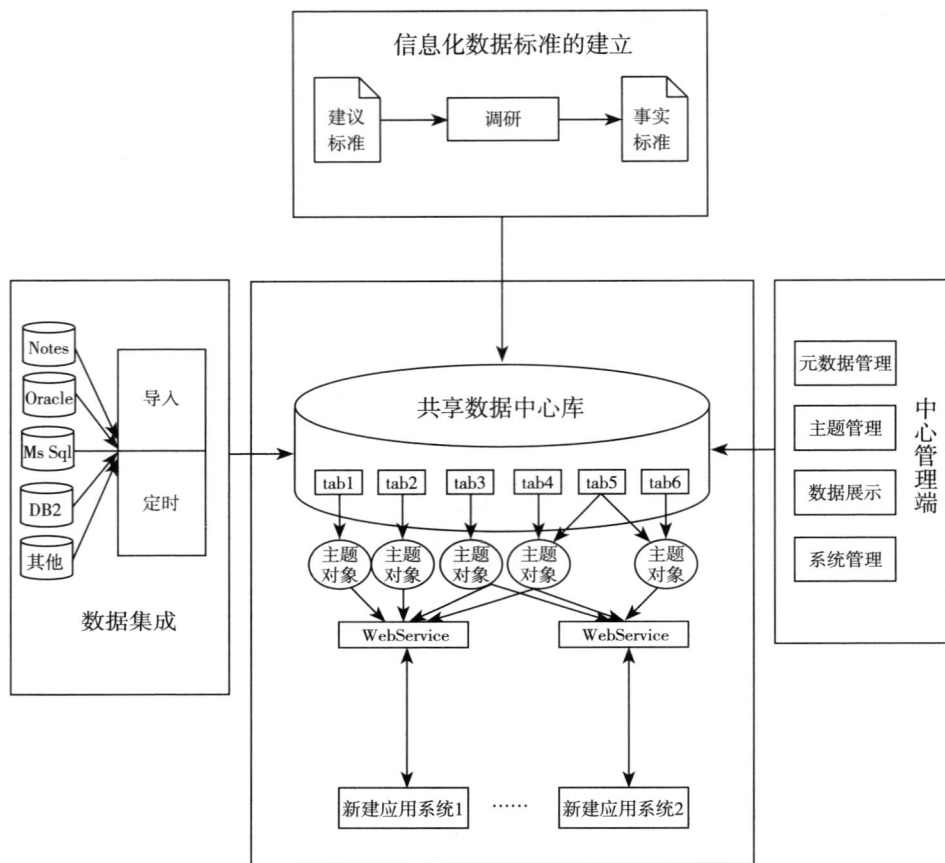

图3-3-2 共享数据中心系统设计图

数据源是共享数据中心的数据抽取来源，我们把南山教育综合服务大平台所有的应用系统的数据库称为数据源，这其中包括两个方面的内容：一是现在已有的应用系统数据库，二是后续建设的各个应用系统的数据库。

六、功能规划

（一）数据导入导出

共享数据中心库的数据目前来说主要是由国标即基础代码表的数据和从已有的应用系统中集成过来的。这个过程就是数据抽取的过程，已有的应用系统的数据是不符合数据规范的，抽取就是实现从不规范的数据源内通过整合转化成规范的数据，保证数据的准确的过程。

　　数据集成的前提条件是对于要接入的每一个应用系统的数据源进行调研，应用系统应该确保提供一定程度的数据接口。这是从应用系统向数据中心上行的过程，首先需要确定要从应用系统抽取哪些数据，这些数据的含义是什么，即提供相应的数据字典，并且确定对应于数据中心的哪张表。可接入的数据接口模式分为直接开放数据库和中间文件数据源。格式在实施时共同商定，数据集成的示意图如图3-3-3所示。

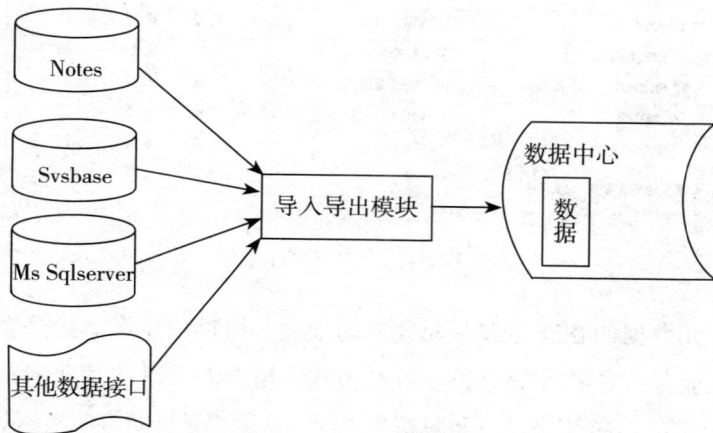

图3-3-3　数据集成示意图

　　具体而言需要提供的功能包括数据源接入、导入元数据并进行数据映射、数据清洗、制定流程。

（二）元数据管理

　　首先需要强调的是，此处讨论的元数据并非一般意义上所指的构成数据的数据，而是指教育网建设过程中的一系列原始的基本数据。元数据也指管理系统中各数据表及字段的真实含义。元数据管理完成对共享数据中心的数据库结构的管理维护工作，即对共享数据中心中的标准表的原数据进行登记，以方便日后的数据管理。

　　元数据管理包括表的注册、字段注册、更新数据库结构。下图是一个元数据管理的示意图（图3-3-4）。

表管理

已注册SDC表名称	中文描述	操作		
TS_STUDENT	学生表	字段	查看	修改
TS_TEACHER	老师表	字段	查看	修改
TS_POINT	成绩表	字段	查看	修改
TS_POINT_MEMO	成绩备注	字段	查看	修改
TS_EST	测试表	字段	查看	修改
TS_STUDENT_AWARD	学生奖惩信息表	字段	查看	修改
TS_EMPLOYEE_BASEINFO	职工基本信息	字段	查看	修改
TS_GRADUATE	学生毕业信息表	字段	查看	修改
TS_NATION	民族表	字段	查看	修改
TS_SEX	性别表	字段	查看	修改

当前显示从1条到10条信息 共 13条信息　　下一页

图3-3-4　元数据管理示意图

另外，元数据的管理还涉及元数据的分类，根据信息子集的分类可以将标准库分成让业务人员熟悉的分类以方便查找。再有对于某些需要特别关心的数据可以进行Check Point记录，以便跟踪和统计，这主要是针对一些敏感数据，需要知道其来龙去脉，有哪些人在哪些时间进行了哪些操作，记录下来以便后查。

（三）主题管理

主题管理包括主题库的建立和主题对象的管理，我们知道针对某一主题，其相关信息一般并不是从唯一的一个库里面获取的，要全面利用信息就需要构建一个综合性的主题库。

对于主题对象的管理包括主题对象生成、主题对象权限管理、主题对象查看、主题对象展示、我的数据库。

（四）数据访问接口

数据访问接口是针对应用对中心数据库访问设计的，一般提供一组标准的访问中心数据库表和视图的访问接口。

（五）数据管理工具

要快速高效地在共享数据中心平台上处理各类数据，需要一些工具的支持，如数据集成工具、数据同步工具、元数据管理工具、数据一致性检查工具、数据导入导出工具等。

七、数据交换实现规划

（一）数据交换需求

数据中心建设最重要的意义在于数据共享，数据交换正是达到这一目标所必不可少的技术手段，通过建设数据交换平台，可以实现不同应用系统之间不同数据源的数据交换。

我们可以从功能需求、关键技术要求以及与其他系统的关系三方面对数据交换平台进行分析。

1. 功能需求

从功能需求上看，有下面一些关键功能模块：

（1）应用系统与数据交换平台的交换接口。

（2）数据交换平台对数据的传输和处理。

（3）数据交换平台与消息中间件。

2. 关键技术要求

从关键技术要求上看，有下面一些关键技术：

（1）消息中间件：发送者将消息发送给消息服务器，消息服务器将消息存放在若干队列中，在合适的时候再将消息转发给接收者。

（2）Web服务（Web Service）：主要优势是跨平台的可互操作性。

（3）XML：良好的数据存储格式、可扩展性、高度结构化、便于网络传输是XML的四大特点。

3. 数据交换平台与其他系统的关系

从数据交换平台与其他系统的关系上看，数据交换平台实际上就是各个应用系统之间的数据交换中心，一方面，某个应用需求通过数据交换平台来获取应用；另一方面，某个应用也为数据交换平台提供数据并将数据传递给其他应用。

（二）数据交换设计规划

1. 数据交换平台体系结构

由上面的需求分析可知，完整的数据交换平台有三个层次：消息中间件、数据交换平台和应用。这三者之间的交互遵循JMS规范，实现松散耦合。通过数据交换平台，应用间可以进行数据交换（图3-3-5）。

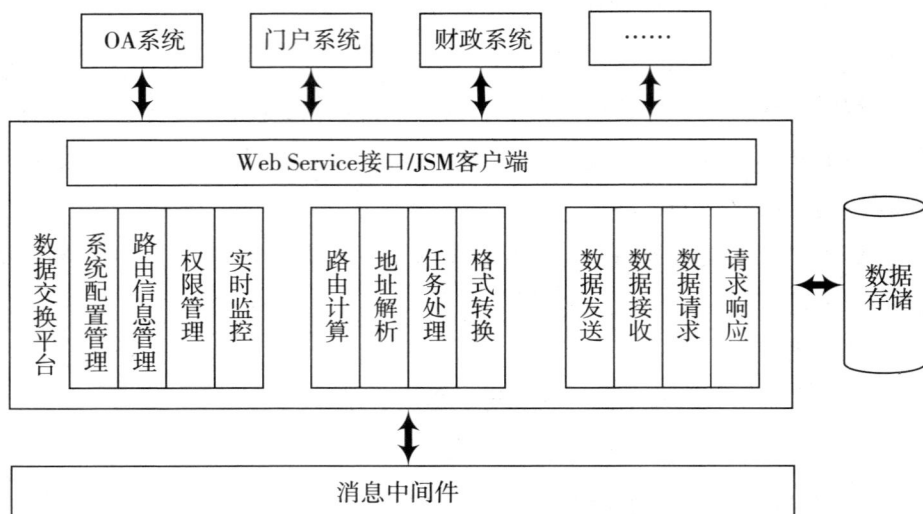

图3-3-5 数据交换平台体系结构

2. 数据交换平台应用模式（图3-3-6）

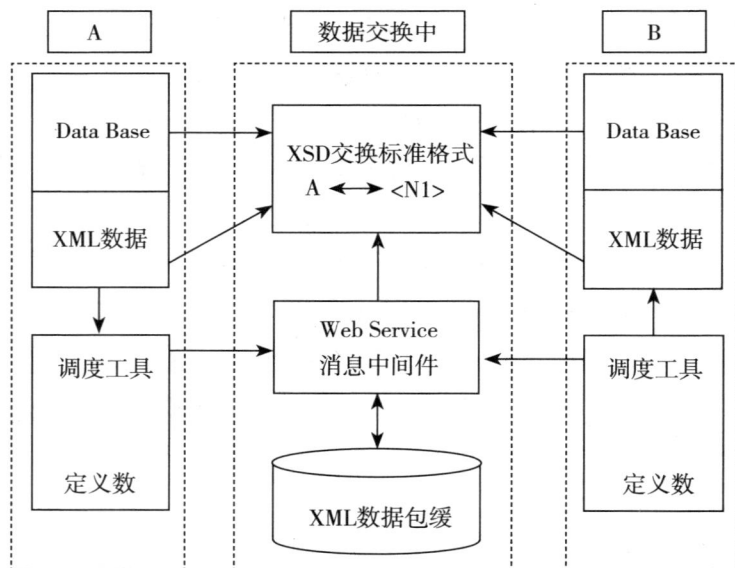

图3-3-6 数据交换平台应用模式

在进行数据交换之前，可以根据系统数据交换的需要制定一个XSD交换标准格式定义文件。该文件定义了多个数据节点，数据节点是数据提供方与数据接收方进行实际数据交换时的数据标准。

数据提供方使用本地的调度工具从数据交换中心载入公共的XSD文件后，为每个数据节点定义数据提取逻辑（从本地数据源获取数据），并定义数据包上传的触发方式与发生频率。

数据接收方使用本地的调度工具从数据交换中心载入XSD文件后，为每个数据节点定义数据推送逻辑（将数据存入本地数据源），并定义数据包下载的触发方式与发生频率。

数据交换实际运行时将生成一个XML数据包，数据包中包含XSD中定义的每个数据节点。节点数据按照事先定义好的提取逻辑从数据提供方获取并存储在XML数据包缓存中。数据接收方下载数据包并按定义好的推送逻辑存储至本地数据源。

Web Service安装在Web数据中心的服务器上，每个业务系统需要安装一套客户端程序，负责制定提取逻辑和推送逻辑，同时还包括调度工具，主要负责制定数据交换的策略。操作流程图如图3-3-7所示。

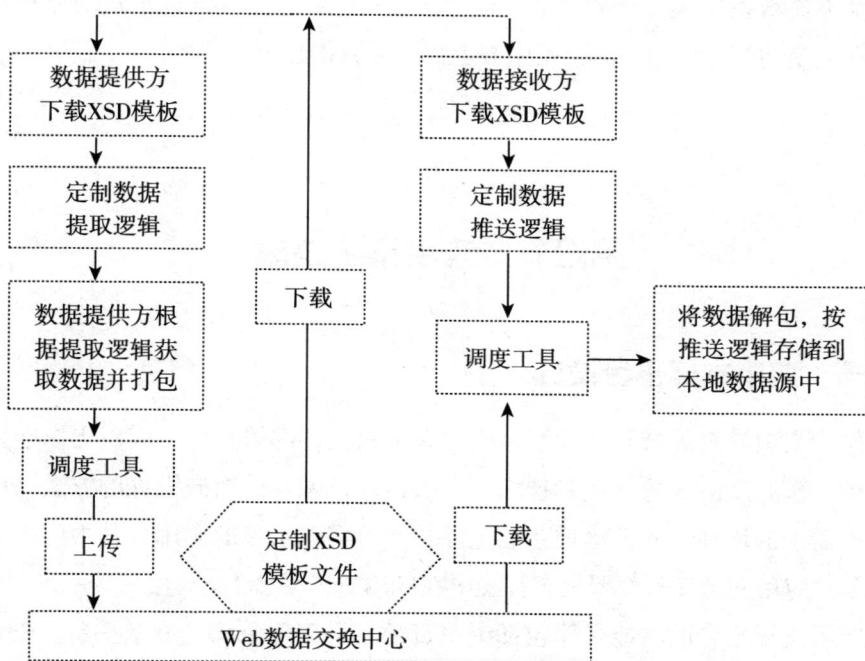

图3-3-7　数据交流操作流程图

3. 数据交换功能实现

基于交换平台，可以实现无编码的数据交换功能，即通过简单的配置就可以实现数据库层面的直接互通交换，只是交换过程的通信采用的是已经构建好的Web Service接口。

数据交换中心Web Service提供一组接口供客户端调度工具使用，以共同完成数据包的上传下载、安全校验等任务。另外，多中心之间的数据包转发也要通过中心之间互相调用Web Service接口来完成。

数据交换规范生成器（XSD Maker）负责生成数据交换双方使用的规范。双方使用该接口规范完成实际的数据交换。

数据交换规范注册器（XSD Register）将已经设计完成的数据交换规范注册到数据中心，供节点调度工具定制数据时使用。

静态路由表生成器（Static Route Manager）设计一份路由表，描述当前数据交换的网络部署情况。此路由表在各个数据中心存在并保持同步。

客户端调度工具安装在要进行数据交换的业务系统服务器或者是可以访问到业务系统数据库服务器的其他机器上，负责定制数据提取或推送的逻辑、定制数据交换的调度计划、向数据中心上传下载数据包等。

第四节　应用系统集成

一、应用支撑平台设计

作为南山教育综合服务大平台应用系统的组件部署平台，应用支撑平台提供进行二次开发的开放环境和技术，提供可进行调用的内嵌组件的方法。用户可根据需求的增加，开发增加新的组件，并可实现组件的调用。其中门户中涉及的公共应用的定义与部署发布都集中在应用支撑平台上。

应用支撑平台的功能具体包括统一资源目录管理、统一消息平台、RTX即时消息、内容管理、工作流引擎表单管理、数据库连接引擎、安全审计等。应用支撑平台是整个南山教育综合服务大平台应用系统的核心组件库。

（一）统一资源目录管理

统一资源目录是构建南山教育综合服务大平台应用系统的基础设施，是进行信息资源管理的主线。统一资源目录基于统一的封装机制，实现信息资源的接入以及统一的分类、分级、授权等一系列管理。南山教育综合服务大平台中的用户、信息、应用都是资源，资源管理就是管理员用来统一管理用户、管理信息、管理授权的工具。

用户和组织目录是用户管理中心的基础，在本项目中，考虑到以后的用户量较大，建议采用LDAP（轻型目录访问协议）而不是数据库进行用户管理，这样，以后的用户管理扩展性和标准性将得到保证。在本项目中，我们推荐采用IBM目录服务器进行LDAP管理。

（二）统一消息平台

统一消息平台是整个南山教育综合服务大平台的核心构件之一，主要实现综合的消息服务机制。统一消息平台为其他应用系统提供多种消息应用，包括电子邮件、短消息、即时消息以及其他快速消息类型等。平台提供统一的调用接口，使得不同的应用系统都可以通过标准化接口调用统一消息平台，通过平台自身的管理模块对不同应用中的消息进行管理，通过统一的发送机制发送到相应的用户终端。

（三）RTX即时消息

南山教育综合服务大平台需要一个专门面向商业应用的即时通信软件，以加强南山教育综合服务大平台内的信息交流。我们在协同办公系统中集成RTX实现本部分需求。RTX是一个企业级即时通信平台，RTX功能丰富，在南山教育综合服务大平台的主要应用是即时通信、文件收发、直接贴图、多方会话、网络会议、与Office集成、文件发送控制、桌面共享、远程管理、IP电话、企业系统广播、双向短信、群发短信、手机获取本地地址等。RTX提供了Web客户端，能够实现大部分传统客户端的功能，对于大部分使用常用功能的用户，我们将提供Web方式使用。

（四）内容管理

内容管理是一个实现常用信息发布和信息浏览的系统，主要包括几方面的内容：信息模板管理及信息模板定制功能、信息发布审批功能及审批流程的定制功能、多级站点管理及多级栏目管理功能、多级组织管理及多级授权功能。

根据上面的需求分析，我们设计内容管理的体系结构，如图3-4-1所示。

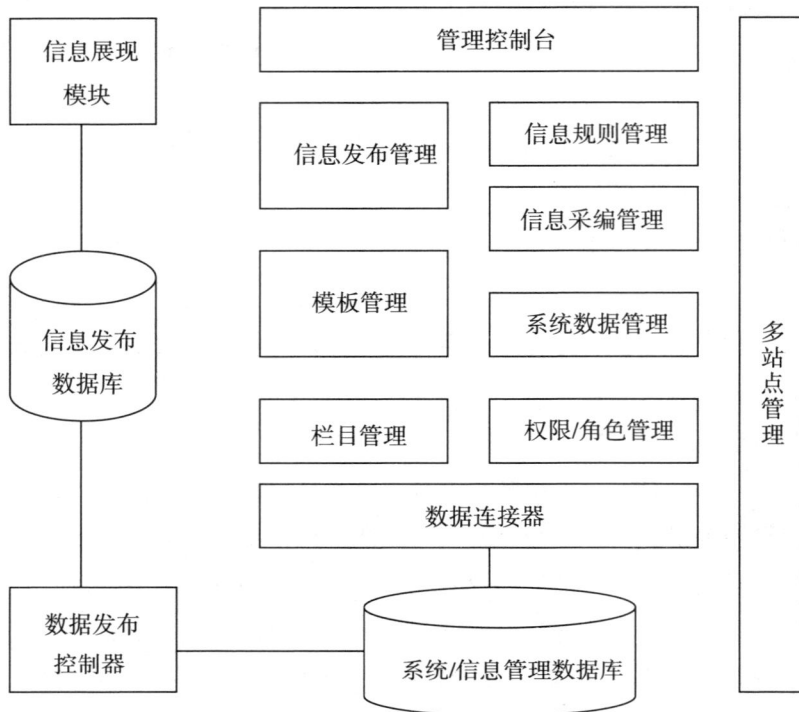

图3-4-1 内容管理系统体系结构

（五）工作流引擎

系统提供独立的工作流引擎驱动。该工作流引擎由平台提供和统一管理授权。授权的管理员可以进行流程的设计、修改和管理相应的流程，并提供角色定义。授权的管理员可在工作流引擎工具端任意定义本单位的各种工作流程，所有的定义工作不涉及任何源代码。

（六）表单管理

应用支撑平台提供的表单管理工具均可无任何源代码自定义实现。

（1）文件处理表单的定制。

（2）权限的严格设定。

（七）数据库连接引擎

数据库连接引擎为所有引擎中最底层的部分，主要实现与数据库的连接，提供数据获取和数据更新功能。其他进行事务逻辑处理的引擎不能直接访问数据库，必须调用该引擎实现对数据库的访问。

（八）安全审计

安全审计是一个安全的网络必须支持的功能特性。审计是记录用户使用计算机网络系统进行所有活动的过程，它是提高安全性的重要工具。教育网络信息系统也应具备安全审计措施，并通过多层次的审计手段，形成一个功能较完备的安全审计系统。具体而言，网络的审计系统应该由四个层次组成，分别是网络层的安全审计、系统的安全审计、可信时间戳服务、对信息内容的关键字安全审计（属高层审计）。

各层次的安全审计措施是网络安全系统的重要组成部分，而对审计数据的维护是其重要的工作内容之一。网络系统应建立相应的安全审计中心或审计小组，对所有各层次的审计数据进行统一处理与管理。

二、应用系统集成设计

南山教育综合服务大平台项目的建设既要考虑未来的发展需要，同时也要兼顾已经建设完成的应用和投入，因此在整体信息化发展策略上，按照"定标准、建平台、上应用、成体系"的原则推动南山教育综合服务大平台的建设。

定标准："系统建设、标准先行"，进行业务流程梳理，制定相关业务数据标准、数据交换接口标准，为教育信息化的发展建立一个稳固的基础，保证未来建设的应用能够实现"数据共享、流程互通、应用互联"。

建平台：在确定了整体标准后，着手建设统一的教育信息化平台，把所有应用中核心的、共用的功能统一在平台之上，未来所有应用中的相关功能在平台上统一配置和开发完成，从而保证教育信息化的持续性和可扩展性。

上应用：在平台基础之上，集成与逐步建设一批业务系统，如学科管理、科研培训、基础教育等系统，为南山教育综合服务大平台内的工作人员以及用户提供越来越完善的网上服务。

成体系："成体系"是"上应用"的最终结果，通过不断地"上应用"，最终自然形成南山教育综合服务大平台服务管理体系。

南山教育综合服务大平台项目将建设全局的门户网站，通过对信息的集中处理与展现，实现业务整合的要求。南山区教育局及其下属单位已经建设与即将建设的各种业务系统将通过门户网站有机地整合在一起。为此有必要建立一整套完整的信息化建设规范标准，保障各个系统在统一规划下，按统一规范建设，遵循标准，最终保证各个系统的建设成果与信息化的可持续发展。

规范的建设内容包括门户标准制定、门户风格制定、用户权限框架制定、接口与公共数据规范制定等，具体内容和要求如下。

（一）门户标准制定

南山教育综合服务大平台应用部署框架基于专业的门户服务器，认证和单点登录则基于专业的认证服务器，提供了安全、统一的应用整合方案（图3-4-2）。

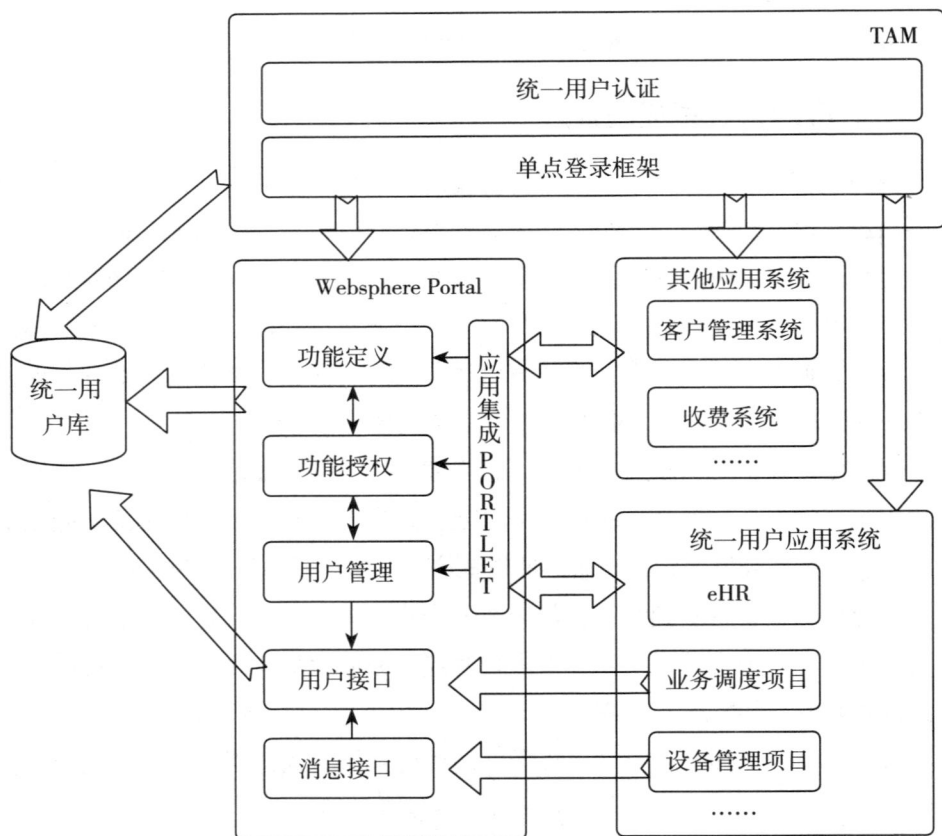

图3-4-2　系统应用框架

系统应用框架分为三个部分：

（1）登录认证。这个区域包括基于统一用户认证和单点登录框架，客户端对整个应用框架内其他资源的访问都必须通过这一层的认证，并通过单点登录框架传递凭证。

（2）统一用户库。LDAP库是整个系统的基础设施，框架内所有系统使用的用户及组织结构信息都在这里存储。

（3）门户框架。门户框架是整个应用框架的核心部分，提供了以下的服务：统一用户管理、功能定义和授权、应用集成、用户接口、消息接口、业务应用。其中业务应用包括两部分：一是统一用户应用系统，如协同办公系统等，这类系统不建立自己的用户体系而是直接基于统一用户库，它们在门户中进行功能的定义和授权，使用门户提供的用户接口获取用户数据，并在门户提供的页面框架中完成相关的业务操作。用户凭证的传递由单点登录框架负责。二是其他应用系统，如已有的教师管理系统等，这类系统本身具备自己的一套用户体系，可以独立完成业务操作，门户框架通过应用集成Portlet将其整合到门户中，并通过单点登录框架提供基于用户映射的单点登录功能，增强用户体验。

（二）门户风格制定

南山教育综合服务大平台是将来面向全区工作人员和用户的平台，是宣传南山区教育文化、推广教育品牌的一个良好的平台，为此，统一的形象识别以及风格定制，对于系统整体来说是十分重要的。在本项目中应遵循用户的UI（界面设计）风格，制定统一的排版样式、配色、字体大小等。以下是相关首页、栏目页等风格定义的案例：

（1）门户网站首页。进入南山区教育信息网的门户网站首页，可以了解整个南山区的教育信息资源和服务（图3-4-3）。

图3-4-3　首页样式定义

（2）学校网站首页。在门户首页"学校导航"中选择学校，进入学校的二级门户首页，可以了解该学校的相关信息（图3-4-4）。

图3-4-4 学校门户首页（以育才三中为例）

（3）学科网站首页。单击门户首页"学科导航"部分的"学科"，进入相应学科的门户首页，可以了解该学科的学科资源信息（图3-4-5）。

图3-4-5　学科网站首页（以数学学科为例）

（4）家长个人首页。家长用户从门户首页的"我是家长"登录［登录账号是9+学号（自己孩子的学号）］进入家长门户首页，可以了解家长关心的各方面信息（图3-4-6）。

图3-4-6　家长个人首页

（5）学生个人首页。学生以自己的账号（本人学号）从门户网站登录，进入个人首页，相当于进入了"我的学堂"，可以了解自己关心的学习情况、各方面的活动信息，可以进行相关的功能操作，书写自己的博客，在论坛上发表文章，管理自己的私人资料，还可以在线与自己的好友进行沟通（图3-4-7）。

图3-4-7　学生个人首页（以小学生为例）

（6）教师个人首页。教师以自己的账号（本人教职工号）从门户网站登录，进入个人首页，相当于进入了"我的课堂"，可以了解自己关心的教学情况、课程信息、各方面的活动信息，可以进行相关的功能操作，布置学生作业，上传课件，书写自己的博客，在论坛上发表文章，管理自己的私人资料，还可以在线与自己的好友进行沟通（图3-4-8）。

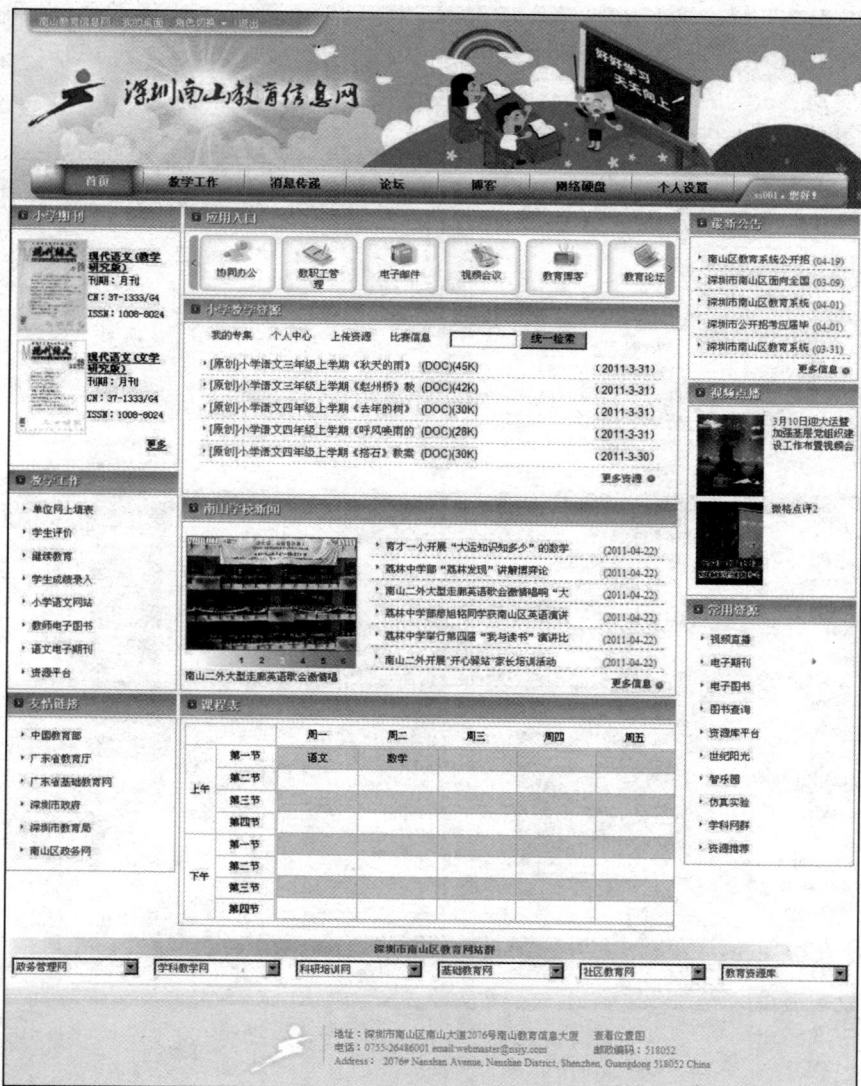

图3-4-8　教师个人首页

（7）行政人员个人首页。行政人员以自己的账号（本人教职工号）从门户网站登录，进入个人首页，相当于进入了"我的办公桌"，可以知道自己的待办事务、个人日程，了解各方面的活动信息，并进行相关的功能操作，书写自己的博客，在论坛上发表文章，管理自己的私人资料，还可以在线与自己的好友进行沟通（图3-4-9）。

图3-4-9　行政人员个人首页

（三）用户权限框架制定

对南山教育综合服务大平台应用系统来说，安全始终是非常重要的。需要保证只有通过正确认证的用户才能访问计算机资源，并通过设置适当的安全机制防止未授权用户的访问。为实现这个目标需要建立一整套安全访问机制，在具体实施过程中，可以采用成熟的认证服务器来满足这一需要。

认证服务器为客户自己开发的网上应用提供了标准的访问安全接口，通过认证服务器集中管理用户信息和安全信息。认证服务器是一套完整的认证与授权安全和策略管理方案，对分布在不同地域的资源进行集中保护，为用户建立统一的应用安全平台。

南山教育综合服务大平台所有用户都由门户服务器集中管理和存储，新构建的应用平台下的各业务系统可以直接使用门户的统一用户系统，而已有的业务系统都有自己的一套用户系统，在用户通过门户再去访问这些系统的时候，实现用户的SSO映射，给用户统一的访问体验（图3-4-10）。

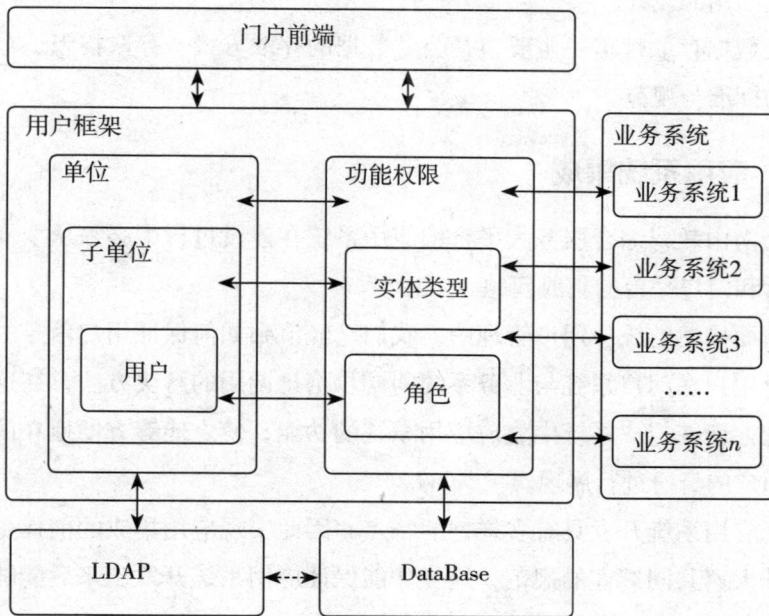

图3-4-10　用户管理框架

（四）接口与公共数据规范制定

接口规范：制定规范的接口标准，特别是与数据交换和共享有关的标准，明确各业务部门信息系统的接口规定，为各业务系统和外部组织的信息衔接提供统一的数据访问接口调用和数据交换的参考标准。

数据元规范：以相关原始单据为基础，抽象出业务中所使用的基础数据元，并根据业务对基础数据元进行分类整理。数据元规范定位可以概括为"两个是，两个不是"（是全面、完整的定义，是共享、交换的基础，不是数据库系统，不是数据字典）。数据标准将随各业务的发展和信息系统建设的进程而不断修订和补充。本规范至少包括以下子部分：

数据元标准：对各业务需要输入的基本数据、输出数据、统计数据等进行整理、分析，通过分析全局数据结构的要求，制定相关的数据标准。要求有明确的标识符设计，厘清数据之间的关联关系作为后期业务系统数据库扩展建设的依据，最终达到整个单位内共用一套数据的目的。

公共数据标准：主要包括数据中心中涉及的公共数据元、统计指标体系（统计指标项）等标准。对这些公共数据进行整理、分析，进行数据中心主要数据库表结构的设计。

公共数据存取规范：主要包括公共数据的存取方式、存取权限、范围划分等方面的标准与规范。

三、应用系统集成

整个南山教育综合服务大平台的应用系统在建设过程中必须从全局考虑，考虑以后和门户平台的集成问题。

在前面描述的统一用户管理中，我们已经谈到如何保证用户信息的统一管理，以及用户在门户系统与业务系统间同步信息调用的解决方法，在这里，我们将讨论如何在门户系统中集成应用系统的功能，使之能够方便地在门户中根据不同用户的身份进行展现。

由于应用系统开发具有多样性的特点，因此实现应用集成的前提是必须先设置一种大家共同遵守的规范，这样才能保证应用系统开发出来后能够方便地集成到门户中，实现统一访问的管理要求。

（一）集成模式

在本项目中，我们采用Portlet的门户标准进行功能应用集成。主要的Portlet分类如下，我们可以将其不同的特性应用到不同的应用系统集成上（表3-4-1）。

表3-4-1 集成模式表

Portlet模式	特点	合适使用的功能
现有的Portlet	门户服务器自带的Portlet，如标准的用户管理和内容管理Portlet	标准的门户管理模块，如用户管理、内容管理等
Web Service	通过一个支持OASIS WSRP标准的封装组件进行信息访问，信息可以增加传递参数，组件一旦封装，在门户的各个地方均可以使用	适合直接从业务系统中提出部分数据的应用场景，如协同系统中的"待办任务"查询功能，这一模式将在门户系统中大量使用
用户管理中心Portlet	这是门户服务器的标准Portlet，用于门户用户管理	—
应用集成Portlet	方便把整个应用直接集成到门户中，这种模式比较方便，打开模式可以选择直接在本窗口，也可以直接打开一个新窗口	适合各种独立性的应用，只是需要通过门户进入
Web剪裁Portlet	用于在某些门户页面上展示多个来自不同系统的信息	适合一些个人工作桌面，或者综合信息查询等页面，可以在一个页面上集成众多来自不同系统的信息小窗口，使用户可以一目了然地看到所有想看到的信息
IFrame Portlet	采用IFrame模式在窗口中画出一块特定的区域运行业务系统	如果业务系统相对独立，同时功能比较复杂，又不想完全脱离门户系统页面控制，可以采用这种模式的Portlet

1. 使用现有的Portlet

门户服务器提供大量现成的Portlet，实现开箱即用的连接功能。

门户服务器提供一些现成的Portlet协作中心的服务功能，通过配置连接，帮助用户直接实现在线感知、在线沟通等功能。另外，门户服务器可与二次开发的JSP（Java服务器页面）程序经由Java API来连接。

门户服务器如果需要与文件资料相连接，门户服务器的Portlet可直接经由JDBC（Java数据库连接）或ODBC（开放数据库互连）连接获取资料。

门户服务器也提供诸如内容管理等标准Portlet，可以根据用户要求部署到多个门户页面上，供不同用户使用。

2. Web Service

Web Service是描述网络可访问的操作集的界面。门户服务器支持OASIS WSRP标准。OASIS WSRP标准简化了远程应用和内容到门户的集成。通过WSRP，用户可从丰富的远程内容和应用中进行选择（表示界面及其数据）并将其集成到自己的门户中，只需几步鼠标单击操作即可，无须编程。用户也可为基于WSRP的特定的本地Portlet应用配置WSRP制造方支持，作为面向表示的WSRP服务，并将其提供给希望使用这些服务的远程门户服务器消耗方。

3. 用户管理中心Portlet

可使用可用的Portlets来管理用户和组信息，无须离开门户。管理员也可管理用户和组的成员关系。这些Portlets提供搜索和编页号功能，使管理员界面能够扩展并管理大量的用户和组。

门户服务器使用组成员关系信息来决定用户有权查看和编辑哪些页面、Portlets和文档。用户可以是一个或多个组的成员，组可以套组。当获得了所属的任何组的访问权时，用户都可访问门户资源。访问权也可以特定的个人为单位，但大多数应用都发现，以组为单位授予访问权更简单。

4. 应用集成Portlet

根据定义，门户提供整个南山教育综合服务大平台中内容、数据和服务的访问，不仅包括预定义的连接器和Portlets，还包括可由不同工具创建的其他连接器和Portlets。它们支持高效、个性化的访问应用功能，能够快速实现针对不同用户的个性门户。

门户服务器包含Portlets和Portlet Builder，可以直接针对南山区教育局的业务应用建立完整的应用Portlet。Portal Application Integrator是由向导驱动的、非计划性的Portlet构建工具，通过门户服务器提供，支持南山教育综合服务大平台用户以快速高效的方式构建全新的Portlets以访问各类南山教育综合服务大平台应用系统，包括Portlet Builders for SAP、Siebel、Oracle和Domino应用以及Java Database Connectivity（JDBC）源。它同时还适用于DB2及Oracle等关系型数据库。Integrator Portlet Builder的工作方法是：查询后端系统，以发现描述新Portlet针对的特定南山教育综合服务大平台应用的业务对象的元数据。

使用这种方法了解南山教育综合服务大平台应用系统使用模式的任何人都

能在极短的时间内构建Portlet，并可选择性地包含存在意识、Portlets之间的数据交换、基于即击即动的南山教育综合服务大平台应用等特性。

5. Web剪裁Portlet

Web剪裁Portlet用来显示现有网页的各个部分，可以直观地选择页面的不同部分，或剪裁特定标志之间的所有文本。这样，便能够精确地控制提取的标志。Web剪裁Portlet还可以重写剪裁的页面内部的链接。只要显示这个Web 剪裁Portlet，它就会检索最新的网页版本并提取剪裁的部分，在页面上显示。

剪裁的某些站点可能要求身份验证。Web剪裁Portlet提供无安全性、基本验证或基于表单的验证等集中选项。用户可以提供证书，或者由管理员填写。

6. IFrame Portlet

对于各种基于Web的应用系统，可以采用内嵌证书库机制的IFrame Portlet进行集成。该集成方式只需要提供Web应用的URL地址和Web的原始登录方式，而不需要修改后台的应用系统，即可以通过单点登录的方式在门户中展现后台Web应用的内容。

（二）集成系统列表

1. 现有应用系统（表3-4-2）

表3-4-2 现有应用系统表

序号	系统/网址	平台	用户	备注
1	邮件系统 Mail.nsjy.com	使用的商业版的 winwebmail 3.7.3.1 Win+asp+文件数据库	教育局/部分教师，约5000个教师账号，常用账号500个	产品网站：www.winwebmail.com，有二次开发接口
2	视频会议系统 61.14.235.250	Linux+php+mysql	约100个教师和管理用户	软件公司开发
3	基础教育科网站 jyk.nsjy.net	Asp+sqlserver	服务家长，几十个学校账号	软件公司开发
4	教师管理系统 tms.nsjy.net	Asp+sqlserver	约100个学校和管理员账号	软件公司开发，是数据中心统一用户库中教师信息的来源

续　表

序号	系统/网址	平台	用户	备注
5	网络中心 security.nsjy.net 电教站 ete.nsjy.net 人事科 rsk.nsjy.net 小学科学 xxkexue.nsjy.net	Asp.net+sqlserver	约10个管理用户	软件公司开发，都是基于同一套系统生成的网站
6	虚拟教研系统 jy.nsjy.net/bbs	Asp+sqlserver	有登记的教师账号200个左右	动网论坛
7	教育wiki wiki.nsjy.net	Unix+php+mysql	约10个用户	开源
8	学生学籍管理系统 xsgl.sz.edu.cn	—	—	系统目前不在南山区教育局，数据接口还没有落实

以上系统本身具备自己的一套用户体系，可以独立完成业务操作，门户框架可以通过应用集成Portlet将其整合到门户中，并通过单点登录框架提供基于用户映射的单点登录功能，增强用户体验。

2. 新建应用系统（表3-4-3）

表3-4-3　新建应用系统表

序号	一级网络	二级系统
1	学科教学网	中小学学科教研网
		学科学学质量监控系统
		知识社区
2	教育科研网	科研培训网
		网络教学与继续教育
		现代教育技术实验室
3	政务管理网	协同办公系统
		教育装备管理系统

续　表

序号	一级网络	二级系统
4	基础教育网	三维学区招生系统
		中小学综合素质评价系统
		心理咨询网
		德育网站群
		基于城域网的信息技术课统考系统
		基于城域网的研究性学习系统
5	成人教育网	社区教育网
		职业教育网
		幼儿教育网
6	网络资源库	电子图书管理系统及电子图书库
		视频点播系统
		资源库建设整合平台
		特色亮点与创新应用项目

以上系统在建设之初即遵循相关建设标准，它们为基于门户的统一用户而建设，不建立自己的用户体系而是直接基于统一用户库。它们在门户中进行功能的定义和授权，使用门户提供的用户接口获取用户数据。门户框架根据实际集成的粒度，可以通过IFrame Portlet或者应用集成Portlet将其整合到门户中，并在门户提供的页面框架中完成相关的业务操作。用户凭证的传递由门户的单点登录框架负责。

（三）应用开发接口与规范建议

本着标准为先、建设平台的原则，在整个项目开发之前，建议南山区教育局项目小组探讨一个开发接口和规范，以保证以后平台系统和业务系统的应用整合，避免继续出现各自为战、"信息孤岛"的现象。

根据我们的经验，我们提供一种接口与规范的模式以供参考，下面将以一个业务系统查询模块为案例，论述这种接口与规范。

1.查询模块的组成

查询模块内部组成如图3-4-11所示。

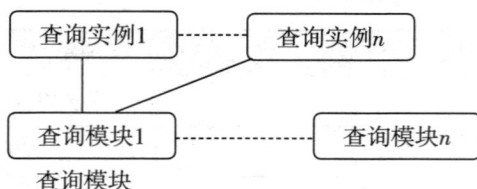

图3-4-11　查询模块内部组成

查询模块可以针对不同系统要求设计出不同的查询模板。查询模板是由业务系统开发人员设计的，操作人员不能对查询模板进行更改。每一个查询模板对应一个安全权限。如果系统查询部分没有十分复杂的数据结构并且业务系统所有数据每一个操作人员均有查阅的权限，可对整体业务系统仅做一个查询模板。

查询实例是以查询模板为基础运行的，此部分由业务操作人员完成，包括对查询内容、查询条件等的定义。

2. 安全权限

一个查询模板应对应安全列表中的权限。只有拥有了查询模板的权限操作人员才可以在该模板上建立、使用查询实例。

查询模板在安全系统中的权限列表应当分成两级：第一级为查询功能，第二级为查询模板。查询实例的安全访问权限控制由业务系统完成。

综上所述，查询实例定制流程图和查询实例运行流程图如图3-4-12、图3-4-13所示。

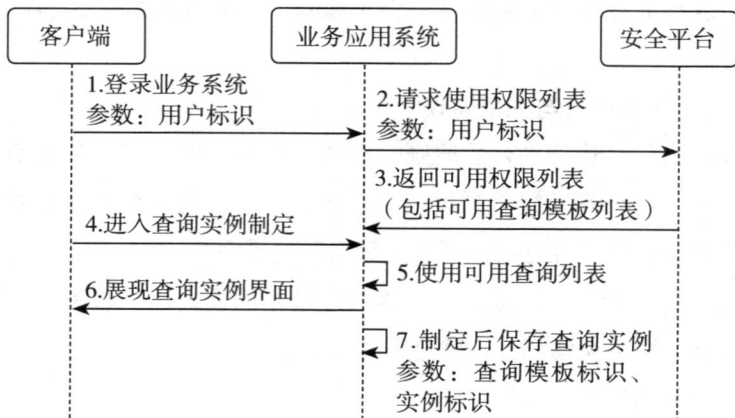

图3-4-12　查询实例定制流程图

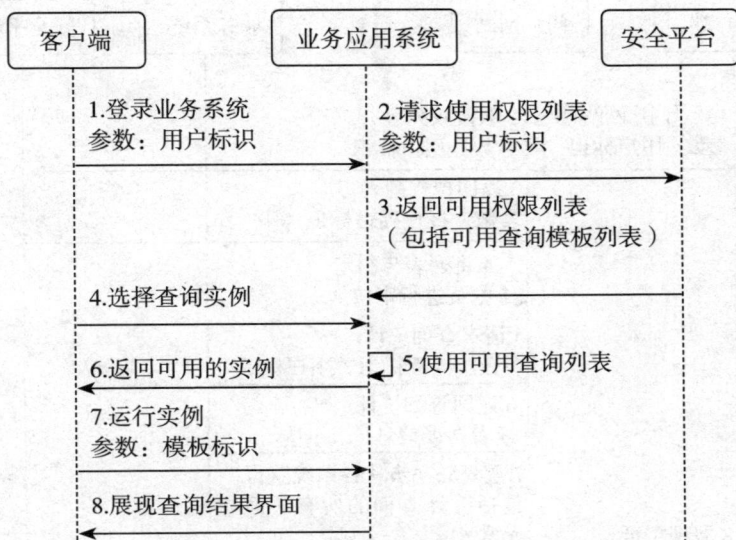

图3-4-13　查询实例运行流程图

为了便于对查询实例进行进一步理解，以下列出查询实例列表调用和实例运行过程流程图，如图3-4-14、图3-4-15所示。

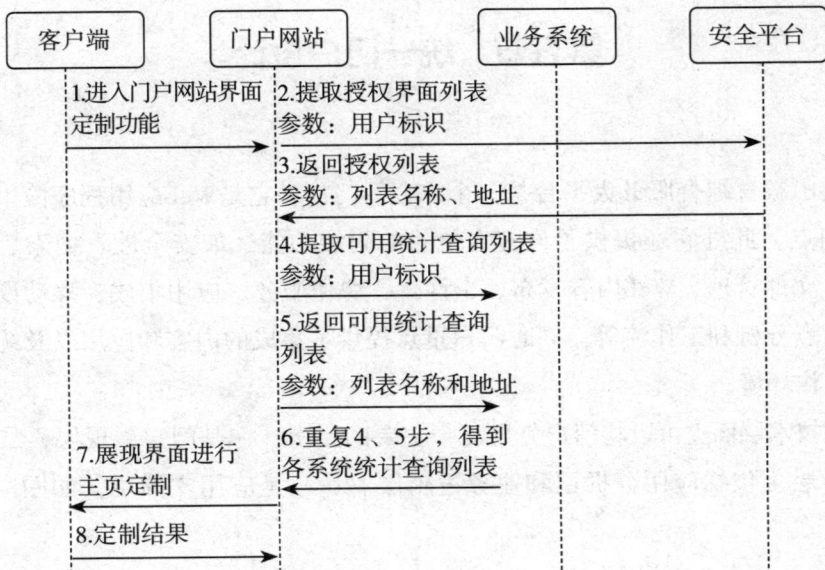

图3-4-14　查询实例列表调用流程图

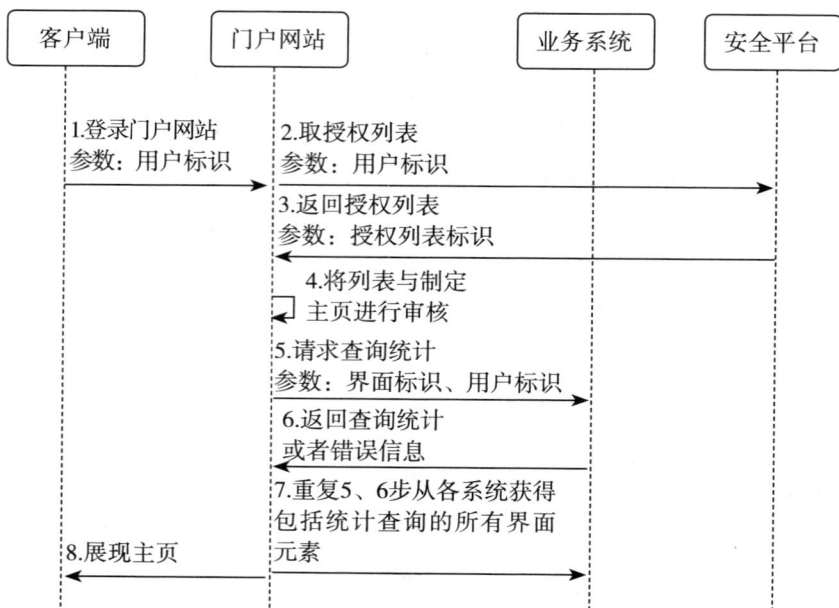

图3-4-15　实例运行过程流程图

第五节　统一门户设计

南山教育综合服务大平台是一个综合的门户，它是Web应用程序简单统一的访问点，此外它还提供了许多有价值的附加功能，如安全性、搜索、单点登录、文件管理、Web内容发布、个性化、协作服务、应用集成、移动设备支持、站点分析和工作流等。同时门户重点提供了集成的内容和应用以及统一的协同工作环境。

从技术层面上可以将门户分为三个主要的层次：一是门户展现层，二是事务支持层（包括应用数据层和业务逻辑层），三是应用支撑层，如图3-5-1所示。

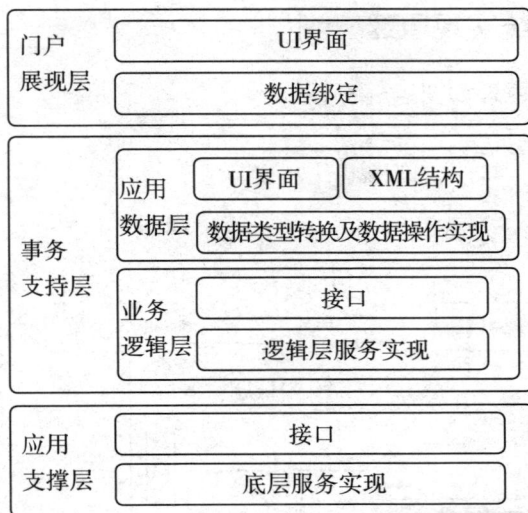

图3-5-1　门户层次结构

一、门户系统架构设计

门户系统是南山教育综合服务大平台的基础平台和关键内容，根据当前的技术环境，设计项目的整体架构包括设备、各子系统/模块的物理部署，系统软件、各子系统/模块的逻辑部署，各子系统的逻辑关系。架构上要设置以下几个层次：门户展现层、事务支持层、应用支撑层。门户展现层中的内容维护利用事务支持层提供的组件，今后其他系统的展现，只需要在事务支持层部署相应的组件，进行权限设置后，就可以在门户展现层中体现（图3-5-2）。

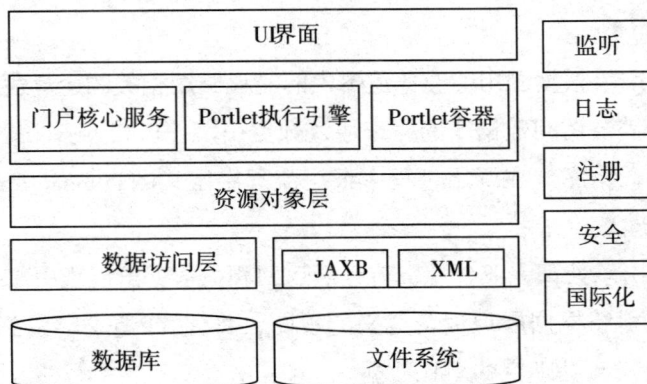

图3-5-2　门户系统的逻辑架构

二、门户系统实现原理

门户系统实现原理如图3-5-3所示。

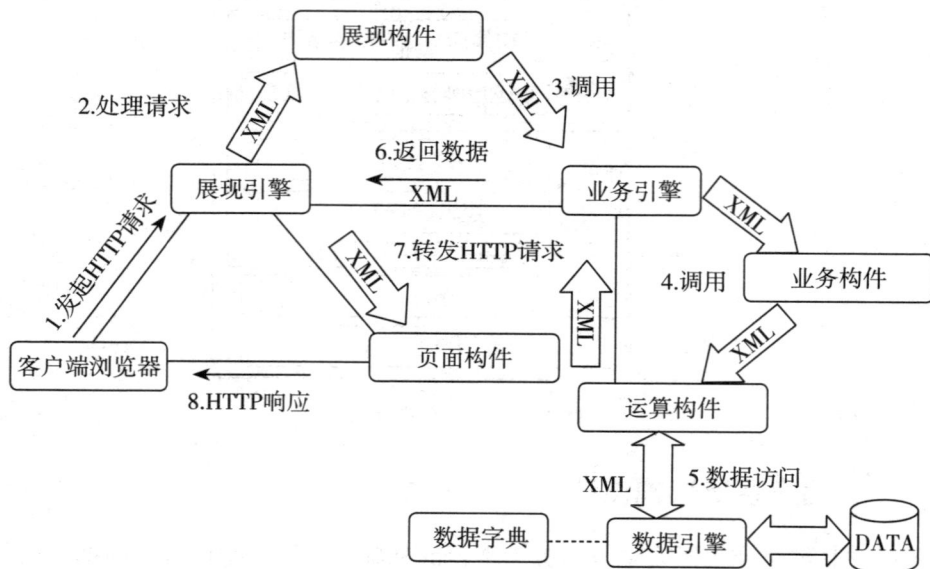

图3-5-3　门户系统实现原理

（1）从浏览器发起HTTP请求，提交到展现引擎。

（2）展现引擎将请求转换为XML，并根据HTTP请求（构件包、构件、构件逻辑）确定被调用的展现逻辑，转到处理展现构件描述的展现逻辑。

（3）根据展现逻辑流程中定义的业务逻辑，传入业务引擎，并且送入相关的XML数据。

（4）业务引擎根据调用的业务逻辑中的流程调用相关的运算逻辑。

（5）对于需要访问数据库的操作通过数据引擎（Data Service）根据数据映射调用相关的数据库，在调用过程中根据流程中定义的Transaction（事务）进行相关事务处理。

（6）业务引擎处理完业务逻辑流程后返回相关数据给展现引擎。

（7）展现引擎根据展现逻辑定义的视图，将HTTP请求转发到指定的视图（JSP），并且送入处理完的XML数据。

（8）视图获取相关的XML数据形成HTML返回给浏览器。

三、门户展现层

南山教育综合服务大平台门户展现给用户的最终结果是综合的信息，包括普通的文档信息、业务信息以及业务处理界面。综合来说，门户体现的是门（portals），而不是窗户（windows）。

门户展现层所完成的工作是在SSO验证成功后，将用户有权限的综合数据和信息展现给用户。门户展现主要是指对门户要素的渲染，要素的界面主要通过样式（style）来定义，这些要素之间存在明显的父子关系，如图3-5-4所示。

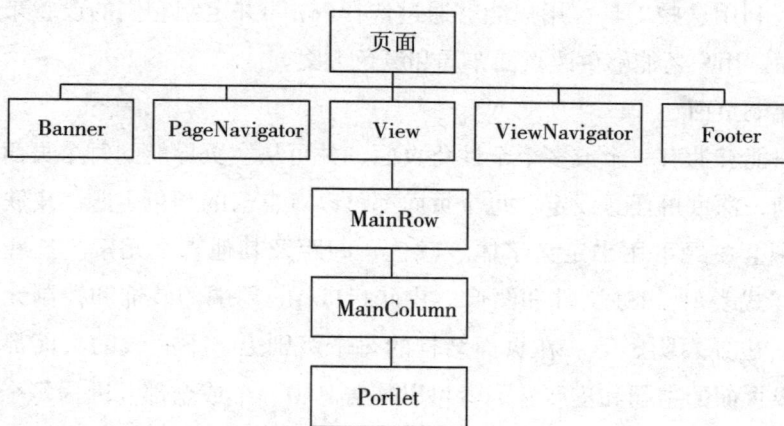

图3-5-4　门户展现要素关系

（一）功能授权展现

根据需求分析，我们将在本项目中采用国际上比较流行的Portlet技术，参考JSR168规范，来实现页面的组件开发。整个门户网站是由一系列Portlet组成的，南山教育综合服务大平台可以创建自己的Portlet，或选择使用IBM及其业务合作伙伴创建的系列Portlet。

Portlet（门户组件运行容器）即在门户中运行的为门户提供内容的构件。从用户的角度来看，它是可以独立访问的小窗口，是其他应用在门户中的"窗口"；从系统开发的角度来看，它是门户集成其他应用的接口，是门户应用集成和功能扩展的接口。

门户的所有功能都将被封装成一个个Portlet，通过注册到门户系统中，接受统一的授权管理，在页面进行渲染的时候，将按照权限的设置进行展现。

（二）个性化界面

南山教育综合服务大平台门户系统提供了高度灵活的用户个性化内容的操作界面。在用户视图中，用户可以方便地采用拖拽、拉伸等人性化方式改变布局和增删内容，改变显示风格、色彩等，操作非常灵活。同时，系统还提供了布局和模板功能，方便用户快速定制界面风格。

1. 门户网站个性化

优化每位用户在门户网站中的体验是本次门户系统建设的目标之一。为此，系统提供了最终的用户管理界面，以定义门户页面的内容以及页面的外观和布局。利用这些工具，用户能够通过选择Portlet并定制它们的设置来定制自己的页面。用户还能够更改页面布局和颜色方案。

2. 定制页面

用户能够拥有一个或多个个性化页面，并可从主页导航到每个页面。页面分级排列，深度可任意设定。每个页面都可以有自己的颜色主题、皮肤和页面布局选项。主题可用来定义字体、颜色、间距及其他直观元素。这些主题包括叠层样式表单、JSP文件和图像。皮肤指Portlet周围的装饰和控制元件，如标题栏、边界、阴影等。在页面结构的每个级别上，下一级的页面都可以继承上一级页面的主题和皮肤，或者可以覆盖其中一个或全部。因为每个区段的外观都可能完全不同，所以区段可以用于在同一个门户站点中创建不同的站点外观。

四、事务支持层

（一）统一用户管理

南山教育综合服务大平台应用系统提供面向门户的集中管理用户身份、用户证书和许可功能。我们将建设一个统一的用户中心，对南山教育综合服务大平台所有的系统用户进行统一管理，主要功能包括定义门户用户和管理用户访问权限，实现对南山区教育局用户的集中管理，并可以对已有系统的用户通过数据同步技术来实现子系统与用户中心的用户同步。

在本项目中，由于统一用户管理将是以后所有系统的基础，我们把统一用户管理划分为以下三个部分。

1. 用户管理中心

本项目是建设一个复杂的、多业务整合的应用系统，系统涉及的业务模块涵盖了大部分业务，系统最终的用户将达到10万以上。在本方案中，我们提供了一个统一的用户管理中心。通过这个管理中心我们将能够实现对所有业务模块用户的管理、维护，在一个轻松的、直观的界面中简便快捷地完成复杂的用户管理工作。

统一的用户中心对整个应用系统的意义在于：统一了用户管理的入口和出口；极大地减少了系统维护人员的工作量；更加便于统计、分析；为建立统一的业务应用系统提供了基础。

在本项目中，我们为南山区教育局搭建了一个整体的组织架构，在南山区教育局下面根据实际的组织架构搭建了分支机构。这样的架构将确保对本项目中所有用户的统一管理，同时统一用户管理中心为将来业务系统的建设提供了接口。

2. 策略中心

在南山区教育局实际的业务工作中，每一个用户都可能负责多种业务，也就是说每一个用户在本系统中都有可能拥有多个业务模块的操作权限。如果将每一个权限分别分配给不同的用户，那么不仅增加了系统维护人员的工作，而且在今后需要进行调整时也加大了工作量。

本项目将为南山区教育局搭建一个策略中心，该中心将为用户提供一个定义不同角色权限的工具，也就是说可以将不同的权限进行组合，并且将这一组合分配给业务人员。这样不仅能够减少系统维护人员的工作量，同时也为更好地管理不同信息系统提供了一个方便的手段。

根据内部、外部以及移动内部用户不同的登录要求，策略中心还负责为系统提供用户访问策略，如内部用户可以直接采用LDAP认证的方式访问系统，外出的移动用户则必须采用LDAP和USB Key双因素认证才能访问系统，部分临时用户可以通过手机短信授权访问系统，外部用户则可以直接通过Internet无须验证访问外部网站等。这些策略由策略中心统一配置，根据用户不同的属性自动配置，也可以根据需要由管理员个别调整。

对于外部服务用户，可采用LDAP和USB Key认证模式访问系统，对所有的用户配置用户ID和相应的USB Key，保证其访问的数据传输的安全性以及数据提交的有效性。

3. 用户信息同步中心

根据本项目的特点，系统所有的用户分为以下几种类型：

（1）教师。

（2）学生。

（3）家长。

（4）社会人员（包括社区及成人教育及普通公众等）。

（5）行政管理人员（教育局局长、科室主任、科长、科员等，也包括区府、区委及区级职能单位的相关领导等）。

（6）系统管理人员（系统开发维护和管理人员）。

所有用户将通过门户用户管理中心进行集中式统一管理，用户可以手工著录，也可以直接批量导入，由用户发出申请，该申请将直接设置在门户系统上，新用户可以在外部门户启动一个申请表，填写相关申请内容，通过工作流引擎实现内部审批，在资料核实后，通过申请，系统将自动修改用户数据库，更新用户信息。

用户信息同步中心的一个功能是提供一种标准的开发接口，通过标准对象设置用户信息访问对象、属性和方法。外部系统如果需要自己设置一个用户管理或权限管理中心，则可以通过对象和标准接口同步门户用户管理中心的用户数据，包括全同步、增量同步、更新同步等，但是不允许修改门户用户管理中心的用户数据，做到只读不写，维护门户用户管理中心的单一更改入口的统一管理要求，如有修改要求，则必须通过申请程序进行单一修改和批量修改。

（二）统一权限管理

1. 标准授权体系

门户平台将提供统一的授权管理。所谓权限，就是限制用户对指定资源执行指定操作的权力。这种操作称为"Action"。不同类型的资源具有不同的"Action"。授权对象可以是用户、用户组、部门或全体用户。用户既可以对资源类型进行授权，也可以对资源实例进行授权。统一授权管理包括单点登录功能及基于统一目录管理体系的授权服务系统。统一授权管理主要解决的是信息访问的安全问题，只有授权的用户才能访问指定的资源。

2. 本项目的授权管理体系建议

由于本项目中的门户涉及多个业务系统的应用整合，因此在整个标准授权系统的基础上，我们必须考虑本项目的一些特点：

（1）用户角色丰富。本门户的操作用户角色丰富，包括南山区教育局机关及其下属学校、教育机构的行政管理人员、教师、学生以及学生家长、社会公众人员等，因此在授权体系上最好采用面向业务的授权模式。在门户和业务系统中大量引入"角色"权限概念，门户和应用同步"角色"权限，并共同面对角色授权，这样将大大降低整个系统的权限管理难度。

（2）应用业务系统多样化。由于应用业务系统正在统一开发，因此在前一阶段，必须制定好整个权限管理模式标准和规范，这样有利于满足项目同步进行的应用整合要求。

（3）用户数量大。门户系统面向多种用户，用户量巨大，因此必须采用集体授权模式，方便管理和检查，利用对角色、组的管理来实现对一个群体的管理（图3-5-5）。

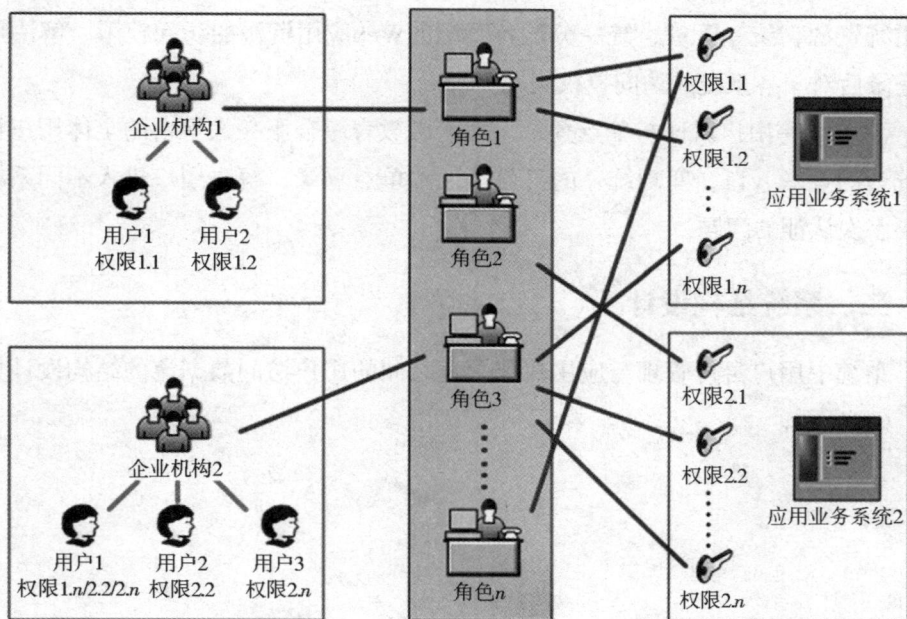

图3-5-5　权限管理模式示意图

第六节　统一身份认证（单点登录）

一、建设目标

南山教育综合服务大平台项目在数据中心总体平台建设中将建立起统一的身份管理与认证平台，实现以下主要目标：

（1）统一用户管理。由平台集中统一管理南山教育综合服务大平台的所有用户信息，全局上保持用户身份信息的一致，形成网内所有应用系统统一认证和单点登录的基础。

（2）用户信息同步。满足各应用系统仍然保有各自用户库的需要，但总体上要求与平台用户信息同步统一，避免用户信息的分散管理，做到用户信息一经修改各处保持同步，解决用户信息多处维护的问题。

（3）统一的应用系统管理与权限分配。整合南山教育综合服务大平台的应用系统资源，统一管理，统一分配各系统的Web应用资源的访问权限，解决用户登录后对于各系统的访问授权问题。

（4）统一用户认证与单点登录。为南山教育综合服务大平台的全体用户提供统一的登录入口，实现统一的身份认证和单点登录，解决用户进入不同系统需要多次认证的问题。

二、系统结构设计

系统中用户身份管理与应用权限管理之间的用户访问数据流的结构设计如图3-6-1所示。

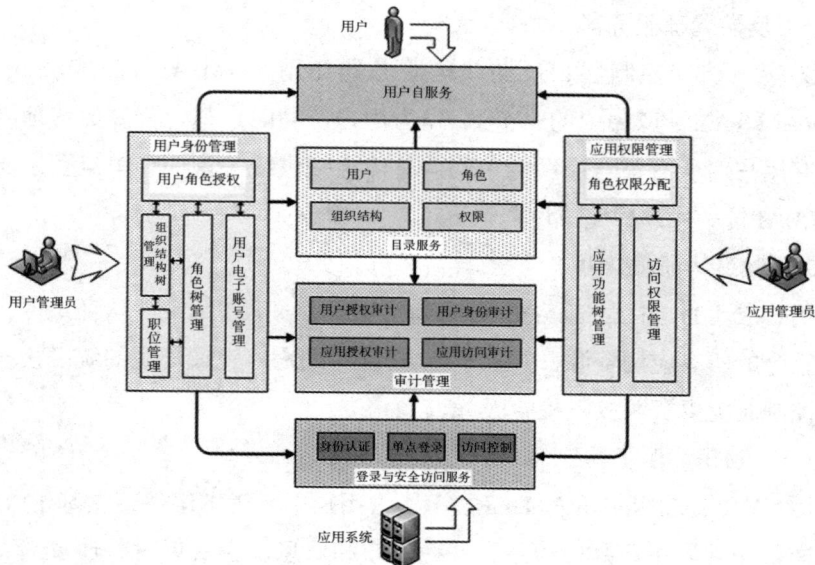

图3-6-1　统一身份认证系统结构设计

三、运行环境设计

整体上，由门户平台为南山教育综合服务大平台内的应用提供统一的入口，用户只需要登录门户系统，即可快速访问各应用系统，避免重复输入密码。通过TIM（Tivoli Identity Manager）用户中心统一管理平台内的用户身份信息，并自动与相关应用系统同步，实现用户身份管理的自动化。用户访问系统认证数据流如图3-6-2所示。

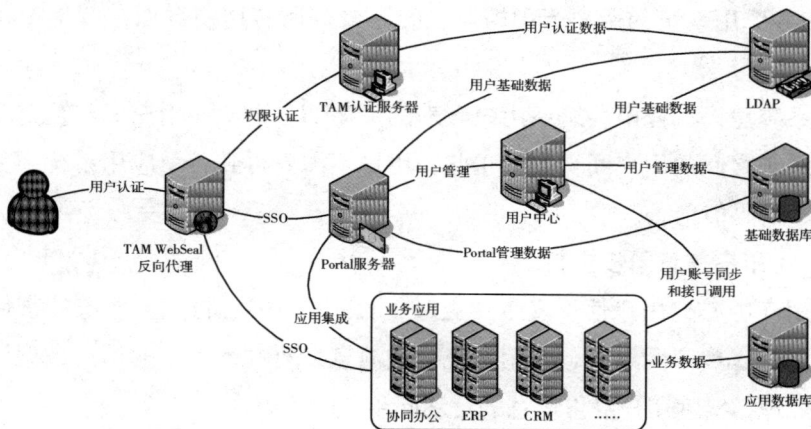

图3-6-2　用户访问系统认证数据流

（一）反向代理服务器

作为统一访问控制层，反向代理服务器使用Tivoli Access Manager for e-business（TAM）产品中的WebSeal作为用户访问门户整合资源的代理组件，代理所有用户对所有整合应用的访问，总体上提供统一认证和单点登录支持，它基于LDAP统一用户库完成用户认证。

（二）TAM认证服务器

使用TAM（Tivoli Access Manager for e-business）作为统一认证组件，它管理门户整合的所有应用资源，并基于LDAP统一用户库完成资源的统一授权，并为访问控制层提供资源权限校验服务。

（三）TIM用户服务器

使用TIM（Tivoli Identity Manager）作为用户中心管理组件，它基于LDAP统一用户库集中管理用户身份信息，并在用户和信息发生变更时，通过消息接口与其他应用系统实现用户数据同步。

（四）LDAP服务器

IBM Tivoli Directory Server提供了一个功能强大的轻量级目录访问协议LDAP（Lightweight Directory Access Protocol），它是部署全面的身份管理应用程序和类似于 Web 服务的高级软件体系结构的基础。

四、统一用户管理

统一认证与单点登录的基础是统一用户管理，由用户中心（TIM）连接Portal和各应用系统的用户管理模块，统一管理所有用户数据，并集中存储在LDAP目录服务器中。

在系统建设过程中，统一用户管理的关键部分是统一用户库与被整合的各个应用系统之间的用户同步，基于此，用户不需要再到各个应用系统中分别维护账号、密码信息。

（一）用户信息同步机制

当用户中心的用户信息发生变更时，TIM用户中心将产生相应的事件，并通过消息推送到应用系统，应用系统接收消息，对本系统中的用户数据做相应的变更处理，实现用户身份信息的自动同步。

（二）用户信息同步实现方式

现有系统和新购系统都需要基于统一的用户库，实现单点登录，但它们一般都具有自己的用户库和管理模块，为实施统一用户管理，各应用系统最基本的开发工作就是实现应用系统的用户管理接口。实现此接口的方法有以下几种，从技术成熟度和开发工作量的角度出发，本项目建议使用第一种——基于TIM的Agent代理程序的方式。

1. 基于TIM 的Agent代理程序

当LDAP中的用户数据发生变动时，用户中心发送用户变动数据到Agent代理程序，Agent代理程序获得用户变动数据，自动同步用户数据到应用系统中。

这种方法比较成熟，只需要在应用系统的服务器端部署TIM的Agent代理程序，就可以直接通过安装Agent代理程序、配置Tivoli Identity Manager的服务等来实现用户信息同步。

2. 直接操作应用系统用户库

直接操作应用系统用户库需要应用系统提供用户库的结构和相关业务逻辑，在用户管理接口中直接操作应用系统用户库中的数据来管理用户。

这种方式适合应用系统中用户库结构比较简单，直接操作用户数据不会对业务数据造成影响的情况。应用系统为TIM用户中心提供数据库结构，由用户中心点对点地基于接口开发操作其用户库。这种方式对于应用系统用户库结构复杂，应用中具有用户缓存直接更改数据无法通知应用，对安全性要求较高的情况则不适用。

3. 应用系统提供接口调用

应用系统提供接口调用需要协作方提供一个用户管理的远程接口，可以使用标准Web Service、RMI或HTTP+XML请求等方式提供，在用户管理接口实现中使用Java进行调用。

作为远程方法调用，也可以根据应用系统的实际情况，将系统中的部分用户管理方法暴露为远程接口。

实现接口相应功能的方法大体参考如下，根据应用系统的实际情况，采用相应的方法（表3-6-1~表3-6-4）。

表3-6-1　String createUser（User user）接口功能方法表

接口方法	String createUser（User user）	
功能简介	创建新用户	
参数说明	user	新创建用户的信息，其中密码属性为明码，由接口实现方法根据应用系统的规则进行加密
返回值说明	用户的唯一标识，一般是用户的登录ID	

表3-6-2　void updateUser（User user）接口功能方法表

接口方法	void updateUser（User user）	
功能简介	更新用户	
参数说明	user	更新后的用户信息
返回值说明	无	

表3-6-3　void removeUser（String userId）接口功能方法表

接口方法	void removeUser（String userId）	
功能简介	删除用户	
参数说明	userId	用户的唯一标识
返回值说明	无	

表3-6-4　void updatePassword（String userId，String password）接口功能方法表

接口方法	void updatePassword（String userId，String password）	
功能简介	更新用户的密码	
参数说明	userId	用户的唯一标识
	password	新的密码，使用明码，由接口实现方法根据应用系统的规则进行加密
返回值说明	无	

五、统一权限管理

（一）应用系统资源管理

管理统一认证体系中需要确定被保护的资源及管理对象。TAM可以管理Web、JSP、EJB、动态URL等应用资源。

对于Web应用，TAM通过与后台Web服务器连接的Smart Junction建立连接，能够自动获取Web服务器上的资源，如HTML、CGI-BIN、Sevelet、JSP、EJB

等，并在TAM的控制台上显示相关的服务器及其包含的资源。管理员可以针对这些资源定义允许的权限策略。

通过TAM可以管理在南山区教育信息系统Web环境中存在的各种各样的Web资源，如：

（1）Web服务器上的静态页面（HTML）。

（2）Web服务器上的动态页面（CGI、JSP、ASP等），如图3-6-3所示。

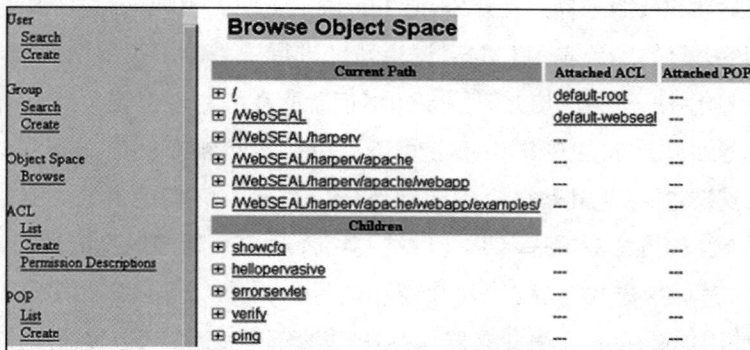

图3-6-3　Web服务器上的动态页面

（3）Web应用服务器（Websphere）上的资源（Servlet、EJB）。

（4）Web门户服务器上的资源（Portlet、Pages、Place等），如图3-6-4所示。

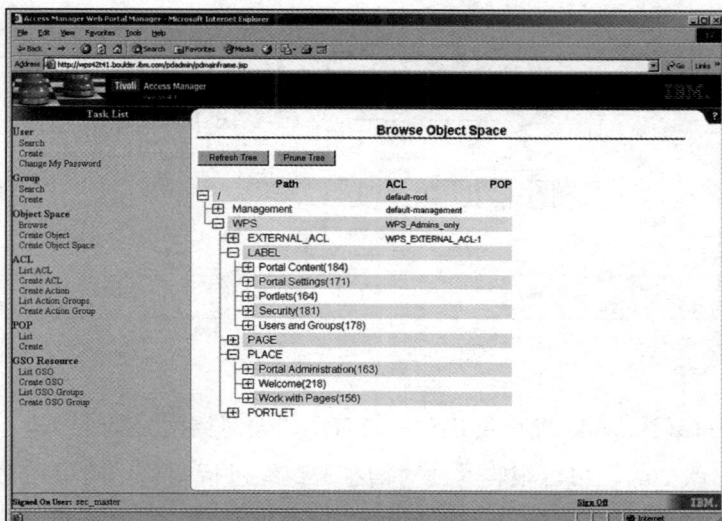

图3-6-4　Web门户服务器上的资源

（二）逻辑Web命名空间管理

为方便用户访问，南山教育综合服务大平台应用系统应统一定义逻辑Web命名空间，其逻辑结构可以根据应用逻辑结构而不一定是物理位置进行规划。这样既可以使用户的访问更加清晰，又可以使信息的管理得到简化。在这一Web命名空间中，内容通过一个URL地址来访问，这一地址反映了应用系统的逻辑结构。当用户对某一资源发出请求（使用URL）时，服务器截获请求并使用TAM与后台Web服务器连接（Smart Junctions）使逻辑地址与其物理地址相匹配，给最终用户的印象是，TAM对逻辑地址进行了翻译，找到用户请求的信息并将其返回给用户——用户并不需要知道信息所在的物理位置。

除此之外，TAM的逻辑Web空间还可以包含可被Web应用程序访问的信息。TAM支持这些应用程序使用的动态URL，允许它们像静态URL一样被管理。这意味着从传统数据库和其他后端应用程序访问到的信息能够得到TAM的安全保护，其保护方式与静态Web资源相同。

系统使用TAM Smart Junctions来促进一种逻辑编址模式的建立，如图3-6-5所示。

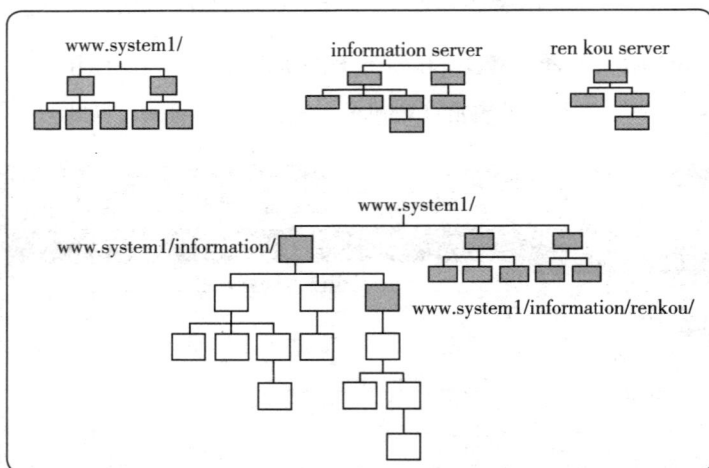

图3-6-5 逻辑编址模式

TAM Smart Junctions允许创建对其最有用的任何类型的地址结构。此外，当应用的需求改变时，可以很容易地对信息的组织进行调整。使用TAM可以重组其Web命名空间而不必在服务器间移动基于Web的信息。

逻辑编址机制还使得网络的改造更加容易。如果信息必须在服务器间移动，或者添加一个新的服务器，Web管理员可以完成这一工作，不过在管理员调整Smart Junctions时，用户永远也不会知道已经发生了变化——除非他们意识到速度变快了，效率提高了。

（三）权限策略管理

TAM的授权以及权限检查是非常重要的一个功能，南山教育综合服务大平台可以根据自身管理流程和应用状况适度选择对这个功能的部署。

1. 策略管理

TAM授权服务只允许用户访问其被授权的信息。TAM授权服务使用了一个中央数据库，该数据库列出了安全Intranet中的所有资源和与每个资源相关的访问控制列表（ACL）。ACL中规定了用户访问、操纵资源所必须满足的条件，如图3-6-6所示。

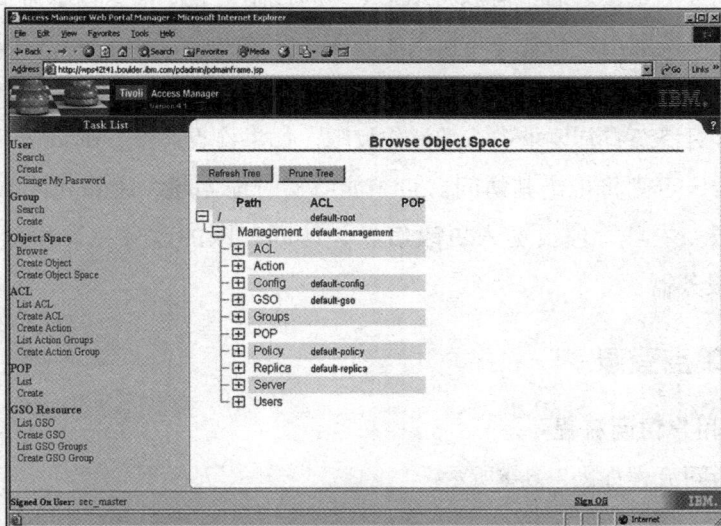

图3-6-6　AM授权服务使用的中央数据库

因此，对于南山教育综合服务大平台自己开发应用系统，TAM已经提供了安全管理平台，可以对应用对象的访问制定安全策略，而不需要各个应用系统自己开发并管理安全信息。

2. 用户授权

TAM直接控制某个用户是否对特定的资源有访问的权力。授权可以根据用户、组的定义来对资源的访问进行。TAM的授权是面向资源对象的，具有继承的关系，即继承结构，如图3-6-7所示。

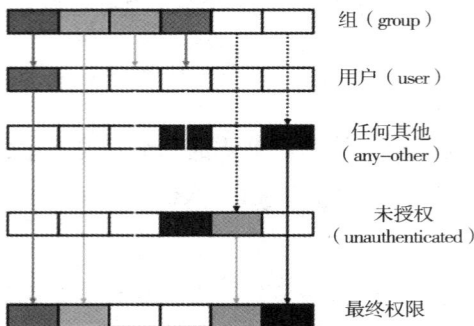

图3-6-7　TAM授权的继承结构

3. 用户权限检查

在访问控制定义之后，可以将ACL（访问控制列表）信息授予需要进行控制的资源，从而实现用户、资源与权限的匹配，完成安全定义。客户端发出访问请求时，TAM根据获得的用户信息，判断该用户是否有权访问其请求的资源，并检查用户是否对资源有其要求进行的操作权限。如果检查通过，则将访问转发给后台的服务器，否则将拒绝其访问。TAM能够实时地创建、废除和修改任意用户的访问权限。一旦管理员键入更改信息，访问权限的改变立即生效，不需要重新启动服务器。

六、单点登录

（一）用户访问流程

用户访问流程如图3-6-8所示。

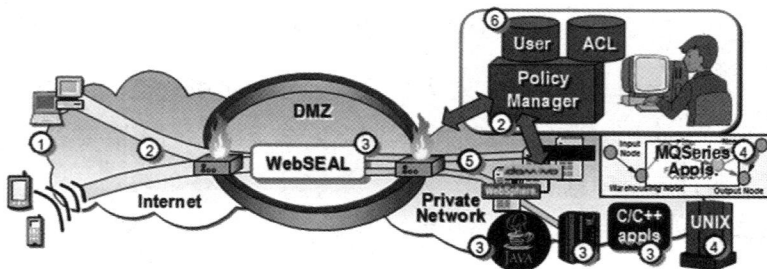

图3-6-8　用户访问流程

在本方案中TAM（包含WebSeal）作为整个B/S结构应用的访问认证平台，其整个工作流程如下：

（1）客户通过计算机、移动设备访问南山教育综合服务大平台的B/S结构应用，访问可以基于HTTP/HTTPS协议。

（2）WebSeal接受、解析访问请求，获得访问的用户信息并进行认证（WebSeal调用TAM认证服务器接口，使用LDAP中的用户数据对用户进行认证）。

（3）认证通过后将用户信息发送到认证服务器上进行用户验证。

（4）认证服务器根据访问的用户信息、需要访问的对象、访问的执行动作进行授权检查，根据返回结果决定对访问请求是放行还是拒绝。

（5）没有权限会退回到一个无权访问的说明界面，如果有权限则继续后面的过程，打开被整合的界面。

（6）如果需要用到单点登录，则由WebSeal采取应用系统支持的某种方式（LTPA、Http Header、Form-Based SSO）传递包含已认证用户安全身份信息的Token（令牌）给应用系统，应用系统只需要接收这个Token，并将此用户作为当前登录用户，即可实现各应用的单点登录（SSO）。

（二）用户认证技术

所有的用户信息都必须存放在TAM所连接的LDAP服务器中，基本用户认证就是基于目录服务器的用户身份认证。此外，TAM提供了一个灵活的身份认证服务，能够通过交叉域身份认证服务（CDAS）与另一种身份认证机制集成在一起。

（三）单点登录设计

统一认证服务器提供综合的基于统一用户管理的单点登录（SSO）支持，使用户能够一次登录成功，并使用同样的统一用户证书了解门户服务器的不同部分。访问不同的门户应用不需要用户多次登录。

所有用户对后台Web资源的访问都需要通过WebSeal来完成，WebSeal可以与所有的Web应用进行集成，也可以和后台的Web应用建立连接，将用户的登录信息传送给应用，同时仍保持对用户的透明。在使用TAM时，用户需要在WebSeal上登录一次，此后，用户就可以通过WebSeal访问自己有权访问的所有基于Web的资源和应用。

利用TAM可以非常灵活地实现单点登录的功能，针对不同的被集成的应用系统，我们会提供不同的单点登录解决方案，下面是一些我们实现单点登录功能的方式：

（1）LTPA。

（2）Form-Based SSO。

（3）HTTP Header。

（4）GSO（Global Sign-On）。

七、单点登录方式

（一）已有应用系统的单点登录

已有系统单点登录表见表3-6-5。

表3-6-5　已有系统单点登录表

序号	系统	单点登录方式	备注
1	邮件系统	Form-Based结合GSO	已有自己现成的用户
2	视频会议系统	Form-Based结合GSO	已有自己现成的用户
3	基础教育科网站	Form-Based结合GSO	已有自己现成的用户
4	教师管理系统	Form-Based结合GSO	已有自己现成的用户
5	网络中心网站	Form-Based结合GSO	已有自己现成的用户
	电教站网站		
	人事科网站		
	小学科学网站		
6	虚拟教研系统	Form-Based结合GSO	已有自己现成的用户
7	教育Wiki	Form-Based结合GSO	已有自己现成的用户
8	学生学籍管理系统	Form-Based结合GSO	已有自己现成的用户
9	教育装备管理系统	Form-Based结合GSO	已有自己现成的用户
10	旧南山教育综合服务大平台	Form-Based结合GSO	已有自己现成的用户

（二）新建应用系统的单点登录

新建应用系统单点登录表见表3-6-6。

表3-6-6　新建应用系统单点登录表

序号	系统	单点登录方式	备注
1	学科质量监控系统	LTPA	使用WebSphere Application Server
2	教育论坛	HTTP Header	已有自己现成的用户
3	教育博客	HTTP Header	已有自己现成的用户
4	网络教学与继续教育平台	LTPA	使用WebSphere Application Server
5	协同办公系统	LTPA	使用WebSphere Application Server
6	三维学区招生系统	HTTP Header	已有自己现成的用户
7	中小学综合素质评价系统	LTPA	使用WebSphere Application Server
8	图书管理系统	LTPA	使用WebSphere Application Server
9	电子图书馆系统	LTPA	使用WebSphere Application Server
10	电子期刊系统	LTPA	使用WebSphere Application Server
11	视频直播点播系统	LTPA	使用WebSphere Application Server
12	资源库集成平台	LTPA	使用WebSphere Application Server
13	特色亮点项目	Form-Based 结合GSO	已有自己现成的用户
14	创新应用项目	LTPA	使用WebSphere Application Server

（三）新建网站系统的单点登录

新建网站系统单点登录表见表3-6-7。

表3-6-7　新建网站系统单点登录表

序号	系统	单点登录方式	备注
1	教育信息网门户网站系统	LTPA	使用WebSphere Application Server
2	中小学学科教研网站群	LTPA	使用WebSphere Application Server
3	教育科研网	LTPA	使用WebSphere Application Server
4	继续教育培训网	LTPA	使用WebSphere Application Server
5	现代教育技术实验室网站	LTPA	使用WebSphere Application Server
6	86所学校网站群	LTPA	使用WebSphere Application Server
7	职能科室网站群	LTPA	使用WebSphere Application Server
8	督导评估网	LTPA	使用WebSphere Application Server

序号	系统	单点登录方式	备注
9	管理类主题网站群	LTPA	使用WebSphere Application Server
10	心理咨询网	LTPA	使用WebSphere Application Server
11	德育网站群	LTPA	使用WebSphere Application Server
12	社区教育网	LTPA	使用WebSphere Application Server
13	成人教育网	LTPA	使用WebSphere Application Server
14	职业教育网	LTPA	使用WebSphere Application Server
15	幼儿教育网	LTPA	使用WebSphere Application Server

八、账号体系建设方案

南山区教育局下属有80多所学校，局机关人员200多人，在校学生有10多万人，教师1万多人，再加上学生、家长和社会公众，有数10万人之多，从人数上来说是一个庞大的群体；南山教育网应用系统包括"五网一库"，11个应用系统，以及教育信息网主网站、18个学科网站、86所中小学网站在内的15类网站或网站群系统，另外还有原有的10个系统，从系统数量上来说是一个资源众多的系统。这个系统是面向基础教育领域的，人员层次多，其中学生从幼儿园到高中，其信息化知识掌握的水平参差不齐。我们都知道使用一个系统，第一步就是要进入系统，而进入系统的手段通常是输入账号和密码，而账号和密码的获取通常是在系统的帮助下由用户注册生成的。这种方式对于掌握一定的计算机知识的青少年以上人群用户是可行的，并且这种注册行为还是一种自发的行为，是自己的兴趣爱好来驱使的。要进入系统先进行注册本身就是给信息系统设置了一道门槛，面对南山教育网的应用目标再结合南山区基础教育的人员情况，我们认为应尽量降低这一门槛，系统能自主完成的，就让系统完成，后台能由管理人员完成的，就让管理人员完成，对于用户来说只需要很少的信息知识、很少的操作就可以获取账号和密码，就能进入南山教育网应用系统。

基于上述分析，建立一套适用于南山教育网应用系统的账号管理系统将是系统建成后快速见效的关键。我们的设计理念是采用系统自主方式，将从学籍管理系统、教师管理系统、人事管理系统获取的人事信息，按照一定的账号生成规则，为南山区每一个人员生成一个内部账号，而外部账号即登录用的账号，学生用学号，教职工用教职工号，而初始密码用每一个人的出生年的后两位加上月加上日来生成，这样学生和教职工就可以很方便地进入南山教育网。

（一）账号体系概述

1. 账号的定义

账号是用户需要系统提供服务前与系统进行有关协议确认后，由系统发放给用户的一种标识符，用户凭此标识符可以向系统发起服务请求，系统通过此标识符完成与用户的交互。账号和密码是不可分割的开闭系统的两个组成部分。在一个系统中账号具有唯一性。用户通过账号和密码方能进入系统，系统通过账号来决定给用户开放相应的服务。用户与系统进行的所有信息交互都以账号及用户操作的行为和信息存在系统中，作为事后追溯的通行证。管理人员通过账号对用户进行管理。当多人都有此系统中的账号时，账号持有人借助系统的账号，实现相互间的信息和服务的交互。设置账号是系统对自身和用户的一种保护。

2. 账号和用户的关系

账号是用户在系统中的名字，是现实世界的用户在数字世界中的另一个名字，这两个名字具有等同性。系统一般会认为账号和密码匹配后进入系统的这个操作者就是用户本人。

3. 账号的编码格式

（1）用户自助编码。用户可根据自己的喜好进行账号的编码，可以是字符、数字、汉字等，但编码长度一般有限。

（2）系统规则编码。系统有多种规则，由系统设计者定义，具有普适性的是单位代码+用户记忆码+序号+校验位。

4. 账号的设置方式

（1）用户自主方式。用户自主按系统提示输入相关信息，由系统生成账号。

（2）系统自主方式。系统根据已获悉的用户信息，按规则自动产生账号，并发放给用户。

5. 内外部账号的关系

账号具有内外部之分，内部账号是系统用的，而外部账号是供用户记忆用的，用户通过外部账号和密码进入系统。内部账号具有唯一性，且具有永不可变性。而外部账号也具有唯一性，但它具有短暂不可变性。在一般的小系统中内外部账号具有一致性，即内部账号和外部账号是一样的。但大系统中的内外部账号具有不一致性，外部账号通常是简短的、便于用户记忆的，而内部账号是系统内部用来记录的。

6. 账号和密码的关系

账号和密码是不可分割的一个开闭系统的两个组成部分，账号像锁，密码就像钥匙，只有账号和密码匹配才能形成一个完整的开闭系统。

（二）用户身份类别规划

针对南山教育网应用系统的特点，结合我们多年在教育信息化方面的经验，按如下方式对身份进行分类（表3-6-8）。

表3-6-8　用户身份分类表

身份类	适用人员	教育网初始登录账号	系统功能	备注
学生	幼儿园	学校代码+个人学号	按角色授权	
	学前班			
	小学			
	初中			
	高中			
	中专			
	大专			
	其他			
教职工	教师	学校代码+教职工号	按角色授权	
	行政人员			
	技术人员			
家长	学生家长	9+学校代码+学号	按角色授权	初始密码是学生的密码
公众	公众	无	无须授权	
特殊	临时来南山工作人员	单位代码+临时工号	单独授权	

（三）账号和密码编码规则

1. 内部账号编码规则

内部账号又分为统一身份认证账号和内部交易账号。统一身份认证账号是用户向账号管理中心报修时唯一沟通用的账号，通过该账号维护人员可以很清楚地识别其身份，以便提供更具针对性的服务。内部交易账号主要用于系统内部操作，它不对外显示。内部账号具有唯一性，一旦生成不可变更。

（1）统一身份认证账号。统一身份认证账号是18位数字型字串（表3-6-9）。

表3-6-9　身份认证账号

单位代码（2位）	身份类型（2位）	个人代码（13位）					校验位（1位）
举例：南山区							
05	00：教工	教工号13位					
		×××学校代码（3位）	个人序号（不足10位补零）				
	01：特殊	特殊号13位					
		×××学校代码（3位）	个人序号（不足10位补零）				
	02：学生	学号13位					
		×××学校代码	××××年度	×学段	×学制	××××流水号	
	03：家长	借用学生学号13位					
		×××学校代码	××××年度	×学段	×学制	××××流水号	
在系统参数设置中	人事资料中必备的						系统自动产生

（2）内部交易账号。内部交易账号主要用于系统内部操作，它不对外显示，它是LDAP真正存取和访问的账号（表3-6-10）。

表3-6-10　内部交易账号

名称	类型	长度	起始值	算法	备注
内部交易账号	数字字串	小于等于20位	从10001起	递加方式	不足20位，按实际位数植字串

2. 外部账号编码规划

外部账号是便于记忆的账号，是每一个人登录南山教育网应用系统的账号，即登录输入的账号，也叫显示账号。外部账号有且仅有一个，一个人不允许有多个外部账号。

（1）初次登录的外部账号。为了便于南山教育网用户登录，学生采用学校代码+学号，教师采用教职工号，家长采用9+学校代码+学号（表3-6-11）。

表3-6-11　初次登录外部账号表

名称	类型	长度	规则	备注
初次登录的外部账号	数字字串	小于等于13位	学校代码（3位）+学号（或教职工号）	学号=年度（4位）+学段（1位）+学制（1位）+流水号（4位）

（2）个性化的外部账号。登录后的用户可以在个人首页进行个性化的账号设置（表3-6-12）。

表3-6-12　个性化外部账号

名称	类型	长度	规则	备注
初次登录的外部账号	任意字串	大于等于6位、小于等于20位	英文字母或阿拉伯数字	中间不能空格，不能使用特殊字符

3. 密码编码规则

密码为6位数字。

（1）初次登录时使用的密码。初次登录时使用的密码从个人的生日中抽取，其规则如下（表3-6-13）。

表3-6-13　初次登录密码

年	月	日	范例
年的后两位	月数字，不足两位前补零	日数字，不足两位前补零	某人生日1996年10月8日，则密码是961008

（2）修改后的密码（表3-6-14）。

表3-6-14　修改后密码

名称	类型	长度	规则	备注
修改后的密码	数学字串	等于6位	阿拉伯数字组成	

（四）账号生成流程描述

账号生成工作是在人事信息采集的基础上展开的，在采集人事信息后按单位进行账号生成和检查，检查完成后，即进行账号的注册和发行。其工作流程如图3-6-9所示。

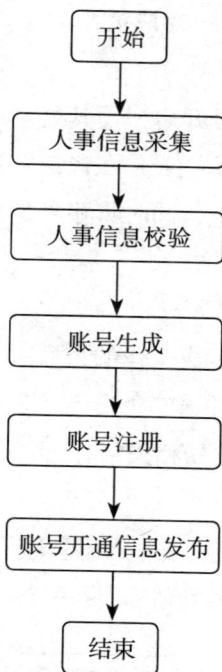

```
        ┌────────┐
        │  开始  │
        └────────┘
            ↓
    ┌──────────────┐
    │  人事信息采集  │
    └──────────────┘
            ↓
    ┌──────────────┐
    │  人事信息校验  │
    └──────────────┘
            ↓
    ┌──────────────┐
    │   账号生成   │
    └──────────────┘
            ↓
    ┌──────────────┐
    │   账号注册   │
    └──────────────┘
            ↓
  ┌──────────────────┐
  │  账号开通信息发布  │
  └──────────────────┘
            ↓
        ┌────────┐
        │  结束  │
        └────────┘
```

图3-6-9　账号生成流程

1. 人事信息采集

人事信息是从学生信息主题库和教师信息主题库中采集的，学生信息主题库和教师信息主题库的信息是从数据中心的数据交换服务器——深圳市学籍管理系统和南山区教师管理系统获取的。我们再将这两个主题库的信息导入人事基本信息表中，为每一个教师和学生在人事基础信息表中生成一条记录，并分配唯一的人事ID。人事信息采集时，同时建立人员与单位、人员与身份、人员与证件的关系。家长信息无须采集。

2. 人事信息校验

人事信息校验的核心是按单位展开的，主要校验学号、教职工号、出生日期是否为空。如果为空则报出校验不通过的数量和明细，以便系统管理人员检查。

3. 账号生成

人事信息校验通过后，可以按单位批量生成账号。账号生成工作包括内部账号生成、外部账号生成、初始密码生成，并写入账号信息表。账号生成后可按单位人事信息查询账号生成情况。其中学生账号生成时，生成相应的家长账号，家长账号与学生账号建立唯一对应关系。

4. 账号注册

账号注册工作主要是将账号开启，使其处于可使用状态。账号生成时，账号并没有使用权，账号注册工作主要是在账户信息表中写入注册日期、启用类型、启用日期、使用期限等信息，同时将账号信息表中的主要信息写入统一身份认证服务器。

5. 账号开通信息发布

账号开通信息发布是账号生成工作的最后一步，开通信息可以在门户网站上发布，也可按单位电话或邮件通知负责人。发布时说明登录账号、初始密码规则、账号个性化和密码个性化的相关事宜。

（五）系统功能结构设计

账户管理系统由三个子系统组成：人事管理子系统、账号管理子系统、权限管理子系统。这三个子系统使账号管理形成了一个完整的体系，如图3-6-10所示。

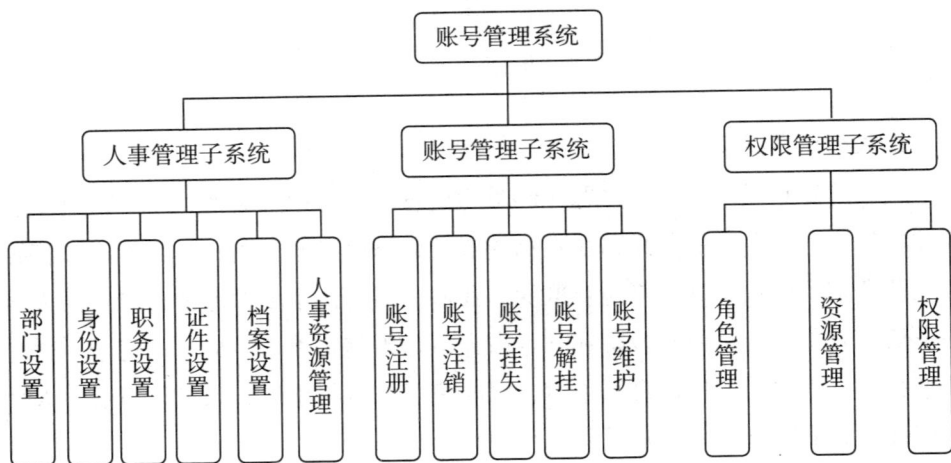

图3-6-10　账号管理完整体系

1. 人事管理子系统作用

人事信息资料的管理是账号管理体系的基础工作，它对学生人事信息和教职工信息具有管理职能，提供人事信息查询、修改、统计、增加、检验、账号查询等功能。

2. 账号管理子系统作用

账号管理子系统是整个账号管理体系的核心，它具有账号的生成、注册、注销、挂失、解挂、维护等功能，同时还具有向LDAP导入账号的功能，是账号管理人员的主要工作系统。

3. 权限管理子系统作用

权限管理子系统是账号管理的辅助部分，它主要负责角色管理、资源管理、角色与资源关系建立、权限分配。其中权限分配包括身份权限授权、岗位权限授权和用户授权。

第四章 基于云服务的教育综合大平台

随着以云计算、大数据为代表的智慧技术在全球范围的迅猛发展，全球迎来了一波教育信息化的投资高潮、建设高潮和思想发展高潮。《2014年地平线报告》认为，近期趋势是社交媒体日益普及，在线学习、混合式学习和协作学习不断整合；中期趋势是基于数据学习与评价的兴起，学生从教学消费者转变为创造者；长期趋势是应对变革的敏捷方法，在线学习能够根据需要整合多媒体和技术。

智慧教育是教育信息化未来的发展方向。自从IBM公司提出"智慧城市"的概念后，世界各地都在积极建设中。智慧教育是智慧城市的重要组成部分。IBM提出智慧教育的五大路标，即学生的技术沉浸，个性化、多元化的学习路径，服务型经济的知识技能，系统文化资源的全球整合，对21世纪经济发展起关键作用。

《国家中长期教育改革和发展规划纲要（2010—2020年）》提出，"信息技术对教育发展具有革命性影响，必须加以高度重视"。《教育信息化十年发展规划（2011—2020年）》核心项目是推进"三通两平台"（校校通宽带网络、班班通优质资源、人人通学习空间、教育管理平台与教学资源平台）。

2013年，《南山区教育质量攻坚五年行动计划（2013—2018年）》是打造教育"南山质量"的行动纲领。这份计划再次强调了"坚持价值引领，不断推动教育观念革新""做好'两区'实验，全面推进教育信息化""推进教育云服务平台建设，开展'一对一学习平台''无线智能教室''移动学习终端''多元智能测量'等信息化项目的实验研究和应用推广"。

随着社会的发展和无线网、物联网、云计算等信息技术的变革，人们对信息技术的重要性、使用方式以及资源的最大化利用等认识水平又有了新的提高。尤其是近年来云计算技术的不断成熟和全社会的共同推进，设施即服务、软件即服务、平台即服务等已由最初的理念变成我们工作、生活、学习离不开的一部分。南山区教育局这几年在云计算应用方面也做了大胆探索，如平板电脑学习终端实验、云端课堂教学实验、电子书包实验、智能化互动课室建设都取得了一定的成效，为南山区教育局率先在全区、全深圳市利用云计算技术促进教育信息化建设积累了经验。

在这样的技术发展和政策背景下，建设第二代"互联网+教育"大平台，是云计算等信息化技术发展的必然，是南山区教育发展的需要，也是教育部教育信息化试点区建设的重要内容。第二代"互联网+教育"大平台建设是在原来的教育城域网和第一代"互联网+教育"大平台的基础上运用云技术进行的改造升级。第二代"互联网+教育"大平台是南山区教育信息化的又一个新的台阶，第二代"互联网+教育"大平台建设形成了具有南山区教育特色的全国领先的教育云服务体系，使南山区教育现代化始终处于全国的最前沿。我们把第二代"互联网+教育"大平台称为"南山教育云平台"。

第一节　云平台建设总体思路

一、总体思想

南山教育云平台建设是在原来的教育城域网和第一代"互联网+教育"大平台的基础上运用云技术进行的改造升级，南山教育云平台是南山区教育信息化的又一个新的阶段。南山教育云平台不仅是一个基础设施的建设工程，还是一个能力体系的建设工程，有用户、机制的设计。南山教育云平台的建设将使信息化工作从边缘走向中心，将助力破解教育现实难题，将转变教与学的方式和管理流程，将提升教师的素质，提升学生解决问题的能力；将直接针对教育难题展开。南山教育云平台的建设定位如下。

（一）依托南山教育云平台，打造南山区教育核心能力体系

南山教育云平台的建设是以对第一代区域教育综合服务大平台上教师、学生、家长、行政人员的信息应用行为的重新梳理和归类为基础的。云计算将一切皆服务作为其核心思想，所有的云终端客户不再是信息实体的所有人，信息数据实体和信息应用实体都在云服务端。所以说南山教育云平台的建设是对南山区所有教师、学生等信息应用行为的一次梳理。不应把南山教育云平台简单视作一个技术项目，而应将其视为一个能力体系的建设项目，包括各种政策机制设计、软件设计、应用能力提升计划等。

（二）助力解决南山区教育问题，破解教育难题

南山教育云平台的建设不应该仅仅作为一个纯粹的IT项目，而应该在建设时考虑到目前教育教学存在的问题、难题，瞄准这些问题和难题进行规划和设计。

（1）教育均衡与公平问题。南山区地域分布较广，地区之间的经济发展不均衡导致学校发展不均衡、协同难度大。利用先进的信息技术手段缩小校际的发展不均衡，既是区域建设的重点工作，也是本次建设需要认真考虑的问题。

（2）资源共享与重复建设问题。各学校建立了很多资源，但是受一些技术和非技术因素的影响，校际资源共享难，学校重复建设的项目很多，造成了较大的浪费。

（3）教师教学问题。在教师教学与教研方面，新技术环境下产生的新的教学模式、教学方法很多教师并没有完全掌握。作为全国领先的示范区，南山区也产生了很多优秀的课例和教师，但如何发挥他们的带动作用是急需解决的问题。

（4）学生学习问题。如何做到校内有教育、校外有学习，真正实现人人通，实现泛在学习、无缝学习，是需要研究的课题。

（5）学校与家长。在取消移动等公司提供的收费校讯通之后，学校和教师如何与家长进行沟通，特别是对学生具体情况的深层次沟通，是需要解决的问题。

（6）管理问题。上级教育主管部门与下级学校存在信息不对称、流程不统

一、数据多头重复填报等问题，如何在新的技术条件下实现决策科学化、管理人性化、沟通便捷化，是又一需要解决的问题。

（7）社会服务。教育局和学校对社会的服务存在信息不公开、品牌不集中、社会难认知等问题，通过本次建设需要拉近政府部门与社会公众之间的距离，形成良好的互动。

（三）南山教育云平台以近年来一些新的教学方式探索成果实现落地为目标

南山教育云平台的建设应以近年来一些新的教学方式探索成果实现落地为目标。近年来，平板电脑学习终端实验、云端课堂教学实验、电子书包实验、智能化互动课室已在南山区一些学校进行了探索并取得了一定的成果，而这些成果应迅速在全区普及，从而带动全区教育水平的总体提升，所以南山教育云平台建设应通过云计算技术使这些成果得以落地。

（四）南山教育云平台面向未来、以人为本，适应各类终端的需要

南山教育云平台的建设应体现面向未来、以人为本的理念。随着社会的进步和技术的发展，人们在工作、学习、生活中获取信息和使用信息除了PC终端之外，还有多种智能终端，而且随着技术的发展还会有各类其他终端的出现，所以南山教育云平台应能满足各类终端的需要。

（五）南山教育云平台建设走集约建设、绿色建设、长效建设、精确建设之路

南山教育云平台的建设要对多年来信息化建设投入购买的软硬件资源进行盘点，实现资源最大化利用，从而使信息化建设走上集约建设、绿色建设、长效建设、精确建设之路。云计算技术是对传统信息系统静态观的彻底革命，是对弹性的、动态的、可伸缩的信息系统动态观的体现。不是每一个系统都需实时运行，不是一个空间中只能有一个系统运行，通过合理的策略我们总是可以使有限的运行空间发挥最大的价值，通过合理的策略我们总是可以立刻唤醒沉睡的系统来满足人们的使用需求，通过合理的策略我们总是可以提供更多的运行空间来运行同一个系统以满足集中时点上同类型的海量请求。所以南山教育云平台的建设应是信息系统动态观理念的推动者。

南山教育云平台借助云计算技术进一步盘活现有的设备、现有的资源，使其发挥更大的价值。南山教育云平台的建设应是对南山教育综合服务大平台的技术改造，而不是推翻。对现有的电子图书、电子期刊、资源库、视频教材中涉及存储的部分，可以改造成云存储的方式，这样可以实现高速访问和快速关

联查询；对现有的行政办公系统和考试阅卷系统，可以改造成云计算的方式，这样可以实现高峰期计算资源的充分利用。

二、建设原则

（1）技术先进性。云计算领域各项技术及产品均处于一个快速发展期，南山教育云平台技术的前瞻性和先进性须在设计方案中得到充分考虑，以符合主流技术发展趋势。方案总体架构以及产品能够切实满足南山区教育信息化发展的需求，同时，还应具有良好的扩展性和升级能力，使系统能顺利地实现向更新一代设备、技术平台的平滑升级。

（2）开放性兼容性。由于应用的复杂性和多样性，云计算数据中心设计应遵循有关的国际标准和行业规范，可以架构兼容国际、国内主流厂商的设备、技术及产品方案，包括国产操作系统等。

（3）可扩展性。南山教育云平台的建设是一个持续的过程，并非一次建成一劳永逸。系统设计应为今后系统扩展和集成留有扩充空间，支持硬件、系统软件及应用软件多个层面的扩展，在满足建设单位现有需求的同时，为业务的进一步发展提供良好的扩展能力。

（4）可运营性。南山教育云平台将建成一个可持续运营的服务平台，对平台的各部分设计均应充分考虑平台的运营需求，并将云平台的运维运营体系作为设计的一个重要部分，为日后的运维需要和运营的建设打下良好的基础。

（5）安全性。在方案设计上应充分考虑系统的安全性和可靠性，包括物理安全、主机安全、业务安全、数据安全等。

三、总体目标

南山教育云平台总体建设目标可以概括为建设云服务基础能力，打造三类环境，完善四方面应用，服务五类用户，如图4-1-1所示。

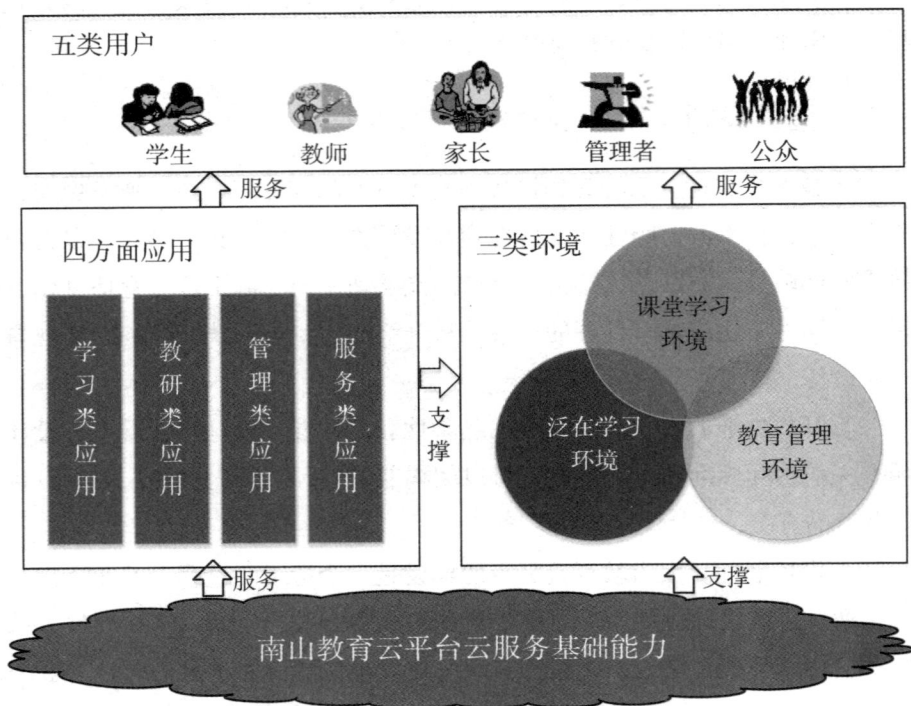

图4-1-1　建设目标

　　南山教育云平台是促进教育均衡、完成教育信息化区域发展任务的重要保障。首先要建设完成南山教育的云服务基础能力建设，在云服务的支撑下，完善四方面的教育应用，包括学习类应用、教研类应用、管理类应用和服务类应用。通过这些应用，打造课堂学习环境、泛在学习环境和教育管理环境，最终满足学生、教师、家长、教育管理者和公众的教育学习需求。

　　南山教育云平台建设的具体目标包括以下几个方面。

（一）建设一个区域教育云中心，提供高效率、低成本的基础服务

　　本项目会将目前所有第一代区域综合服务大平台能迁移的应用系统都迁移到虚拟机上；核心应用与数据库采用实体机与虚拟机并存的方式；部分需要安装客户端的应用系统做成虚拟化应用；学校的网站与资源所需要的服务器由教育局中心机房分配管理；逐步弱化学校的实体服务器的管理与维护，从而降低中心与学校的建设与运维成本。

　　本项目需要将南山教育云平台与省、市两级教育云有效整合，既体现共性，又彰显特色：共性是教学优质资源互联互通，特色是南山区本区域的课堂教学模型与学生个性发展。

（二）持续改进学习类应用，支持建构泛在学习环境和课堂学习环境

本项目会搭建一个泛在、智能、实用的教学云环境，支持师生开展学习、分享与互动，优化课堂教学，推进信息技术与学科教学的深度融合，实现教学的创新。具体包括支持课堂学习与学生数据采集的智慧课堂学习平台、支持课外学习的无缝学习平台和开放课程选学平台、支持日常学习活动的学习工具集、支持个性化推荐的资源超市系统等。

（三）打造良好的网络教研环境，支持教师网络协同教研

具体项目包括建设协同教研平台、协同备课平台，在现有网络空间中推广教师工作室等。

（四）建立基于大数据的智能化管理平台，提升教育行政管理水平

本项目利用大数据分析技术，在科室基础数据云的基础上，建立教育决策支持系统和学业质量监测与评估系统，并可以通过移动办公系统开展日常的行政管理工作。

（五）全面实现人人通，提升教育部门的公众服务能力

本项目会对目前的个人空间进行升级，建成一个集个人网络知识管理、网络社交、自主学习与教学互动于一体的网络人人通空间；同时为家长提供家校互联服务、教育地图服务，为学生提供校园No.1特色服务，为教师提供教育云盘服务；通过体贴入微的服务，带动南山教育网的发展。

（六）建设三大门户，服务五类人群

根据国家"三通两平台"的要求，我们将建设教育资源公共服务平台、教育管理公共服务平台。本项目会将目前南山教育综合服务大平台按宣传、服务、政务管理与教学应用、资源建设等功能分离，建成南山教育网与南山教学网。将现有的综合服务大平台及其相关应用系统改版升级，以及根据发展需求新增一些应用系统；同时建设南山移动教育门户，支持平板、手机等多种智能终端的使用。

（七）开展应用推进与示范项目，实现教育信息化项目的应用价值

根据教育均衡发展的需求，我们可以在传统薄弱学校开展一系列信息技术与课程整合、学科跨越式发展等用信息技术促进义务教育均衡发展的示范项目。在传统优势学校，可以利用信息技术的最新发展成果推动教育教学变革。在全区层面，进行资源共建与共享，整合全区的优秀教育资源；在教师发展层面，通过开展一些教学研究项目，提升教师的信息化应用水平。

第二节　平台总体架构

一、建设需求

（一）优化基础设施，降低成本，弱化校园机房建设

目标：将目前所有能迁移的应用系统都迁移到虚拟机上；核心应用与数据库采用实体机与虚拟机并存的方式；部分需要安装客户端的应用系统做成虚拟化应用；学校的网站与资源所需要的服务器由教育局中心机房分配管理；逐步弱化学校的实体服务器的管理与维护，从而降低中心与学校的建设与运维成本。

计划：购买两组刀片机，利用VMware虚拟软件，虚拟出200多台服务器，将现有应用进行迁移，闲置出的服务器采用集群管理，可以用来做师生云盘、虚拟应用和虚拟桌面以及学校的服务器。

（二）通过大数据建设理念实现教育管理与教学资源两平台建设

目标：将目前南山教育综合服务大平台按宣传、服务、政务管理与教学应用、资源建设等功能分离，建成南山教育网与南山教学网两个平台。

计划：利用大数据的管理与应用理念、基础层的数据中心共同建设，数据统一管理。在应用层，按照服务对象的需求，把各应用系统的不同功能模块分开集成与呈现，建设为一个服务于市民，发挥宣传、民生服务与政务管理作用的南山教育网；另一个服务于教师、学生与家长，发挥资源自主推送作用的南山教学网。

（三）搭建移动门户支撑平台，支持多种类型的终端应用

目标：将现有的南山教育综合服务大平台及其相关应用系统改版升级，以及根据发展需求新增一些应用系统，要求支持PC、平板和手机等多种终端访问。

计划：利用云存储技术，将底层数据集中存储，各应用系统前端升级改

版，支持PC与智能终端，可以采用App或Web询问方式开展自主学习与工作。

（四）建设学习资源超市，推进学习变革

目标：建成一个集学习资源、学习软件、学习工具于一体的平台，学生根据自身需要，自主选择，实现学生个性化学习、自主测评、过程记录与跟踪评价。

计划：搭建一个集学生的学习电子资源（如电子图书、电子期刊、配套教学资源）、工具书（如电子字典、英汉词典等）、小软件（如在线口算、在线记单词等）、小工具（如概念图、录音工具等）、测评软件（如自适应学习平台等）于一体的学习资源超市，学生可以根据自己的需求自主开展学习、测评等。

（五）构建教学云平台，优化课堂教学

目标：搭建一个泛在、智能、实用的教学云平台，支持师生开展学习、分享与互动，优化课堂教学，推进信息技术与学科教学的深度融合，实现教学的创新。

计划：搭建一个融教师教研、备课、课堂教学以及学生课前自学、课中互学、课后拓学于一体的教学云平台，如图4-2-1所示。

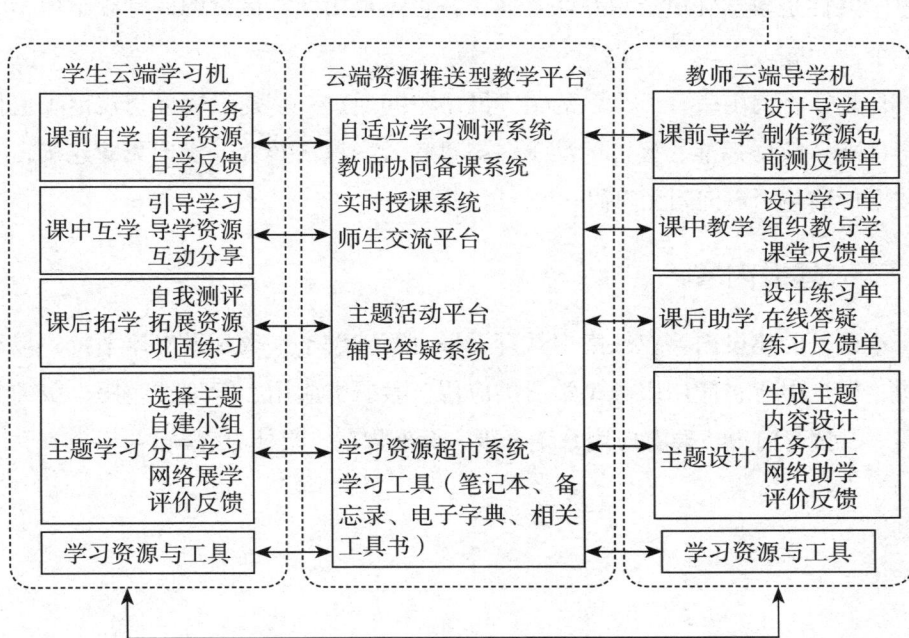

图4-2-1　教学云平台架构

（六）引入社交网络理念，丰富网络学习空间人人通功能

目标：对目前的个人首页进行升级，建成一个集个人网络知识管理、网络社交、自主学习与教学互动于一体的网络学习空间。

计划：将整个南山教育云平台的所有应用系统以最小的功能为单位分成一个个小模块，再根据用户的类型、需求，将这些小功能模块以Portal的形式集成，生成不同类型的个人网络空间。

知识管理空间：网络硬盘、教育博客、电子邮箱、个人资源中心、学生成长档案袋等。

社交网络空间：好友圈、好友关联性、信息传递等。

教学互动空间：云端资源自主推送教学平台、资源库整合平台、仿真实验、网络课程、虚拟教研、名师课堂等。

自主学习空间：学习资源超市（包括电子期刊、电子图书、图片库、英语爱听说、自适应测评系统、小型的学习工具与软件、学习工具书等）。

（七）根据云服务的开放性，做好与粤教云、深圳教育云的整合

目标：将南山教育云与省、市两级教育云有效整合，既体现共性，又彰显特色。共性是教学优质资源互联互通，特色是南山区本区域的课堂教学模型与学生个性发展。

计划：将南山教育云平台的个人网络空间通过一套建设标准与规范（包括用户标准、数据标准、接口标准），与粤教云、深圳教育云实现无缝连接，实现数据传输与用户询问无障碍。

二、建设内容

本项目的建设内容包括南山教育云平台基础设施、教育云支撑平台、教学资源、用户中心、应用服务（学习类应用、教研类应用、管理类应用、服务类应用）、教育门户、原有应用系统升级、标准规范，具体见表4-2-1。

表4-2-1　项目建设内容

类别	建设（升级）内容功能说明
南山教育平台基础设施	新增两组刀片机，虚拟出200多台虚拟机，构建应用服务器集群
教育云支撑平台	服务器虚拟化软件、服务器虚拟化管理软件、云服务平台管理软件、云计算分布式存储软件、数据库软件、Portal升级、服务器操作软件、数据交换与采集、大数据分析、用户中心、集成规范、统一用户服务
教学资源系统	教育资源云平台、电子图书、电子期刊、视频直播点播系统
用户中心	统一用户中心管理、用户权限的集中管理、角色的定义、用户的同步等
学习类应用	学习超市、师生阅读系统
教研类应用	网络知识系统、学科网群
管理类应用	移动办公系统、图书馆自动化系统、学生成长档案袋管理系统、学业成绩管理系统
服务类应用	教育微信平台、问卷调查
教育门户	Web门户、移动门户，与其他系统的集成
原有应用系统升级	对目前没有升级的20多个应用系统须集成部署到新的南山教育云服务平台上
标准规范	教育云元数据标准、教育云数据共享标准、教育云互操作标准、教育云认证与授权标准、教育云应用规范

三、总体架构

南山教育云平台总体架构图如图4-2-2所示，图中灰色表示第一代区域综合服务大平台已有一些系统，可以进行一些改造工作，灰色表示南山教育云平台需要新建设的重点。

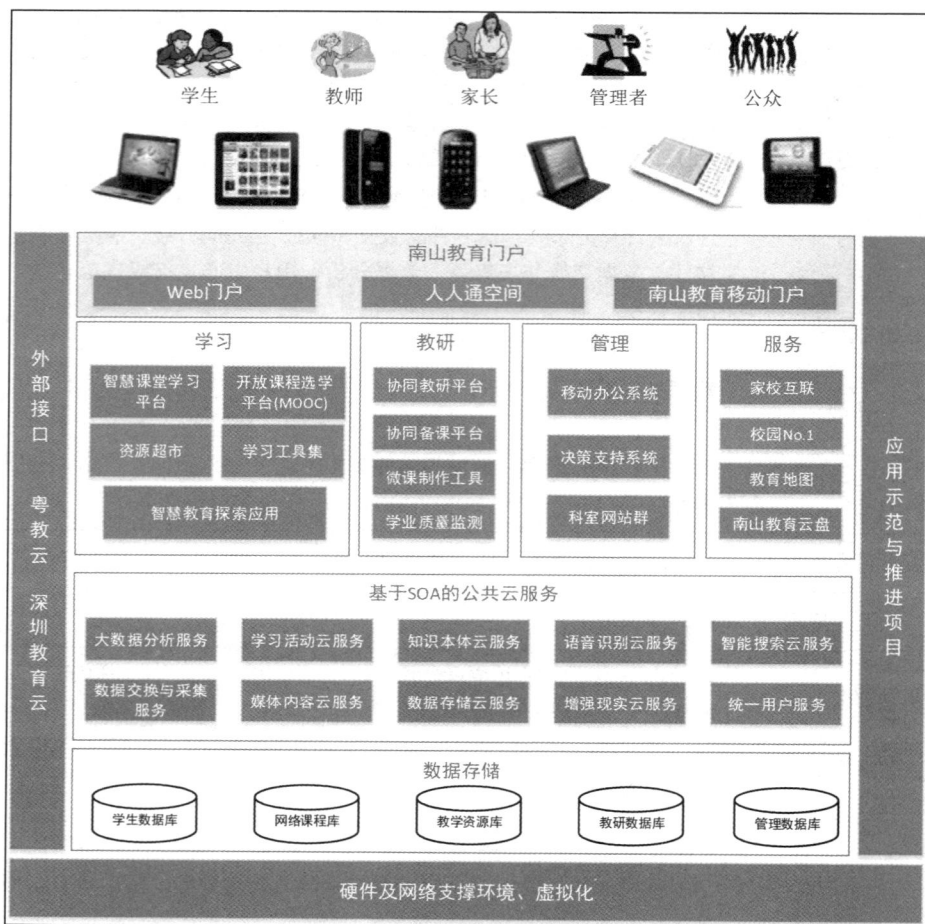

图 4-2-2　总体架构图

（一）用户

用户层是所有访问系统的终端用户集合，根据用户类型的不同，将本项目的目标用户划分为五类，包括学生、教师、家长、教育管理人员和公众。

（二）终端

用户访问系统时使用的各类终端设备包括PC、笔记本、平板电脑、移动手机设备以及物联网电视等。

（三）门户

门户层主要体现两个门户：教育资源公共服务平台（南山教学网）、教育管理公共服务平台（南山教育网）。两个公共门户平台对外提供统一的教学与教育管理服务。

（四）应用

应用层是建立在云服务基础上的一个为用户提供直接使用界面的系统功能群组层，按照目标用户和应用场景不同，可以划分为：

（1）学习类应用。为学习者提供方便的应用系统，包括智慧课堂学习平台、开放课程选学平台、资源集成与推送平台、无缝学习支持系统、学习工具集、增强现实学习系统。

（2）教研类应用。为教师教研、进修提供的应用系统，包括协同教研平台、协同备课平台和教师培训平台。

（3）管理类应用。为学校管理部门、教育局提供的应用系统。在原有协同办公平台的基础上进一步研发基于移动终端的移动办公平台、基于大数据分析的决策支持系统，在现有阅卷系统的基础上研发学生学业质量监测与评估系统，以及为科室间数据融合提供帮助的科室网站群系统。

（4）服务类应用。为家长、公众提供的公共服务和师生日常教学中所需的基础性服务，包括家校互联系统、人人通空间、教育地图系统和云盘、视频会议等云服务。

（五）公共云服务

基于SOA的公共云服务是在高性能计算设备群、大规模数据的基础上，利用先进的分布式计算技术，为上层应用提供教育服务的中间件系统。本次建设的云服务系统包括大数据分析云服务、数据交换与采集云服务、学习活动云服务、媒体内容云服务、数据存储云服务、学科知识本体云服务、语音识别云服务、增强现实云服务、智能搜索云服务、统一用户云服务。

（六）资源数据

存储由服务层、应用层产生的数据库及数据仓库，包括学生数据、媒体数据、教学资源数据、教研数据和管理数据。

（七）硬件平台

硬件平台是南山教育云的IT基础架构，包括硬件、网络和云管理系统。

硬件：包括服务器主机、存储等各计算机器材。

网络：包括交换机、路由器、无线节点等网络通信器材。

云管理系统：为云环境下的各类应用资源提供核心的基础设施资源分配、存储、计算等服务，支持基础设施的大规模计算资源、存储资源、网络资源虚拟化和统一的安全、监控、集群和备份管理。

四、系统业务模型

南山教育云平台需要解决教学与管理数据的融合与关联问题，包括几类主要对象（管理者、教师、学生、家长和公众）的日常业务以及业务所产生的数据，如图4-2-3所示。

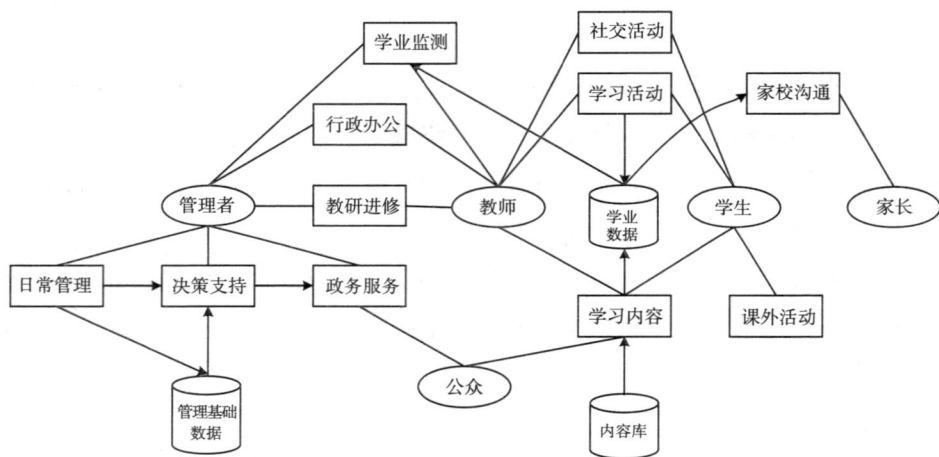

图 4-2-3　系统业务模型

教师和学生围绕日常的学习活动、学习内容和社交活动展开业务。学习活动中需要用到各类学习工具、平台；学习内容需要用到各种资源、微课程、泛在学习资源等；社交活动主要服务于学生和教师，是实现人人通的重要支撑；学生可以有很多课外活动，包括校园No.1等。

教师除了与学生学习业务紧密联系外，还包括对学生的学业情况进行监测、日常行政办公、教研与进修培训等其他业务。

管理者需要对学生情况、教师情况、财物情况等进行管理，根据日常管理过程自然产生的数据进行决策，并为公众提供政务服务。

家长主要关心学生在校的学习情况，家校沟通显得非常重要。当然，家长也会参加一些社交活动和学生的课外活动。

五、物理架构

根据现有的资源建设改造门户虚拟资源池、应用虚拟资源池、虚拟应用资源池三类虚拟化资源，部署现有的业务系统。其中数据库和网关软件类部署在原有的物理机器上，不迁移到云架构上，如图4-2-4所示。

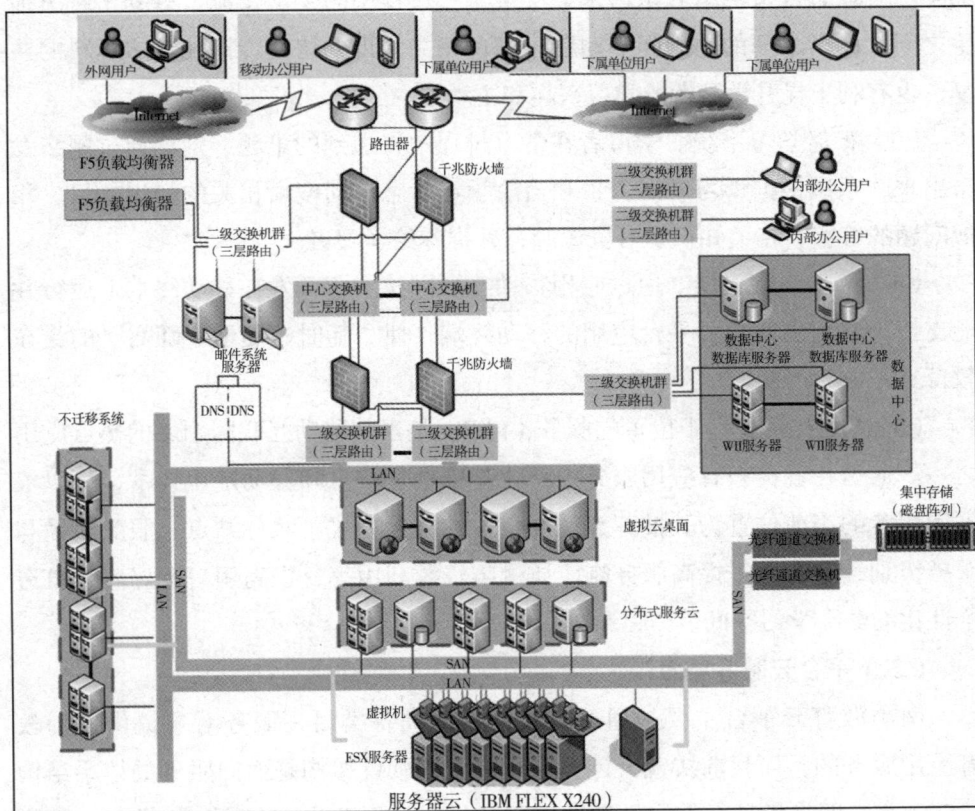

图4-2-4 总体物理架构

六、技术路线

（一）应用云服务层面

南山教育云平台将利用云服务的方式，通过互联网向全区学生、教师和数千万社会公众提供一系列示范性新型教育应用，支持其进行个性化的泛在学习和互动交流，充分利用虚拟化、云计算、大数据、门户、移动应用等技术。主要的业务系统采用B/S架构、Java技术。针对这一需求，南山教育云平台需重点开发和应用以下一些技术：

（1）基于学习大数据的个性化服务。支持对每个用户的学习过程进行信息收集、行为模式识别、海量学习资料的检索与个性化推荐等操作。

（2）基于社交网络的互动交流机制。将对某项课程、某一领域知识感兴趣的学习者通过社交网络联系起来，支持学习过程中的互动交流，有利于解决师生之间、同学之间的地理间隔问题，实现相关知识的快速传播和学习资料的共享，也有利于提升学习者的学习兴趣和主动性。

（3）智能学习系统。学习者在学习过程中将遇到的难题、疑惑通过网络发布出来，系统根据学习者的背景和当前学习状态自动搜索相关的知识条目、相似问题的答案、相关知识学习资源等，并推荐给学习者。

（4）移动终端支持。通过应用移动互联网技术，开发在移动终端上运行并能支持完整南山教育云平台应用的移动终端，使"随时、随地、随需"的泛在教育真正成为可能。

（5）LBS技术。基于位置的服务（LBS）是当前移动互联网领域的热点应用之一。通过在各类教育应用服务中整合基础地理信息和移动定位技术，可以根据使用者的当前位置为其推荐、选择合适的服务方式、服务站点、服务路径与服务级别，这有助于提高服务响应质量与资源利用率，提高用户友好度，打造个性化的泛在学习空间。

（二）平台云服务层面

南山教育云平台主要是通过云服务模式向各类目标服务对象提供各种教育应用服务的，而目前实现云计算应用的主流软件架构是面向服务的体系结构（SOA），即将各种软件构件和数据资源封装成标准化、自治、松耦合、可聚合的服务，这些服务跨越不同物理站点和物理网络，相互交互、动态集成为特定的应用系统。为支持南山教育云平台内各类教育应用的开发和重构，本项目将重点开发和应用以下一些技术：

（1）SOA架构。教育教学资源服务化技术。

（2）语义服务。教育本体与语义标记、语义检索技术。

（3）统一账户与身份管理。服务支撑平台将提供统一的用户账户、身份管理和认证服务，保障用户使用各种南山教育云平台服务无须注册不同的账户。

（4）统一应用管理和交易服务。对各种应用和服务提供统一的应用管理，包括上架、定价、下载、订单和支付管理，建立交易和结算服务，为南山教育云平台实现市场化的运营模式提供统一的平台支撑。

（5）分布式数据处理。为上层的应用提供统一的分布式数据处理的服务平台，包括SQL数据服务和noSQL的非结构化数据的处理服务。这样能够支持大规模的横向扩展的数据处理架构，满足大数据处理的要求。

（三）基础设施云服务层面

考虑到南山教育云平台是一个典型的分布式异构系统，且其IT基础设施广泛应用了虚拟化技术，为满足南山教育云平台集中管理、统一运营、降低日常运维成本、提供业务连续性和快速响应能力的运维需求，南山教育云平台运营平台将在传统的IT资产管理、基础设施与应用服务监控管理、流程管理、安全管理、外包管理、统计分析与决策支持、呼叫中心等功能的框架下，进一步整合现有的虚拟资源管理与调度系统、统一身份认证系统及统一数据交换系统，建立健全南山教育云平台运营管理制度、云服务质量指标体系和南山教育云平台运维响应规程等相关制度规程，着力解决有关虚拟化环境下IT运维的一系列问题，主要包括：

（1）大规模虚拟资源的自动化配置与重配置。

（2）虚拟资源状态可视化技术。

（3）虚拟/物理资源关联拓扑自动发现与优化。

（4）虚拟资源智能化调度与迁移。

（5）IT运维外包管理。

（6）基于策略的自动化安全配置。

（四）大数据云服务层面

南山教育云平台利用新兴的大数据分析技术，对现有的教育数据进行搜集、分析、挖掘，为教育管理者、教师、教育参与者提供翔实的数据，作为决策参考和数据服务。

1. 大数据服务教学

最近几年随着在线评测、网络教学、大规模开放课程、电子书、科技辅助教学设施的进步发展，大数据（Big Data）趋势也开始影响中小学教育，有关专家提出，对长期大量的学习行为数据进行搜集、分析、应用将大大提升学习成效，积极支持以大数据来改善教学模式及落实适性教学。

2. 大数据服务教育管理

从教育数据库中提取或挖掘有用的信息或知识，如学生学籍档案信息（包括新生注册、学生基本信息、学习成绩等）、教务管理信息（包括每学期教师任课情况、考试题库、学生成绩统计、试卷分析、教学评估、新生分班、实验室管理等）等，让教育参与者获得自己需要的教育信息，改善教育教学模式。

3. 其他

此外，大数据还能为教育决策提供支持服务，通过大量的教育数据统计与分析，辅助教育决策部门评估、改善及预测教育发展并进行决策。

（五）软件技术层面

南山教育云平台将利用App应用构建"学习无所不在、资源随手可得、信息便捷互动"的云时代教学和管理环境，推动教育和教学创新应用，建立完善的教学辅导和管理机制，打造移动互联时代的教学、资源、管理应用平台。联合区、校和社会力量共同推进教育App的应用建设，为教育提供丰富多样的南山教育云平台教学资源、学习资源和教育数据服务。随着移动终端的普及和发展，教育教学可以不受时间、地点、形式的限制。教育App的不断发展完善，让教学能更好地获得服务和资源。

软件基础技术架构决定了一个系统或平台的功能、性能、稳定性、兼容性、扩展性、安全性等重要指标，同时，在技术先进性、技术开发难度、开发资源的选择空间、系统运营的维护成本等方面，软件基础技术架构也起着重要的影响作用。因此，本平台确定了以Java技术为基础，以J2EE规范为框架，整合多个成熟框架模式和应用开发技术的面向服务（SOA）的软件技术总体方案。

本项目采用的技术方案是一个基于Java语言，遵循J2EE规范的多层次、组件化的软件基础架构及软件开发和运行平台，用于支持基于J2EE规范的应用系统的开发和运行。

方案所确定的总体技术架构图如图4-2-5所示。

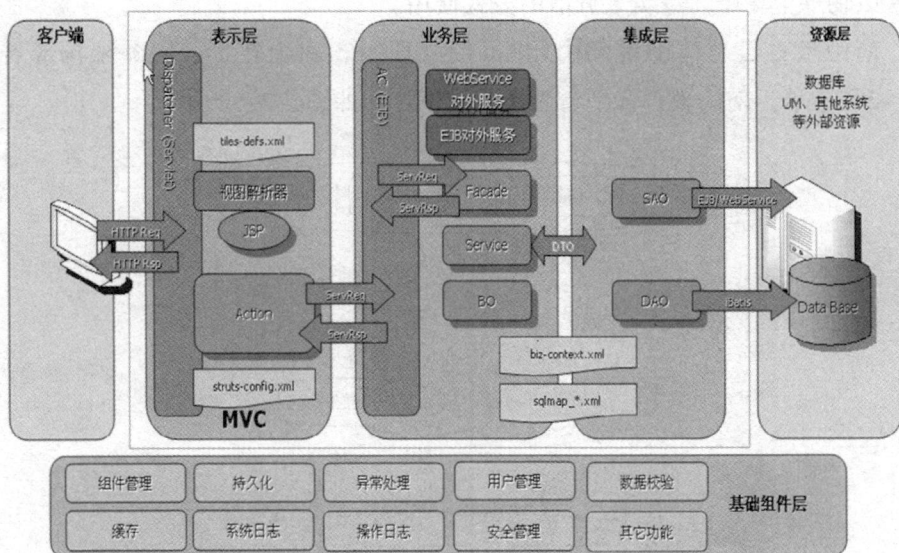

图 4-2-5　技术架构图

建设一个统一的面向服务（SOA）、符合J2EE规范的基础应用平台，该平台作为应急信息平台的基础，为上一层的应急综合业务系统提供统一认证、安全服务、文档服务、全文搜索、工作流、报表中心、查询服务、日志服务、数据管理服务、软件系统总集成与现有系统数据迁移与整合等。使用统一的基础应用平台的好处在于：一方面为本系统的开发提供一个符合业界流行标准的应用设计要求及技术路线的基础应用架构，满足业务的发展所带来的系统不断扩充的需求；另一方面为本平台的上层应用系统提供统一的安全管理服务、组织机构服务、日志管理服务、报表服务、查询服务等基础服务，从而实现系统的快速开发。

七、云部署架构

南山教育云主要部署在区教育信息中心，向下为学校提供公共服务，向上与深圳市教育云、粤教云以及其他平台进行数据交换。

目前大部分学校都有一些已建成系统，本次建设不是要将已建成系统推倒重来，而是充分利用已建成系统产生的大量数据。对于已建成系统和学校需要自建的个性化系统，云平台提供数据交换接口，学校级的系统与云平台进行数

据交换即可。对于具有共性的系统，学校可以使用云平台中的公共服务系列平台，以物理上集中、逻辑上分散的方式使用。

南山教育云总体部署架构如图4-2-6所示，南山教育云服务架构部署如图4-2-7所示，南山教育云平台总体应用拓扑图如图4-2-8所示。

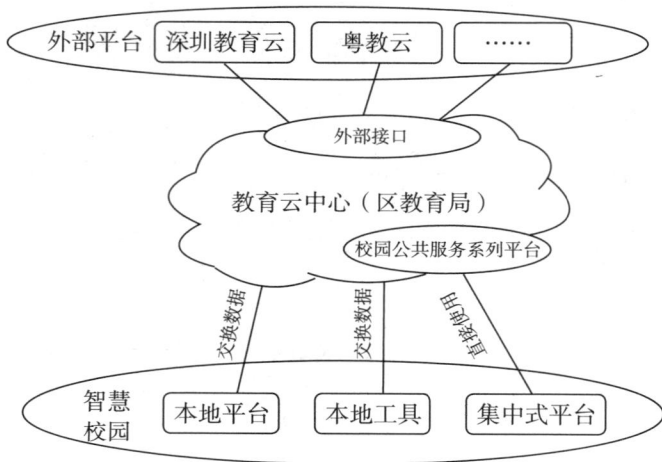

图4-2-6　南山教育云总体部署

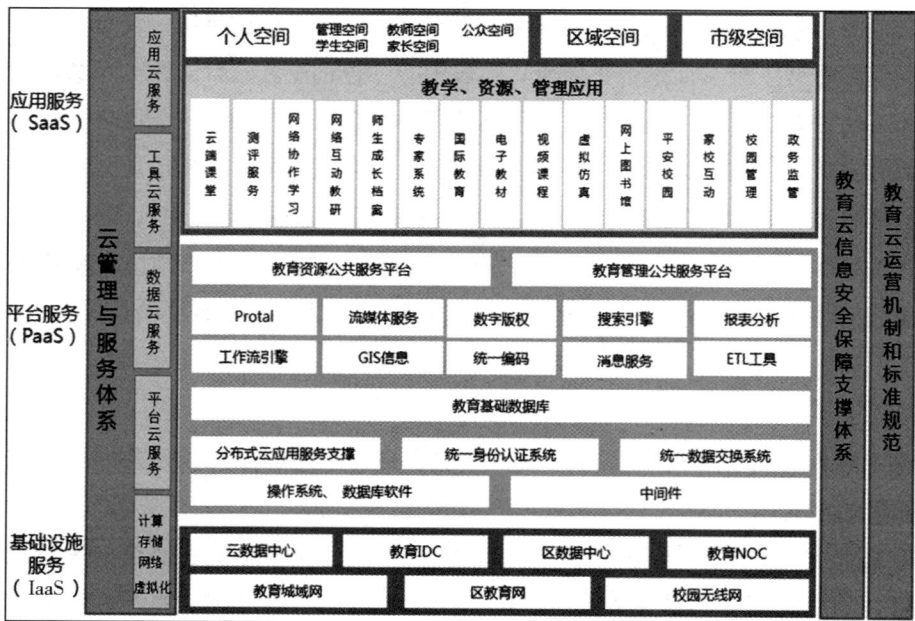

图4-2-7　南山教育云服务架构部署

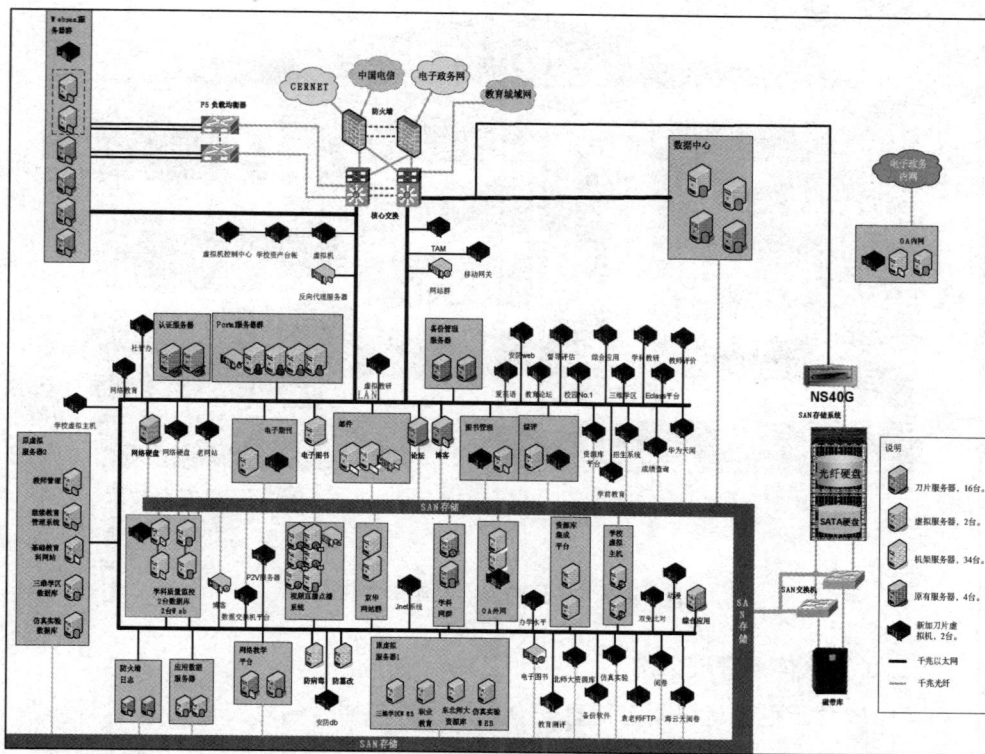

图4-2-8 南山教育云平台总体应用拓扑图

八、安全架构

（一）安全体系总体架构

南山教育云平台信息安全保障体系主要由安全技术体系、安全管理体系组成。安全技术体系依据信息安全等级保护，结合云计算安全技术形成保障体系，其中等级保护依照等级保护二级信息系统以及等级保护三级信息系统进行安全防护，从数据安全、应用安全、主机安全、网络安全、物理安全六大方面设计安全架构。安全管理体系由安全管理顶层设计、安全管理工作机制、信息安全管理工作平台构成，如图4-2-9所示。

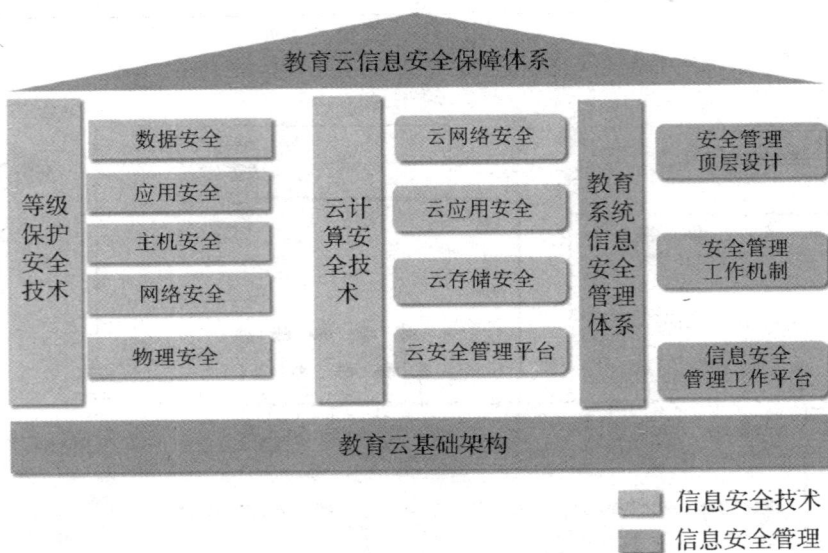

图4-2-9　信息安全保障体系架构图

（二）安全体系管理架构

南山教育云平台建议制定信息安全顶层设计参照《信息安全技术 云计算服务安全指南》（GB/T 31167—2014）、《信息安全技术 云计算服务安全能力要求》（GB/T 31168—2014）两项国家标准，建立信息安全工作机制以及部署信息安全管理工作平台的二级保障方式，来领导、指导和监督南山区教育系统的信息安全建设。

（三）信息安全域划分

南山教育云平台主要分为如下几个安全域：核心云计算资源池域、云存储资源池域、IDC数据中心网络接入域、网管运维域、门户接入域、互联网接入域、终端接入域。南山教育云平台安全域划分示意图如图4-2-10所示。

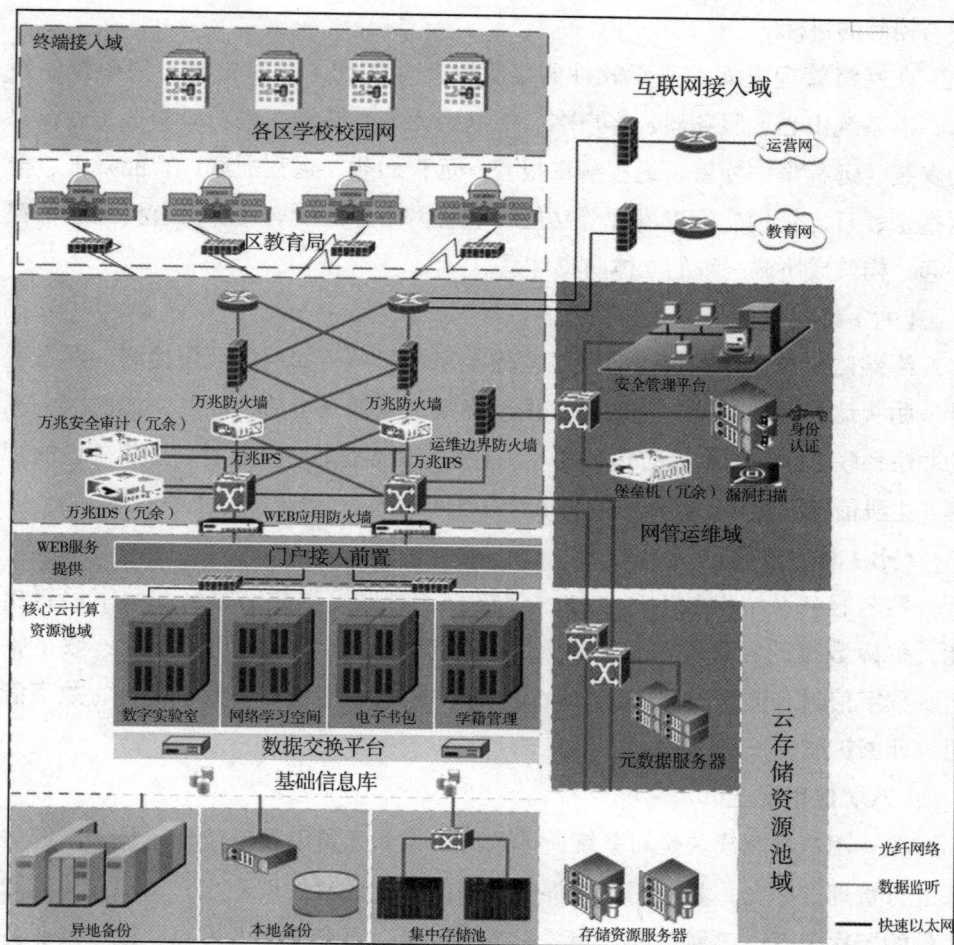

图4-2-10　南山教育云平台安全域划分示意图

（四）物理安全

在现行机房安全管理的基础上，建议参照公安部安全等级三级的要求，进一步改正有差距的部分。

（五）网络安全

网络安全管理采用软、硬一体化的体系，通过与分散在各区域网络控管设备、不同业务网络上的各种安全设备、主机/服务器等网络元素形成一个有机的整体，实现信息采集、集中配置、有机整合、综合调度等功能，并基于自适应机制，采用渐进逼近方式，对全网络（包括使用者、节点、网络设备、安全设备在内）的各种网络元素的属性及行为实施综合监控与管理，达到网络安全管理与控制的目标。

在网络管理方面，杀毒软件网络版创立并实现了分布处理、集中控制技术，以系统中心、服务器、客户端、控制台为核心结构，成功地实现了远程自动安装、远程集中控管、远程病毒报警、远程卸载、远程配置、智能升级、全网查杀、日志管理、病毒溯源等功能，它将网络中的所有计算机有机地联系在一起，构筑成协调一致的立体防毒体系。

（六）终端安全

终端监控与审计系统是对网络监控与审计产品（如网络入侵检测、网络审计、防火墙等）的补充，主要解决内网终端节点的安全防护问题，如内网主机的非法外联、非认证主机的非法接入、主机安装运行软件的审计、主机外设的管理、主机信息泄露等。终端监控与审计系统可纳入SoC系统进行集中管理。

（七）传输安全

签名服务系统以数字证书技术为核心，对外提供数字签名和数字信封功能，保障数据的完整性、秘密性及不可抵赖性。服务端的功能要求：数字签名、数字信封、证书验证、交叉验证。客户端的功能要求：数字签名、数字信封、证书扩展。

（八）应用安全

统一用户管理模块是对系统所涉及的单位和人员以及单位和人员之间的关系进行管理的平台，为应用系统提供支撑的基础平台管理。它要实现对单位和人员的层次关系、隶属关系、相关岗位的定义，要实现一人多岗、权限及业务职能的继承关系。所有信息的管理和维护行为都必须保留系统日志。单位和人员的基本信息必须独立管理、维护。机构和人员之间的关系以及业务信息，必须统一进行管理、维护。

统一权限管理系统管理和维护系统所需的权限管理信息和访问控制规则为系统提供权限分配策略服务，主要信息包括权限整体分配策略以及具体的权限定义、授权访问信息对象及权限设置等要素，提供统一权限判断接口。

统一信息分类就是根据信息内容的属性或特征，将信息按一定的原则和方法进行区分和归类，并建立起一定的分类系统和排列顺序，以便管理和使用信息。信息分类将一个单位看作一个有机的整体，单位的所有信息，不管属于哪个部门、哪个系统，不管是公开信息还是限制存取信息，都将纳入一个统一的分类体系，使一个单位或部门的所有信息形成有机的整体，实现单位所有信息资源的统一管理、统一使用，全面实现跨部门、跨系统的信息组织、共享与发布。信息分类管理也就是把系统所涉及的一些代码类、参数类、工具类的元素，借助科学明晰的分类进行管理维护。

第三节　特色应用场景

一、课堂教学

在课堂教学中，教师和学生之间的互动关系不再局限于PPT的演示。利用学习平台的智慧课堂功能，学生可以自主探索教师准备好的学习资源，可以在课堂上进行互动问答、抢答，可以拍照上传课堂作品，可以进行练习，可以对某个主题进行投票，并且上述所有活动的数据都被自动采集，存储在学生日常的行为数据和学业数据库中，为下一步大数据分析奠定基础。

二、课后学习

很多作业教师不再通过书本形式布置，这样可以节省教师大量的作业批改时间，也有利于分析学生的薄弱知识点。对于客观题作业，学生可以直接练习，系统即时反馈，对不足的知识点系统可以提供更多的训练机会，弥补学困生知识的不足。对于一些主观作业，可以通过拍照、视频的方式提交，教师可以批阅一部分，也可以相互批阅。此外，对于英语朗读作业、语文朗读作业还可以利用语音识别技术让系统自动判分。

此外，平台可以根据学生作业情况，个性化地推送一些学习资源。学生还可以利用增强现实技术、二维码扫描技术进行泛在学习。学习不一定非要在教室、家里完成，也可以在博物馆、野外完成。

三、备课与教研

教师进入备课系统后，选择需要准备的课程，与课程相关的经过整理的教案、教学资源、学案都可以自动呈现出来，教师只需要从资源库中把它们选出来，稍做修改即可完成备课工作。课件制作工具和资源库系统是无缝集成的，教师可以利用这些工具制作网络微课，并发布到学习平台上。

在教研方面，如果需要做一些教学改革和探索，教师可以参加教研室组织的教研活动，可以与多名教师一起进行协同教研，也可以观摩其他教师的备课成果。

四、学业分析

无论是学生、教师、家长还是学校管理者，都需要很清楚地了解学生的学业情况。学生需要了解自己的知识点掌握程度、与同学的差距和优势情况，教师需要了解整个班的学习情况、薄弱知识点等信息，家长需要了解孩子的日常状态、考试成绩，管理者需要了解全校、全区的整体学业情况，以便于评估学校各班级乃至各学校之间的情况。

传统的学业分析是和测试紧密绑定的，这需要学生花费很多额外的时间去进行测试和练习。在智慧教育阶段，学业分析是和学生的日常行为联系在一起的，日常课堂中的提问情况、活动表现情况、日常作业情况都会被系统自动记录下来，作为学业分析的基础。

五、办公与管理

移动办公是本项目的一项重点工作。通过基于手机和平板的App，公文收发、通知公告等原来需要在办公室内完成的工作，可以随时随地进行。

以数据为基础的管理决策也会逐步改变以往的决策习惯。系统中存在大量教师、学生、学校的日常信息，可以在决策之前对这些数据进行分析，找到最合适的决策方向。

六、公众服务

升级家校通后，家校沟通变得免费而且更加丰富。除了原有的学校通知、考勤情况、作业情况以外，家长还可以利用家校通系统与教师进行直接沟通，可以在网上与其他家长进行沟通，可以更直观地了解孩子的学业情况。此外，公众服务还包括网上办事和政策查询等传统的项目，这些都会以App的形式更加方便地服务公众。

第四节 用户中心

用户中心主要提供给平台及各学校的系统管理员使用，用于管理用户账号的信息、权限、资源等。用户账号的启用、注销、停用由各自单位的系统管理员负责。用户中心主要由用户管理、资源管理和权限管理三部分组成。第二代基于云服务的教育综合大平台的用户中心是在第一代大平台的基础上进行升级改造建成的，有很多功能就不在本章赘述了。

一、用户管理

用户管理是指管理使用系统的人员，主要包括教职员工和学生。对于学生的管理按照组织架构的形式将细化到班级，对于教职员工的管理按照组织架构的形式只细化到学校。

（一）学生管理组织架构

学校按照类型可以分成幼儿园、小学、初中、高中等，每种类型下面可以有不同的学校，每所学校下面可以分成不同的年级，同一个年级有不同班级，班级之后就是学生。学生组织架构的列表如下：

```
区域
|__幼儿园
|          |__×××幼儿园
|                  |__×××年级
|                      |__×××班级
|                      |__学生1
|                      |__学生2
|                      ……
|
|__小学
```

```
|          |__×××小学
|              |__×××年级
|                  |__×××班级
|                      |__学生1
|                      |__学生2
|                      ……
|__中学
|              |__×××中学
|                  |__×××年级
|                      |__×××班级
|                          |__学生1
|                          |__学生2
|                          ……
|__高中
|          |__×××高中
|              |__×××年级
|                  |__×××班级
|                      |__学生1
|                      |__学生2
|                      ……
```

（1）系统可以根据学校数据表以及学生表自动生成整个列表。

（2）学校数据表以及学生表每年可以通过导入Excel文件进行增加。

（3）系统提供学生信息维护功能，对每个学生的信息进行维护。

（二）教职员工组织架构

学校按照类型可以分成幼儿园、小学、初中、高中等，每种类型下面可以有不同的学校，学校包含所有的教职员工。教职员工组织架构列表如下：

```
区域
|__幼儿园
|          |__×××幼儿园
|              |__教职员工1
```

```
|                    |__教职员工2
|                        ……
|
|__小学
|            |__×××小学
|             |__教职员工1
|             |__教职员工2
|                 ……
|__中学
|            |__×××中学
|             |__教职员工1
|             |__教职员工2
|                 ……
|__高中
            |__×××高中
             |__教职员工1
             |__教职员工2
                 ……
```

（1）系统可以根据学校数据表以及教职员工表自动生成整个列表。

（2）系统提供信息维护功能，对每个教职员工的信息进行维护。

（三）用户信息同步中心

用户信息同步中心提供一种标准的开发接口，通过对象和标准接口同步用户管理中心的用户数据，包括全同步、增量同步、更新同步等。

二、资源管理

资源管理包括资源增加、资源编辑以及资源之间的关系设定等功能。资源包括系统的各类功能资源，在系统中注册的各类应用程序、软件工具、电子教材信息等。资源可以反向包含自身，即树状结构，每一个资源节点可以与若干指定权限类别相关，可定义是否将其权限应用于子节点。

三、权限管理

权限管理主要包括制定账号的编码格式、账号的设置方式、内外部账号的关系、内部账号编码规则等功能，基本上与第一代大平台处理方法一致，请参与第一代大平台的用户权限管理。

四、统一用户服务要求

（一）整体要求

南山教育网经过多年的信息化建设，已经形成了一大批比较成熟的应用系统，其涉及的应用面覆盖了大部分业务，由于历史原因这些系统是分开建设的，彼此之间的用户信息也是分割的，形成了一个个"信息孤岛"。一期项目已经初步实现了统一用户管理和统一身份认证（单点登录）的功能，本期项目在完善"师生卡"单点登录和统一认证的基础上，重点完善统一授权和统一审计功能。

（二）功能要求

1. 单点登录要求

用户只需登录一次就可访问其所有有权访问的系统。当用户持有的USB Key（师生卡）、数字证书或是静态密码通过统一认证平台的认证后，用户即可访问其有权限访问的所有应用系统，无须再输入原有系统的登录密码，后台的各应用系统上的用户名和密码可以不相同。这样简化了用户的登录过程，节省了在各系统间切换浪费的时间，而且用户也无须再记忆大量的密码，方便其对系统的访问。

2. 统一认证要求

单点登录是一次登录后就能访问所有的系统，因此对于用户的身份认证方式要求较高。

确保单点登录安全性的重要因素是对用户实行增强的身份认证方式，以免用户的密码被盗取后，所有的应用系统面临被他人非法访问的危险。因此，面对传统的静态密码的各种不安全问题，平台应采用基于PKI（公钥基础设施）技术的增强身份认证方式，支持数字证书认证，并可使用软证书或是USB Key、电子钥匙等多种身份认证方式。结合CA数字证书认证系统，可以为用户分配数字证书，对用户密钥进行安全管理，并且系统也支持第三方CA认证机构颁发的数字证书。除了数字证书认证方式之外，同时也保留静态密码认证，并且为其他认证方式（如动态密码认证、短信认证等）预留接口，以适应未来不同发展阶段的安全需求。

3. 统一授权要求

（1）访问资源管理。访问资源管理包括：①在平台上注册所有需要保护的应用系统，对其进行描述、管理；列出每一个应用系统下所具有的用户情况；②在每个系统下查询用户情况，以直观的方式显示每一个资源下有权访问的用户信息并对所有用户进行统一的授权；③采用基于角色的授权机制按照内部的组织结构划分角色，并为用户绑定角色；④对于不同的角色分配不同的应用系统，以决定其是否可以访问某个系统；⑤授权后，在单点登录平台上将只会显示其有权访问的系统。

（2）访问策略管理。访问策略管理主要是为不同的角色定制不同的访问策略。访问策略包括可以访问的资源和访问控制规则。访问规则设置灵活，如按时间段、网段等，能够根据不同的情况定制不同的策略，对各种不同的情况进行访问控制。针对不同类型的用户提供简单策略管理和高级策略管理两种模式，具有易用性和灵活性。

（3）分级授权管理。分级授权管理可对用户进行分级管理，设定不同级别的系统管理员，本级的管理员只能管理本级的用户，并为用户分配权限，不能管理其他组的用户。超级管理员可以管理所有的用户。这样减轻了总部管理员的管理负担，明确了管理职责，方便企业对用户的管理。

4. 统一审计要求

平台提供统一审计功能，审计用户访问应用系统的情况，为后续发生事故时提供了一个可追查的机制，为管理员提供了一个统一的监控平台。审计内容包括管理员对系统的管理行为、普通用户的访问行为、系统的运行情况。平台提供强大的查询功能，可以按异常事件查询，也可以按一般事件组合查询，并对审计信息进行分析统计，将结果以报表或图形的方式展现，以利于对安全事件进行快速、直观的把握。对保存的审计信息数据进行签名处理，可以防止人为修改系统记录下来的审计内容。一旦发现审计内容被修改，审计信息将会出现特殊标识，以直观的方式呈现给管理人员。

五、统一身份认证系统建设

（一）系统概述

统一身份认证系统实现统一认证、单点登录，完成对用户账户的管理与服务集成。用户登录教育云并经过其授权后，可直接访问用户权限范围内的应用系统。

（二）系统总体架构

用户账号管理与服务系统为教育云内各云应用提供目录服务、身份管理和认证授权管理，同时通过提供安全令牌服务来颁发安全令牌，支持平台层、应用层内不同服务之间的安全、受控互访。用户中心总体架构如图4-4-1所示。

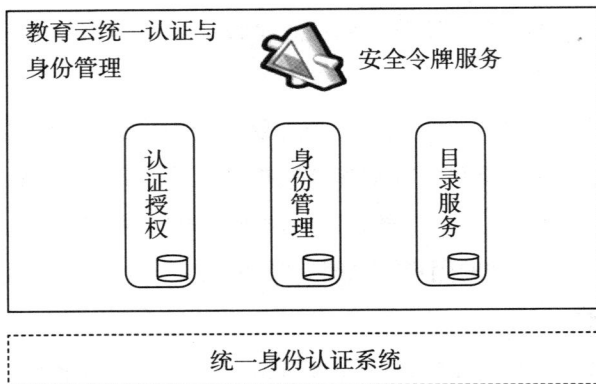

图4-4-1　用户中心总体架构

1. 目录服务

目录服务为教育云内各个云应用提供账号信息存储与管理服务，其管理的账号信息可以包括用户名/登录密码、数字证书、USB Key等多种形式，也可以是上述方式的混合。

2. 身份管理

身份管理提供统一的用户身份信息存储与管理服务。用户身份信息主要包括用户的自然人信息、职业、所属学校与班级等，其各信息属性来源于教育基础数据库内的相关基础数据。对用户身份各信息属性的访问受到严格的分级权限控制，以保护个人隐私。通过授权访问相关信息属性，各云应用可以为用户提供个性化的专属服务。

3. 认证授权管理

教育云内各个云应用具有多种不同的访问控制模型，如对内容资源的访问需区分创建、检索、引用、读、写、删除等，对服务接口的访问可能需要附加相应的角色参数；某些应用需提供用户转授权等功能。授权管理服务可对这些不同的授权类型进行统一管理。

4. 安全令牌服务

安全令牌服务（STS）是整个教育业务统一用户管理、身份认证服务及与其他系统进行交互的核心。用户访问某个云应用时，相应的认证客户端需要访问STS获得安全令牌。STS服务可由深圳电子政务安全认证中心提供。

（三）目录服务的建立

（1）系统概述。目录服务器为教育云所有应用的用户信息提供公共的服务，所以它不应具有某个应用的特性和限制，而是应该根据自己的组织架构、整体应用访问需要来确定。

（2）功能设计。目录服务设计一般分成两项主要的工作：一项是目录树的设计，另外一项是目录数据结构的设计。基本目录树示意图如图4-4-2所示。

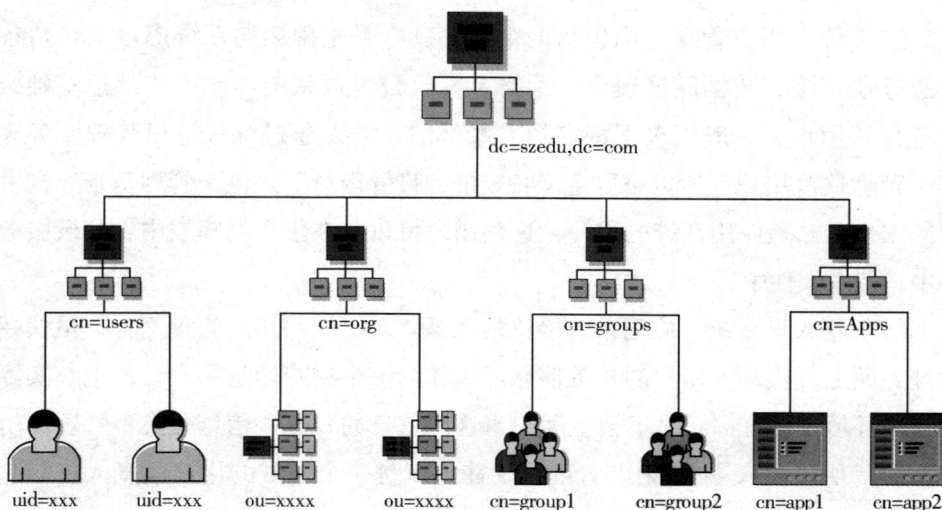

图4-4-2　基本目录树示意图

（四）统一身份管理

1. 系统概述

教育云环境中会涉及多个现有后台应用的用户，同时在各个基础架构上还有操作系统用户、数据库管理员用户。就一个用户而言，其根据岗位，可能需要访问一个应用，也可能需要访问多个应用。要保证教育云内的账户资源得到集中有效的管理，就需要建立一套集中用户管理系统，基于角色来给用户分配合适的账户资源。

统一身份管理服务是对用户目录数据库管理的一个补充，统一身份管理的目的就是完善整个用户管理、账号管理的机制，并且为目录数据库、管理人员以及最终用户提供一个统一的用户管理平台、用户信息展示平台，以实现复杂的用户管理需求。

在教育云内建立统一身份管理服务，实现对用户生命周期的管理，包括用户的统一创建、维护、删除，统一的用户审批管理流程（添加、修改、禁用、启用、删除），制定人员信息导入的机制（与HR系统的集成），制定人员兼职、调动、离职的管理机制，定义组织架构和角色管理机制，制定密码安全管理策略，等等。

2. 功能设计

（1）统一用户管理范围包括两个方面：一是基础架构系统用户，包括各种服务器系统、数据库管理员、网络系统、云管理系统等，这些都是基础架构部分的用户，一般仅限于特定的一些部门，可以通过统一身份管理服务来集中管理这些用户。所以可以定义特定的"IT管理员"角色来管理基础架构资源的用户。二是应用系统的用户，这些用户可以存在于数据库表中、目录服务器中，或者文件中。

（2）与人事系统、应用系统接口的联系。对于统一用户管理而言，虽然在管理界面上直接输入用户的相关信息可以作为一个用户信息的入口，但在实际的管理环境中，IT部门是不会主动知道这些信息的，这些信息是人事管理部门掌握的。所以，人事（HR）管理系统往往就是一个现成的用户信息入口，它的部分信息作为统一用户管理的数据源，实现人员变动和账户身份变更的联动。

人事管理系统和教育云目录服务、统一身份管理系统集成有两个原则：一是所有人事管理和教育云目录共用的信息先进入HR系统，再复制到教育目录；二是专用信息直接进入教育目录。

（3）用户信息的批量导入。用户信息的导入可以采用批量导入或者手工录入等多种方式进行。手工录入方式非常简单，只需要在统一用户管理平台中按照界面中的要求录入用户信息就可以了。在批量导入的时候，需要有很严格的用户信息格式。

（4）与资源和应用账户系统的集成。统一身份管理系统在进行用户管理的时候是直接和用户库建立连接来管理存放在其中的用户数据的，因此不会直接和应用系统建立连接。针对可能遇到的各种应用，可通过Agent集成、关系数据表单、目录同步工具等方法进行集中账户管理。

（5）组织、角色和策略管理。驱动集中身份管理系统的核心是基于角色的管理，特定的角色有自己可以访问的账户资源，有特定的账户属性设置。账户管理策略将用户、角色、账户资源联系起来，对于集中身份管理系统而言，重要的不是它能减少账户管理所需的工作量，而是它能够以角色驱动的方式来实现账户资源的自动配给。管理权限定义则是将现有的每个账户资源管理员的工作在统一身份管理平台中进行对应的定义，使不同机构、不同应用的账户资源有不同的管理员，相互之间不会混淆。

（6）口令管理。统一认证平台需要对后台应用的访问实行单点登录，但在实际环境中，后台应用可能需要定期进行口令修改，或者是用户忘记了口令需要重新设置。以前这种情况仅仅修改应用中的用户口令即可，现在有了集中认证后，集中认证系统中保留的后台应用的口令也需要做相应修改，所以统一的用户口令管理变得非常重要。

（7）身份管理流程。统一身份管理平台改变了原来的手工账户管理流程，将手工劳动自动化，将纸面处理变成了计算机流程，包括用户账号创建流程、用户调动流程、用户兼职管理等。

（五）统一认证服务

统一认证服务为教育云架构了一个应用访问安全控制平台来负责提供应用访问的集中认证，以及应用访问的统一授权配置及访问检查，同时为合法访问提供单点登录的工作模式。

1. 逻辑架构

教育云统一认证服务将采用如下的体系架构，包括客户端、安全层和应用层，整体架构的示意图如图4-4-3所示。

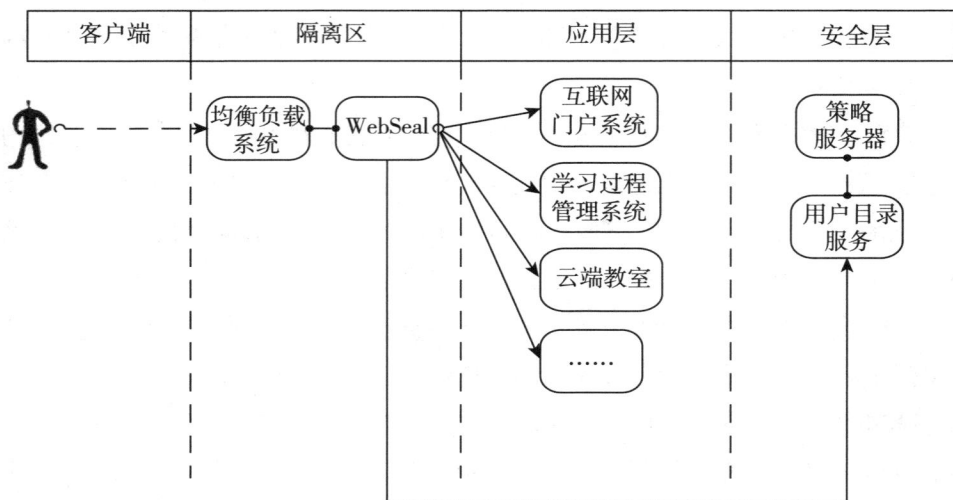

图4-4-3　统一认证服务体系架构示意图

2. 功能设计

统一认证服务的功能包括基于表单的认证、HTTP基本认证与数字证书（X.509v3）等，可与多种公钥基础架构（PKI）解决方案集成，支持证书签名和撤销检查，支持将公钥证书映射为访问许可，支持USB Key方式，还包括RSA SecurID Token、WAP身份认证机制与其他客户化的方法。

资源敏感的认证：对于特殊的资源，需要额外的用户认证机制。例如，在访问一般资源时，只需要使用HTTP的基本认证机制，但当这个用户访问其他更为机密的信息时，还会提示用户提供数字证书，以再次确定身份。

（六）整体部署架构

教育云用户账户管理与服务系统物理部署在考虑高可用性的同时需要考虑防火墙配置等多个安全因素以保证整个系统的安全防护能力。基于以上因素而设计的物理部署示意图如图4-4-4所示。

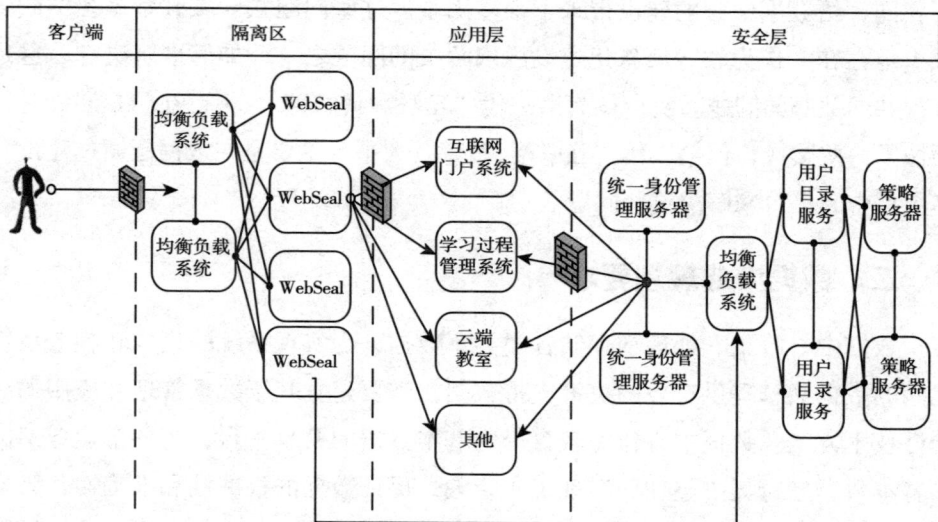

图4-4-4 用户账户管理与服务系统物理部署示意图

从整体架构设计中可以看出，任何一个节点都可以实现冗余设计，不存在单点。

第五节 云平台数据中心

一、数据中心建设背景

随着第一代"互联网+教育"大平台的集成应用，各个学校、教育机构里面的各类数据、信息急剧增长，给数据的传输、存储带来了许多新的问题，特别是不同事务产生大量不同类型的数据，这些数据分别被具有不同功能的应用系统所使用。

虽然，第一代"互联网+教育"大平台已经建设了数据中心，但是没有很好地解决数据互联互通问题。造成这样的情况实际上是有一定的历史原因的，信息化建设是一个全新的发展过程，对信息化建设的规律认识也是在不断提升的，同时各部门和学校的信息化程度各不相同，所用的开发环境和数据库也各不相同，给数据中心的建设带来了很多困难。这些问题在区域教育系统中或多或少地存在，作为教育信息化建设亟须解决的问题之一，如何来解决它，这是大家共同关心的问题。我们认为第一代"互联网+教育"大平台在门户层针对界面做了一些集成，但第二代"互联网+教育"大平台主要是在数据层通过建设共享数据中心平台来解决这些问题。

二、数据中心规划要求

数据中心收集、处理和存储各类共享数据，为实现系统的集成和各个系统之间的数据共享提供有效的决策支持数据，需要建立基于数据管理和应用的综合性技术方案。数据中心作为教育局内基本数据的共享平台，将各个业务部门的基本数据进行集中整理，实现统一管理，保证数据的权威性和准确性，为各个业务应用系统和各类服务系统提供数据支持，承载着南山教育网内的大量数据、信息、流程以及处理结果。数据中心系统功能如图4-5-1所示。

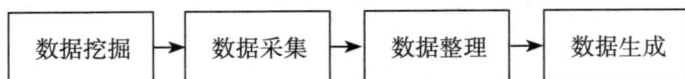

```
┌────────┐   ┌────────┐   ┌────────┐   ┌────────┐
│ 数据挖掘 │ → │ 数据采集 │ → │ 数据整理 │ → │ 数据生成 │
└────────┘   └────────┘   └────────┘   └────────┘
```

图4-5-1　数据中心系统功能流程图

（1）数据的采集更新。所有数据来源于各个业务系统，通过通用的数据抽取或同步方法将数据采集到共享数据中心，同时做出数据更新报告。

（2）数据的组织整理。按照教育部门的信息标准对各个部门和学校更新的数据进行整理，要报告数据异常，保证数据的一致性和准确性，保留历史数据。

（3）数据的生成共享。经过标准化的组织整合，将有效数据归入共享数据中心存储库，并通过授权，用户可以共享数据中心的部分或全部资源。共享数据中心实时做出数据使用情况报告。

（4）数据的挖掘利用。通过对共享数据和历史数据的OLAP（联机分析处理）分析，形成各种报表或根据需要展现分析结果，为用户查询和领导决策提供参考。

三、数据中心标准规划要求

为保证数据的及时性、完整性和一致性，数据中心的建设必须依照标准进行。遵循的标准见表4-5-1。

表4-5-1 数据标准

序号	标准	制定部门
1	教育管理信息化标准	教育部
2	基础代码标准	国标
3	深圳市基础教育管理信息化技术规范	上级有关部门
4	广东省教委相关标准	上级有关部门
5	其他标准	自行制定

四、数据中心功能规划

（一）数据中心主题规划

数据中心的主题按教育体系来分，可以分为教师、学生、学校和资源等，每一个主题为了在数据中心有更清晰的标识，又要进行细化分类。

数据中心建立之后，应当具备相应的主题库，这些主题库是大平台中各系统共同需要的数据模型。表4-5-2是对教师、学生、学校和资源四个主题库进行的二级分类。

表4-5-2 主题库分类

序号	主题库	分类	备注
1		职工类	
2		职务类	
3		工作类	
4	教师主题库	工资类	
5		专家类	
6		兼职类	
7		进修学习类	

续 表

序号	主题库	分类	备注
8	教师 主题库	考核类	
9		住房类	
10		教学管理类	
11		科研管理类	
12		科技著作类	
13		论文类	
14		成果类	
15		专利类	
16		获奖类	
17		课件类	
18	学生 主题库	学生类	
19		学籍类	
20		毕结业类	
21		综合素质评价类	
22		德育类	
23		体育卫生类	
24	学校 主题库	学校概况类	
25		房地产设施类	
26		仪器设备与实验室类	
27		图书类	
28		期刊类	
29		文件类	
30		安全类	
31	资源 主题库	软件资源类	
32		使用管理类	
33		信息化类	

（二）数据中心结构规划

第二代大平台的数据中心结构只是在第一代的基础上进行优化，因此还是保证"谁产生谁维护"，保证提供反映整个教育局情况的全面信息，共享数据中心系统设计架构图。

数据源是共享数据中心的数据抽取来源，我们把教育网所有应用系统的数据库称为数据源，这其中包括两个方面的内容：一是现在已有的应用系统的数据库；二是后续建设的各个应用系统的数据库。

根据行业特点分析，南山区教育数据源将主要包括教师数据、学生数据、管理数据、教务数据等。其中，教师数据来源于教师人事管理系统（教育局自己开发的），而学生数据来源于学籍管理系统（全市公共的）。

共享数据中心库是所有共享数据的集成地，所有应用系统的共享数据在这里集成。它向下从数据源集成数据并保持更新同步，成为各个应用系统之间的共享数据通道；向上作为统计分析服务的数据源，向统计分析服务提供从各个应用系统集成过来的共享数据。共享数据中心库的数据来源于数据源，它通过数据集成工具从数据源的各个应用系统数据库抽取数据，并根据数据类型分类存储。另外，共享数据库与数据源的各个应用系统数据库保持同步更新。共享数据库的数据同步分为自动同步和手动同步两种，自动同步主要针对后续建设的应用系统数据，其同步工作通过数据访问层实现；手动同步主要针对原有应用系统数据，其同步工作通过数据同步工具实现。

共享数据中心数据抽取的应用特点主要体现在以下几个方面：

（1）教育数据统一采集，与交换平台实现了学生信息管理系统、智慧课堂学习平台、开放课程选学平台与学业质量监测与测评系统之间，协同教研平台、协同备课平台、教师培训平台与移动办公系统之间的互联互通，通过实时自动地一次性采集学生和教师电子信息，减少了工作环节，提高了工作效率，保证了服务质量。

（2）教育数据统一采集，与交换平台实现了学生信息与教师信息、教育管理机构服务信息之间的互联互通，利用电子档案、学业档案、教学档案等信息，达到一次采集、多方利用的效果，并且提供数据异地存放、全区查询的信息共享模式。

（3）教育数据统一采集，与交换平台实现了资源库系统与协同备课系统、课件制作系统、课堂教学系统、教师培训系统等的资源内容数据和元数据交换。

（三）数据虚拟化管理

数据虚拟化系统由工具、组件和服务组成，用于创建和执行双向数据服务。虚拟数据库执行查询功能时，数据虚拟化系统使应用程序能够使用来自多个异构存储的数据，通过抽象和联邦技术，实现分布式数据源的实时数据访问和集成，无须从记录系统中复制或移动数据。

数据虚拟化系统包含以下功能：

（1）查询引擎：高性能查询引擎，处理来自各种数据源的关系型、XML、XQuery和过程型查询，支持同构、异构、事务和用户定义函数。

（2）虚拟数据库：对数据进行有效的集成管理。

（3）连接器框架：包括转换器和资源适配器。转换器提供了查询引擎和物理数据源之间的抽象层，它可以把数据虚拟化系统发出的查询命令转换成数据源特定的命令，并通过资源适配器执行这些命令。

（4）控制台：提供Web界面让用户监控系统的运行。

（5）管理：支持命令行或图形化管理界面，实现脚本的配置和调用，达到全自动管理和任务测试的目的。

（6）相关工具：用来定义虚拟数据库的工具，包含视图、存储过程，甚至动态的XML文档等。

五、教育基础数据库

教育基础数据库为各类教育云应用/云服务提供了公共数据支持，避免了"信息孤岛"和数据不一致的问题。

（一）需求分析

1. 教育基础数据库设计需求

教育基础数据包括学生、教师、学校和资产信息，建设教育基础数据库，一方面能满足公众方便地通过信息化手段获取教育资源，获得教育服务的需求；另一方面能满足各类教育结构、管理部门便捷地获得各种基础信息的需求，便于及时完成准确的教育分析，为教育服务科学决策提供服务，促进全区教育服务公平和均衡发展。

2. 教育基础数据采集与整合需求

教育基础数据库需及时、准确、完备地获取全区教育基础数据，主要获取方式有三种：线上采集方式，网上实时采集数据；应用系统数据交换方式，通过数据交换方式从市级教育应用中实时交换采集；数据整合方式，通过教育基础数据交换系统，将区校数据整合到市教育基础数据库。

3. 教育基础数据库安全等级保护需求

教育基础数据库安全体系建设工作将严格遵循《信息系统安全等级保护基本要求》的核心思想，建立教育基础数据库系统的身份鉴别、数据完整性、数据保密性、自主访问控制、强制访问控制、审计、剩余信息保护、标记等安全机制，并将这些机制在物理、网络、主机系统、应用、数据五大安全方面进行细化与明确。

（二）整体架构设计

教育基础数据库的整体架构如图4-5-2所示，包括数据源、数据整合层、数据层、数据挖掘层和数据服务层。教育基础数据库的数据来源有深圳市教育局、学校信息系统、家长和学生的信息以及来自社区和公众的反馈信息。数据整合层包括数据关联、数据融合、数据标准、数据评估、数据清洗五种数据整合模块。数据层除了包括学校、学生、教师和资产的信息外，还包括对这些数据的历史变动情况进行管理形成的历史数据库。挖掘层对学校、学生、教师和资产的信息进行挖掘分析，形成关系图和位置图。最后数据服务层对外提供全息查询服务、数据碰撞服务、基础数据服务、基于关系的服务、基于位置的服务五大数据服务。数据管控体系用于保证数据质量和数据安全。

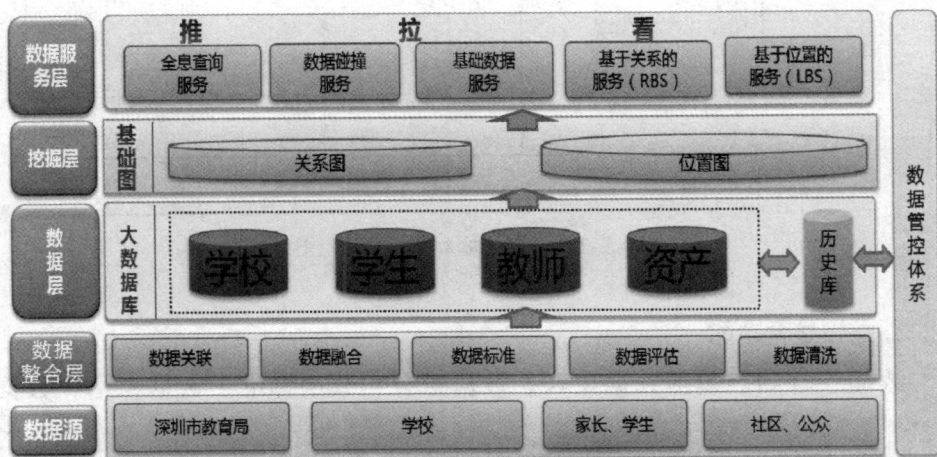

图4-5-2 教育基础数据库整体架构

教育基础数据库数据服务提供了对教育大数据库的全面管理、应用封装以及对外服务，技术架构如图4-5-3所示。

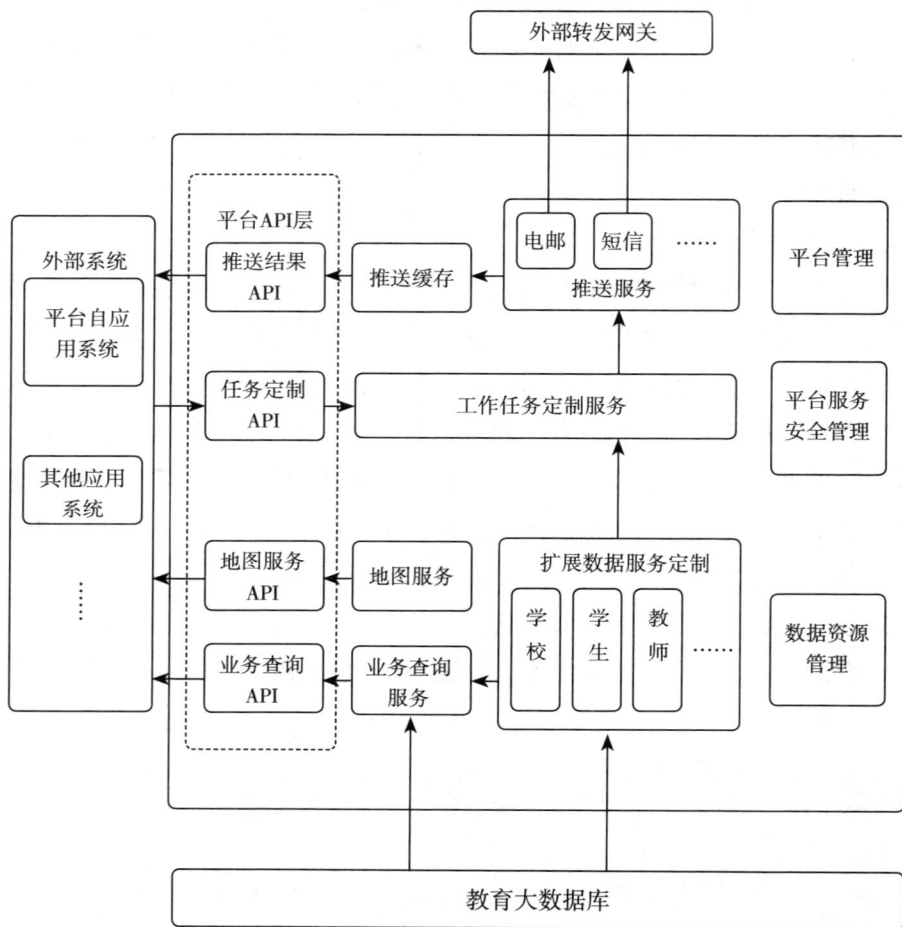

图4-5-3　教育基础数据库技术架构

1. 数据整合功能

数据整合功能包括数据关联、数据融合、数据标准、数据评估、数据清洗。

（1）数据关联。通过数据交换平台对内部、外部的数据进行采集、转换、加载，根据相应的关联主键对数据进行数据关联，形成学校、学生、教师和资产相关联的完整的信息视图。在处理过程中部分信息主键缺失或无效，导致数据无法进行有效关联，可对数据进行关联比对，补充缺失的关联主键信息后再进行关联操作。

（2）数据融合。从教育局、学校等各生产系统收集的数据中存在大量重复的数据，可通过数据匹配算法对相关信息进行相似性比较，从大量数据中识别出可能重复的记录，通过自动提供自动融合策略、人工干预等多种手段对重复的记录进行整合，形成唯一的、正确的记录。

（3）数据标准。目前各教育数据来源的系统建设更多的是以功能为核心，体现的是部门级的管理要求和管理水平，缺乏数据标准，难以提供与业务协同的数据支撑。数据标准可分为数据实体标准、数据关系标准。持续执行数据标准及时发现不符合标准的数据，并制定相应的解决措施，确保数据平台中各项数据标准统一，同时对标准进行持续评估，及时纠正数据标准已过期的问题。

（4）数据评估。从多个角度剖析及理解数据，主动对数据进行评估，发现数据中隐藏较深的问题，辅助数据标准或规则的制定。同时在充分了解数据当前质量的情况下为有效制定数据清洗方案和提高质量的计划提供参考。

（5）数据清洗。对抽取的源数据根据公共资源基础数据库系统模型的要求，进行数据的转换、清洗、拆分、汇总等，结合自动或人工的方式对已识别的错误数据进行修复，将不完整的数据补全或增强，对缺失的数据进行自动填充，对不规范的数据进行归一化处理。结合数据相关人员，形成发现问题、修复问题，数据审核等完整的处理流程，持续提升数据质量，保证来自不同系统、不同格式的数据和信息模型具有一致性和完整性。数据清洗模块的主要作用是根据数据的真实性、有效性验证规则，过滤无效数据、冗余数据，对数据进行转换清洗。该模块的主要功能有清洗规则定义，接收清洗请求，按照清洗规则执行清洗操作，清洗完毕后的数据存放在临时库中。

2. 教育大数据库

通过对来源数据进行数据关联、数据融合、数据标准、数据评估、数据清洗之后，建立涵盖时间维度的教育云大数据库，包括学校、学生、教师、资产基础主题库及历史库。

（1）基础主题库。基础主题库主要包括学校、学生、教师、资产的基础信息。

（2）历史库。历史库中主要存放历史数据，历史数据主要是指学校、学生、教师、资产相关维度的历史变迁信息，对这些信息的完整记录和存储，能有效还原学校、学生、教师、资产的各种经历变迁过程。

3.基础图功能

本项目的大量应用都基于大量数据的收集和对这些数据的处理能力，因此要求数据平台提供基于实体关系和位置的图，归纳为关系图和位置图。

（1）关系图。将学校、学生、教师、资产等基础信息及各种内外部信息进行关联，形成社会关系图信息。数据的存储方式采用图数据库相关技术，确保在百万级别数据节点查询情况下的响应性能，为上层应用提供有效的基于关系的服务。

（2）位置图。集成GIS地理信息平台、各种分析的主题数据，对外提供数据基于位置的信息服务，包括动态位置图和静态位置图。

动态位置图：基于大数据的动态轨迹图和教育云图。

静态位置图：基于二维或三维地图的静态标注。

4. 数据服务功能

本项目的五个数据服务包括基础数据服务、数据碰撞服务、全息查询服务、基于关系的服务（RBS）、基于位置的服务（LBS）。

（1）基础数据服务。基础数据服务可以提供多种数据服务，包括数据查询、数据对比、数据轨迹等。

（2）数据碰撞服务。数据碰撞服务可提供指定的数据关联、比对分析（碰撞）服务，通过比对分析（碰撞）发现不同来源数据之间的逻辑冲突，从而主动、智能、及时地发现数据问题，系统可以对诸如此类的数据进行碰撞，并将结果反馈给应用，从而协助用户发现数据背后隐藏的问题。

（3）全息查询服务。全息查询服务用于向外部提供学校、学生、教师、资产的综合信息的查询服务，外部应用可以传入特定号码（身份证、学号）和查询范围，本服务将返回该实体的对应信息，从而提供给应用全面展示学校、学生、教师、资产信息的服务。

（4）基于关系的服务。大数据库中存在学校、学生、教师、资产四大主要实体，现实世界中这些实体之间存在着相互关系。例如，学生与学生之间可以是同学、校友关系，教师与教师之间可能有师生关系，学校与学生之间有就读关系，等等，需要基于数据挖掘技术，自动、智能地把这些关系挖掘出来，存储到关系库中，并通过数据服务接口提供给外部的应用程序使用。

（5）基于位置的服务。基于地理信息GIS系统提供基于位置的API服务，可以提供根据地址返回GPS坐标以及邻近查询、地理分析等位置服务。

5. 数据管控体系

（1）数据质量管理。本项目的数据来源比较多，且各个来源的数据没有统一规划，因此在把这些数据加载到大数据库之前必须全面了解这些数据的情况和特点，并形成统计报告和细节报告。经过对各个数据源系统的数据质量评估服务，可以找出这些数据源中数据重复、不正确、不完整、不标准、不一致的问题。接下来需要对这些问题数据进行标识与隔离，结合参考数据和数据管控流程，进行数据清洗操作，实现数据质量的提升。数据质量管理步骤如图4-5-4所示。

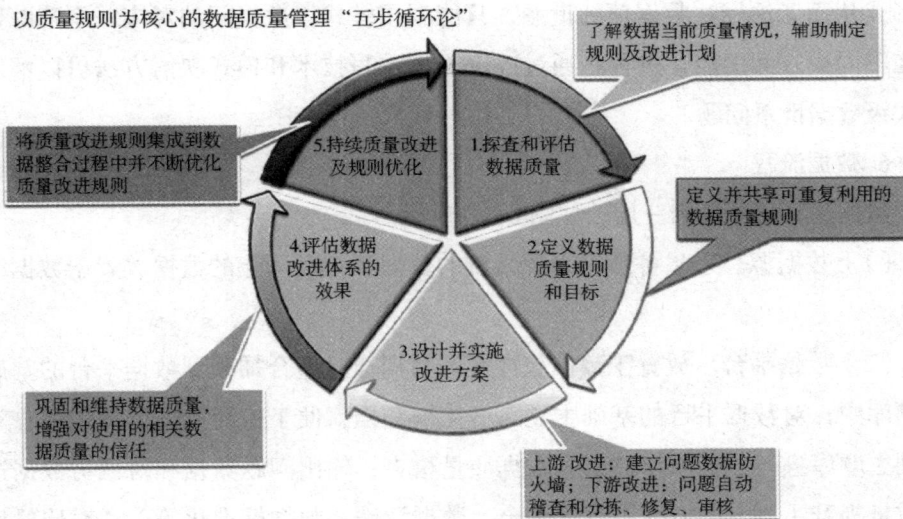

图4-5-4　数据质量管理步骤

（2）数据安全管理。整个数据平台建立在底层的基础安全服务平台之上，基础安全服务平台作为基本的应用安全服务平台，主要包括四大安全机制：数据访问权限、数据脱敏、数据留痕、数据世系。

① 数据访问权限。采用在大数据平台下，基于主题和角色统一的权限控制机制，将大数据的内部权限与外部权限、空间数据权限和属性数据权限统一起来。

② 数据脱敏。为降低敏感数据泄露的风险，通过不可逆的过程，用虚构数据替代原始敏感数据，让开发人员或外包业务合作伙伴安全地共享生产数据。该功能可通过数据共享接口访问，它提供端到端的安全的自动化，实现生产环境自动供应测试数据库，并满足合规性要求。

③ 数据留痕。通过日志完成数据留痕，日志可记录用户对数据的所有操作，包括访问、插入、更新、删除等。

④ 数据世系。不同数据源间和同一数据源内部数据的演化过程需要追踪，同时数据演化过程不可避免地存在不确定性，数据世系可追踪数据以及不确定的来源和演化过程。

异构数据源间的数据共享问题一直是数据集成的核心问题之一。不同模式的数据源间进行的数据演化过程是数据集成的关键部分，由于不知道数据的具体形式从而无法标注数据项的世系，只能利用模式级数据间的对应关系追踪数据在不同模式间的演化过程。通过Perm查询重写技术和模式映射方法可以解决模式级数据世系问题。

6. 数据流程

数据流程总体分为三层，如图4-5-5所示。

（1）数据源。采集各数据来源系统的数据和互联网上的数据放置于数据缓冲区。

（2）数据平台。放置于数据缓冲区的数据通过整合加载到数据平台的基础主题库中；对数据平台的基础主题库做压缩归档，便于追溯数据处理过程；对基础主题库进行数据质量评估和数据质量稽查；输出问题数据和对低劣数据进行质量提升（提升的方式有数据融合、数据清洗、数据标准化等）；对质量提升后的数据进行再加工、汇总和关联，形成大数据库。

（3）应用层。通过专门的业务主题库对外提供应用和数据共享。

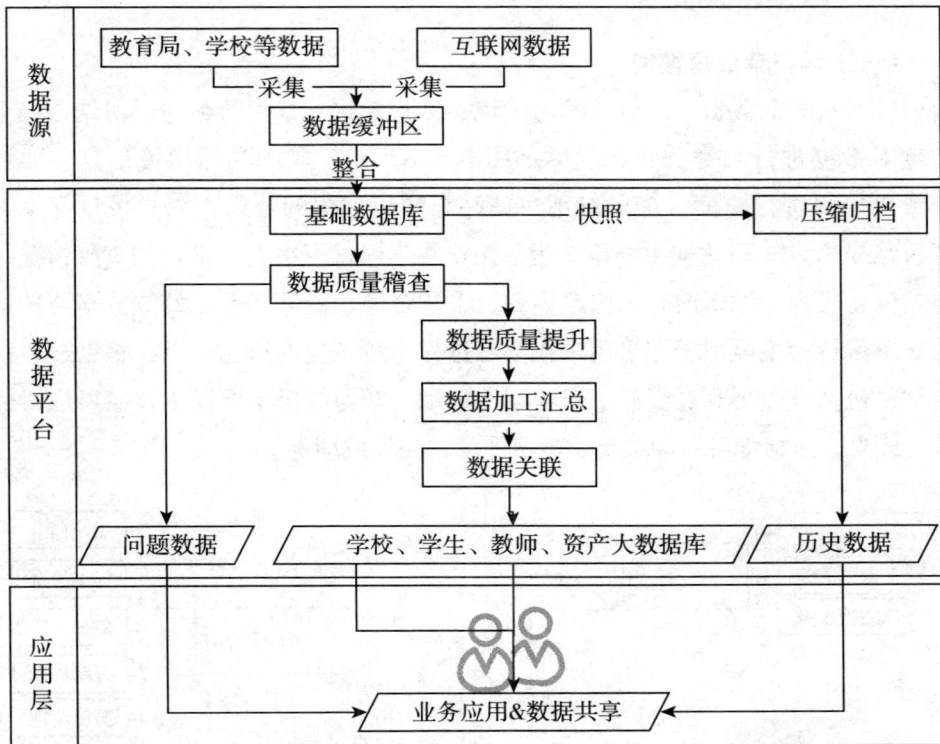

图4-5-5　数据流程图

（三）数据库安全保护

如何对基础数据库的中敏感和隐私数据进行保护，防止对数据库的破坏、恶意访问、偷窃数据，是教育云安全体系建设需要重点考虑的问题。

以下是对教育基础数据库进行安全防护的具体思路。

采用网络旁路和探针两种防护模式，其中探针方式可监视特权用户，控制其对数据库中敏感数据的访问。

（1）通过对网络数据的采集、分析、识别，实时监控网络中数据库的所有访问操作。

（2）支持自定义内容关键字库，实现对数据库操作内容的监测识别，发现各种违规数据库操作行为，及时报警响应、阻断访问、全过程操作还原。

（3）实现对安全事件的准确全程跟踪定位，全面保证数据库系统的安全。

六、数据采集模型

（一）学习者数据模型

针对采集的数据，可以从学习情境、知识建构、学习行为与学习结果四个维度对数据进行归类分析，具体如图4-5-6所示。其中学习情境信息主要用于帮助用户进行建模，形成对用户偏好与知识结构的分析，用户模型即学习者特征模型。知识建构主要用于表征用户在学习过程中对云平台的贡献情况，包括创建内容、编辑内容、修改内容、上传资源、回答问题、好友分享与传播等。学习行为主要用于记录用户在学习过程中所产生的行为信息，辅助过程性评估，包括页面浏览、资源下载、学习活动。学习结果主要用于存储所取得的学习成果，包括学习活动结果、学习勋章、测评成绩等。

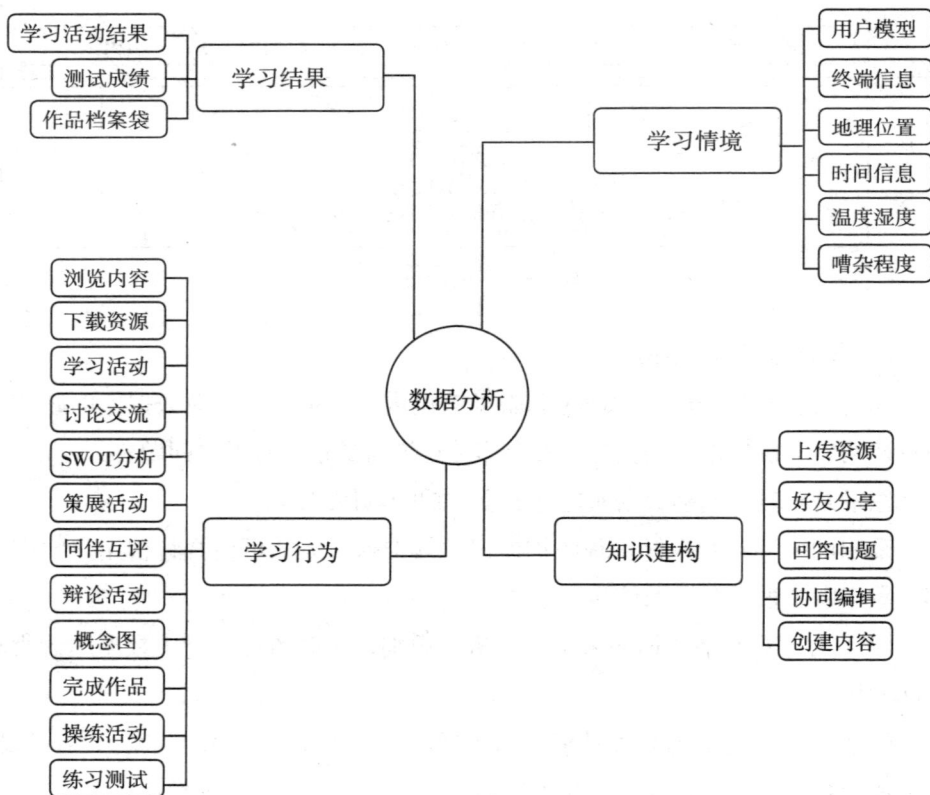

图4-5-6　数据分析模型

（二）学习者特征模型

学习者特征模型主要是从学习者基本信息、知识结构、能力水平和学习偏好四个方面来描述，如图4-5-7所示。

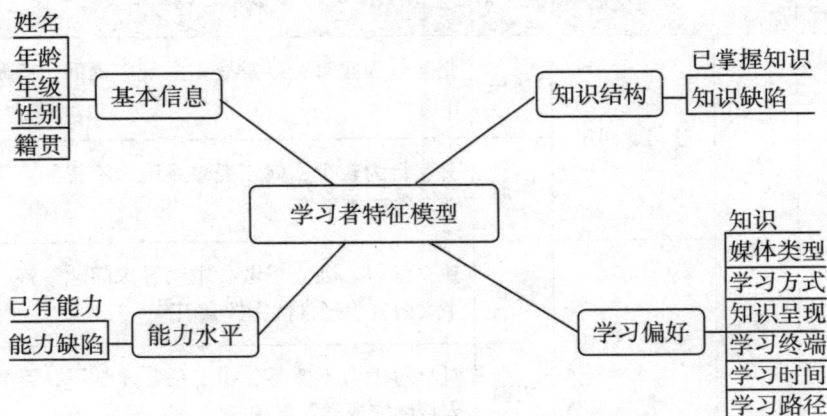

图4-5-7　学习者特征模型

为了辅助学习者特征建模，需要下表数据的支撑（表4-5-3）。

表4-5-3　学习者信息表

类型	记录信息	说明
基本信息	ID、姓名、年龄、性别、籍贯、专业、学历、职业	用户注册时填写、后续修改均可
学习偏好	感兴趣的领域、学习时段和时长、使用终端、偏好多媒体类型	感兴趣的领域可在注册后选填，后续根据用户历史行为记录进行定期动态修改，学习时段和时长、使用终端和偏好的多媒体类型需要从用户的历史行为记录中挖掘
知识结构	已掌握的知识知识缺陷	已掌握的知识：用户通过的测试或练习所关联的知识 知识缺陷：用户测试或练习中错误的题目所关联的知识
能力水平	已有能力能力缺陷	已有能力：根据一定的能力模型，结合用户所掌握的知识推断得出 能力缺陷：若对某学习者有一定的学习能力要求，可根据学习者已有的能力推断其能力缺陷

同时，为了提高个性化推荐的准确性，需要利用学习者的行为数据进行学习风格建模，具体可参考学习行为与学习风格对照表（表4-5-4）。

表4-5-4　学习者学习行为与学习风格对照表

维度	学习风格			网络学习行为
社会性	交互学习	参与、回避	参与	交互行为频繁：经常登录系统、提问、答疑、讨论等
			回避	交互行为较少：偶尔登录系统，不提问，不使用学习交流工具等
		独立、依赖	独立	独立学习、独立思考、主动寻求问题解答、习惯个人研究、经常使用搜索引擎
			依赖	对学习平台不熟悉，指定任务才学习，需要其他人帮助完成学习任务等
		协作、竞争	协作	参与小组活动、参与同伴反馈、互相评价学习等
			竞争	参与在线辩论和比赛等
情感	自我约束激励型			坚持学完课程内容、主动搜索辅助信息等
	他人管制激励型			容易放弃，较少登录平台，需要他人激励和帮助，易受QQ等干扰
环境	环境温和型			偏爱色彩温和的学习平台，喜欢在学习时听节奏柔和的音乐等
	环境热烈型			偏爱色彩热烈的学习平台，喜欢在学习时听节奏欢快的音乐等
	环境单一型			不对学习环境进行选择

（三）学习活动数据模型

一般而言，云平台中的每个学习活动都包括学习目标、学习资源、学习工具、学习服务、学习过程信息、学习结果信息与学习评价输出七个要素，如图4-5-8所示。

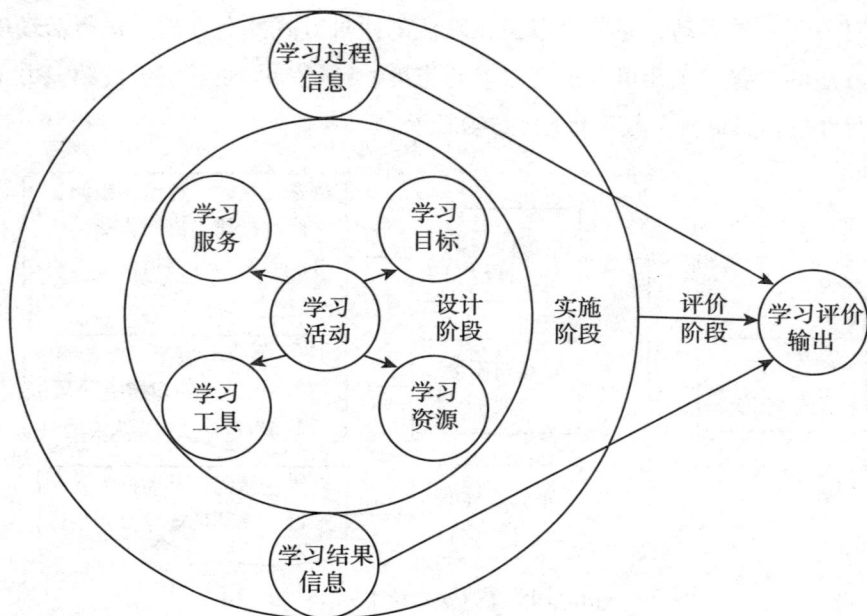

图4-5-8 学习活动数据模型

为了更加有效地评价各类学习活动，需针对具体学习活动的功能与内容设计相应的数据采集项目，下表列举了13种学习活动的采集项目说明（表4-5-5）。

表4-5-5 学习活动采集项目说明

学习活动名称	数据采集项
讨论交流	发帖数、回帖数、回帖被顶次数、回帖被踩次数、置顶数量、加为精华数、被举报次数
投票调查	是否投票、投票时间、所投项的占比
在线交流	在线时长、发言次数
发布作品	发布时间、作品评论情况、作品评分情况、作品评价量规
六顶思考帽	参与时间、思考的顺序、思考结论的质量
概念图	开始时间、完成时间、节点数、关键节点数
学习反思	撰写时间、字数、反思质量
练习测试	开始时间、完成时间、错题情况、得分情况
辩论活动	发言次数、言论被引用（攻击、反驳、补充等）情况、参与次数
策展活动	发起时间、响应时间、策展集质量
操练活动	操练次数、操练得分、操练错题情况
SWOT分析图	维度贡献、内容贡献、评论他人言论
同伴互评	互评任务完成情况、辅助部分活动的质量评价

对于每一种活动，系统可以提供默认的评价方式并允许教师进行活动质量评估方法的设置，主要可以从活动参与态度、活动参与质量与借助第三方标准来进行评估。具体评估模型如图4-5-9所示。

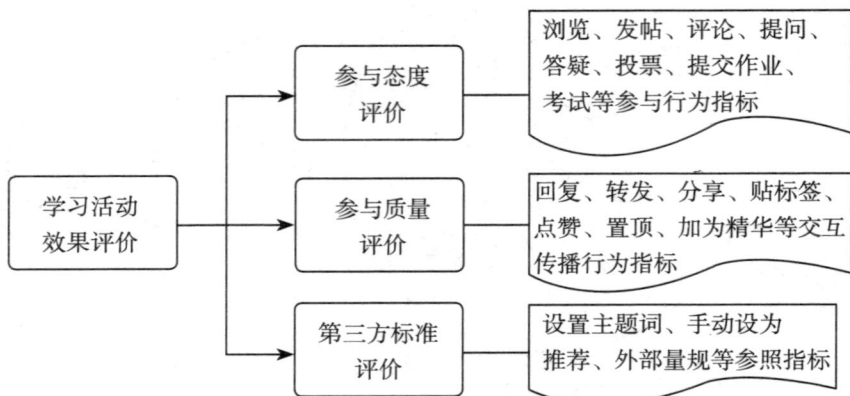

图4-5-9　学习活动效果评价模型

最终依据学习活动效果的评估来判断学习者的知识掌握水平，并根据实际活动中的薄弱环节进行个性化推荐。

（四）学习过程数据模型

学习过程数据采集模型见表4-5-6。

表4-5-6　学习过程数据采集模型表

功能模块	记录信息
登录	登录次数、登录时间、登录频率、登录IP、登录设备类型
微课	微课ID，各微课学习次数、时间，微课所属知识类型、多媒体类型
作业与测试	作业ID、测试ID、完成时间、作业或测试的类型、完成数量、所得成绩、完成状态（如通过或不通过测试）、浏览数、评论数
答疑	浏览、提问、提问时间、回答问题、回答时间、采纳的数量、被解答的数量
资源库	资源下载数量、上传资源的数量、上传的资源、资源的质量（得分）
通用学习工具（需要记录的模块：笔记、词汇表）	笔记：笔记数、浏览数、评论数、笔记内容 词汇表：记录的词汇、记录时间、词汇数量

功能模块	记录信息
社交工具 （需要记录的模块：评论、收藏、日历）	评论：评论内容、评论时间、评论对象（给哪个微课或资源评论） 收藏：收藏对象ID（如微课ID）、收藏对象关联的知识点、收藏时间 日历：日程内容
学科学习工具	工具类型、所关联的学科、使用时间、使用位置（如在某个微课里使用）
通信工具 （需要记录的模块：论坛、留言、短信和视频会议）	论坛：发帖时间、发帖主题与内容、浏览量、回帖时间、回帖数量、回帖内容、回帖者 留言：留言内容、留言时间、留言对象（给谁留言）、回复数量、回复内容、回复者 短信：短信内容、发短信时间、发短信对象、回复数量、回复内容、回复时间 视频会议：会议时间、会议参与人员、会议主题
交易数据	用户在移动学习平台中的各种交易账单，包括订购、退订的时间、业务和涉及的费用
管理系统	管理员登录的时间、IP、次数、进行的操作的类型（对系统各种模块、数据的增加、删除、查询、修改）

七、数据分析架构

教育大数据分析主要是对当前在线学习中教师、学生产生的数据进行分析。传统意义上，教育机构、学校获得学生学习数据的主要方式为问卷调查及访谈等。这些方式有诸多方面的限制，如花费大、耗时长、规模小等。数据挖掘可以追踪用户的电子信息使用记录，并且自动分析整体数据，而不需要选样。因此教育大数据分析浪潮使得学校在数据收集方面不再需要花费大量人力和财力，并且获得的数据反映了所有用户的全部信息，并非选取的一部分，同时数据在自然状态下获得，不需要利用访谈、观察等方式，使得数据更加真实可靠。

教育大数据分析基于数据采集服务以及外部相关数据库来获取数据，利用社会网络分析、话语分析、内容分析、数据挖掘、情感分析等数据挖掘方法进行分析，得出相应的分析结果，并借助统一的数据可视化中心形成针对不同层面的可视化分析结果报告，具体如图4-5-10所示。

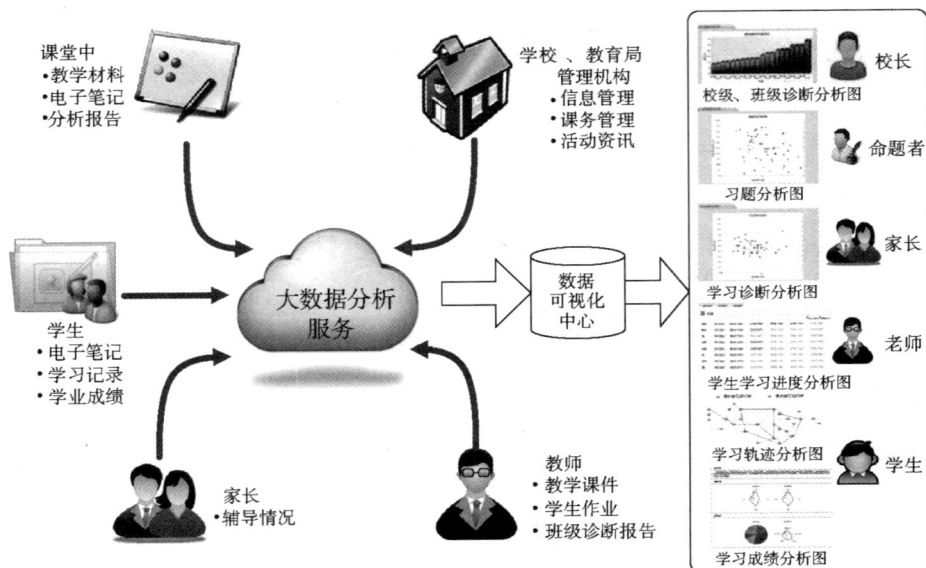

图4-5-10 大数据分析服务架构

对分析结果进行可视化报告呈现，具体主要体现在两方面：一是指分析结果面向的用户是多样的，系统能够根据用户的实际角色，如学生、教师、研究者、管理者来动态调整可视化呈现的指标和界面；二是指分析结果的呈现方式是多样的，系统允许用户进行样式选择和自定义，如图形、表格、动画等。分析结果中应包含学生基本信息、总体评价、知识结构、访问情况、学习情况、作品集、自我评价、试题评价、试卷评价等信息，以及基于上述信息得出的活动完成报告、学习轨迹报告等。基于多样化的分析报告，各层面用户能获取相应的反馈信息，包括警示或者鼓励。

八、数据挖掘方法

（一）统计分析与可视化

数据挖掘将描述性数据分析技术本身看作目的，而正式的统计趋向于将基于假设的检验作为最终目标。可视化是将数据信息转化为有意义的、易于理解的图像的过程。可视化数据分析是一种通过可视化解释、发现并理解大型数据库中存在的规律的方法。它主要用于对复杂过程的科学分析，用来协助发现大型异构和动态数据集中的规律、趋势和异常。随着解释和呈现数据的工具变得越来越复杂，模型可以被实时操控，并且研究人员能够以过去不可能的方式浏览和探索数据。可视化数据分析是一个新兴的领域，它融合了统计、数据挖掘和可视化技术，并承诺让每个人都能够筛选、展示并理解复杂的概念和关系。在本项目中，可视化数据的形式有很多种，应该根据具体业务场景灵活定义。

（二）聚类（聚类、分类、离群点分析）

聚类是一个将物理或者抽象对象的集合分组成由类似的对象组成的多个类或簇的过程；分类是基于挖掘数据中的某些共同特性来对数据项进行分类的过程；离群点分析是对一些异常或孤立的数据对象进行分析的过程。

（三）预测（决策树、回归分析、时序分析）

预测往往需要开发模型，模型从数据其他几个方面的组合信息来推测数据的其中一个方面（要预测的变量）。

（四）关系挖掘（关联规则挖掘、序列模式挖掘）

关联规则挖掘用于从用户访问序列数据库的序列项中挖掘出相关的规则，而序列模式挖掘则试图找出页面依照时间顺序出现的内在模式。

（五）文本挖掘

Web文本挖掘主要是对Web上大量文本集合的内容进行总结、分类、聚类、关联分析以及运用Web文档进行趋势预测等，针对非结构化或半结构化的数据集。

九、统一数据交换系统

统一数据交换系统是教育云的组成部分，为教育云中的各类组织、机构的数据共享与交换提供支撑，通过使用稳定可靠的技术，建立统一、安全、可监管的数据共享模式，解决教育行业信息化建设面临的问题。

数据交换系统的作用体现在横向和纵向两个方面：横向数据交换将在现有各业务系统之间实现连通，提供灵活的消息传递功能；纵向数据交换将完成数据上传和数据下发功能，同时实现对外网、市电子政务交换平台交换数据的统一处理。

数据交换平台建设，将分散在不同教育机构的业务系统连接起来，并提供各业务系统之间进行数据交换的功能，消除"信息孤岛"，实现不同应用系统之间和异构数据库之间的互通互联，保证数据交换和共享的自动化。

（一）应用需求

1. 数据采集需求

数据采集实现对全区各校应用系统数据信息的采集，通过定制统一的、标准的信息采集接口规范信息采集过程，将采集到的数据经过清洗、比对和整理导入教育基础主数据库。采集模式包括以下类型：

（1）市级教育应用系统数据采集。通过信息采集系统，实现与教育应用系统的数据交换，使得必要的数据尽可能从应用系统中导入，避免重复录入。

（2）区级教育信息平台数据采集。有大量区级中小学基础数据已经被区级教育信息平台采集，因此，通过区级教育信息平台直接获取更加合理。

2. 数据上报需求

（1）上报教育部需求。教师资格认定等业务需要直接上报教育部，本项目将开发接口，实现市区教育基础数据库数据直接上报教育部。

（2）基础数据上报省厅需求。按照广东省教育厅要求每年需按时上报教育基础数据至省教育厅基础数据库，为此，需开发接口，实现教育基础数据自动上报。

（3）统计数据上报省厅需求。基于教育基础数据库的数据，根据工作需要，需开发各种统计分析报表，包括学校数统计，毕业生数统计，招生数统计，在校学生数统计，教职工数统计，专任教师数统计，高等学校基本情况，高等学校教职工基本情况，中等职业教育基本情况，技工学校基本情况，普通中学基本情况，小学基本情况，幼儿园、特殊教育基本情况，基础教育学生户籍调查情况，教育部门办中小学基本情况，社会力量办中小学基本情况，中小学学生与教职工比，中小学专任教师学历合格率，市本级中、小、职、特、工读学校基本情况，市级幼儿园基本情况等。根据省厅要求生成各类统计报表，并报送到省厅系统。

3. 数据共享交换需求

提供服务接口满足数据交换中心的各种数据访问需求，既包括基于共享数据的横向业务系统和各种教育云应用访问，也包括数据管理以及数据决策支持分析等，为全区教师和教育管理者提供有效网上办公、信息互通共享的一站式服务，拓宽教育管理信息发布渠道，提升社会公众教育信息服务水平。

本项目除了实现全区教育数据共享交换外，还将与区电子政务交换平台对接，实现与政府机构的信息交换。

（二）系统总体架构图

教育云统一数据交换系统总体架构如图4-5-11所示。

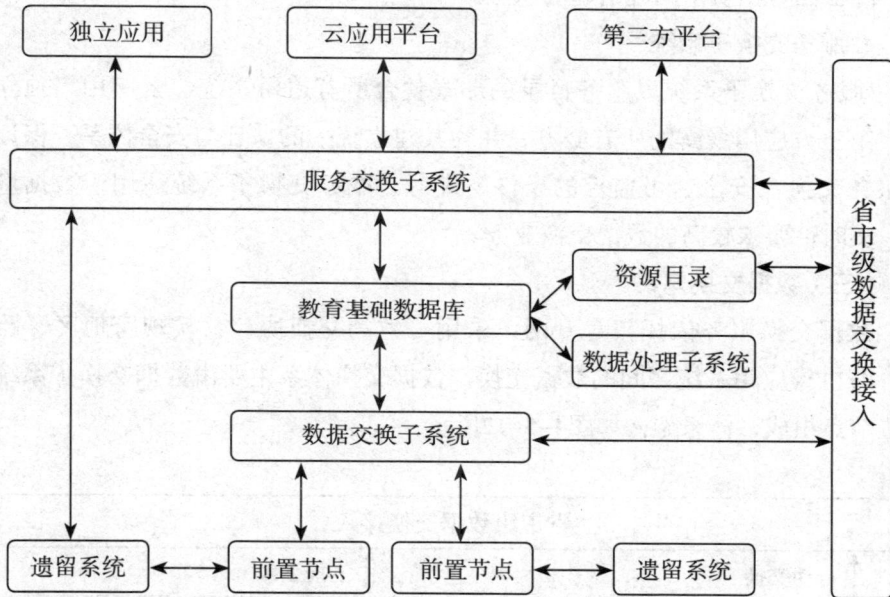

图4-5-11　教育云统一数据交换系统总体架构

1. 前置节点

各部门、业务组织、架构业务系统不直接与中心交换系统对接，双方通过前置节点实现数据共享。这些系统的数据通过前置节点交换系统的中间件，与对接业务系统存储的资源（包含数据库或文件资源）进行数据交换，并通过稳定的消息中间件传输到中心交换系统。对于大批量、非实时、非结构化的数据资源模式可采用前置节点模式。

2. 数据交换子系统

数据交换子系统负责中转各前置交换节点的数据信息，并记录前置节点的交换日志。数据交换子系统通过分析交换记录，提供业务组织、业务域、节点等纬度的交换报表，为上级组织的管理与监控提供便利。

3. 数据处理子系统

数据处理子系统主要解决数据标准化与一致性问题。数据处理子系统能够帮助教育基础数据库进行数据的校验、清洗、处理与加工，将上报的数据进行标准化处理后，经过数据所属部门的校验或核准，从临时交换区转入正式业务库，降低因数据质量问题引起的风险。

4. 服务交换子系统

服务交换子系统以服务目录的形式整合所有遗留系统、云应用、独立应用、第三方应用暴露的所有服务，并为其建立统一的认证与安全体系，保证所有服务交换在安全、可监控的条件下进行。服务交换子系统适用于数据量较小、实时性要求较高的数据交换业务。

（三）数据交换体系

数据交换服务依托教育专网，采用一致的交换协议，实现跨地区、跨部门、跨机构应用系统之间的数据交换。数据交换体系主要由数据交换子系统和前置节点组成，体系架构如图4-5-12所示。

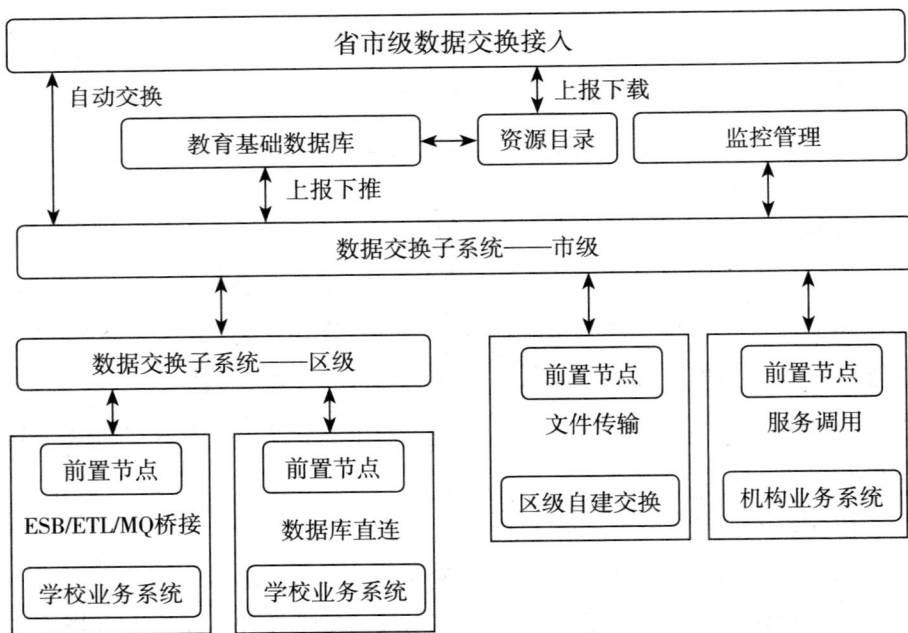

图4-5-12 教育云数据交换体系架构

数据交换体系可采用直连或桥接两种方式。桥接方式可以引入ETL（数据仓库）或ESB（企业服务总线）等成熟的中间件产品作为业务桥接的载体。此种方式可以为业务系统的提供商开发接口提供便利，也有助于提升其规范程度。

（四）数据处理体系

根据数据处理的业务流程，数据处理系统需完成数据的验证、核准与入库工作。数据上报汇总后，数据处理系统通过已定义的标准数据流程进行校验、清洗、补全、融合等操作。数据处理子系统应采用主流成熟的ETL产品作为支撑，以便在短时间内快速有效地处理大量数据，并能够以可视化的方式对数据过程进行定义和修改。数据处理系统应提供数据审批功能，将处理好的数据提供给某个权威部门进行校准与核准，确保数据的准确性。教育云数据处理体系如图4-5-13所示。

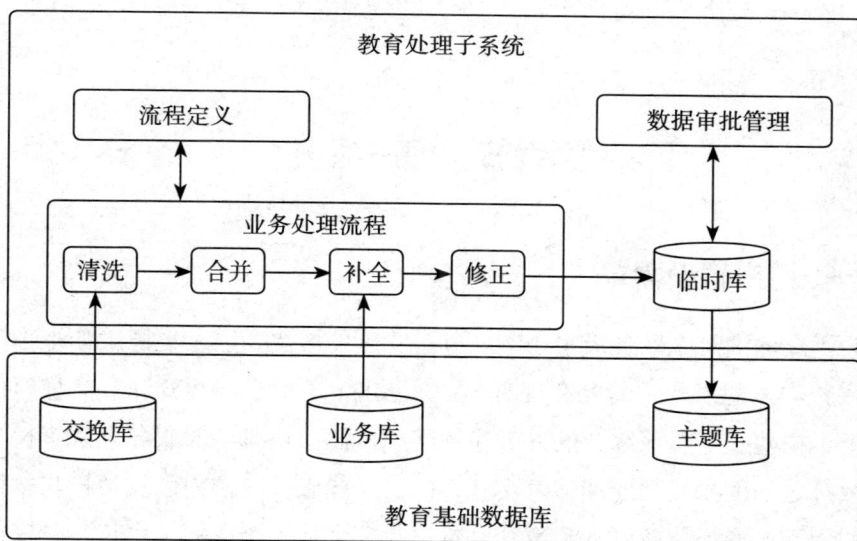

图4-5-13　教育云数据处理体系

（五）服务交换体系

服务交换体系提供整体的服务管理，对遗留系统、教育基础数据库、云平台和第三方的所有服务进行组织，并对其进行安全封装，保证服务在可控范围内使用。服务交换体系通过对服务调用记录的监控，使业务管理方能够对业务整体运行情况进行管理、监控与审计。服务交换体系架构如图4-5-14所示。

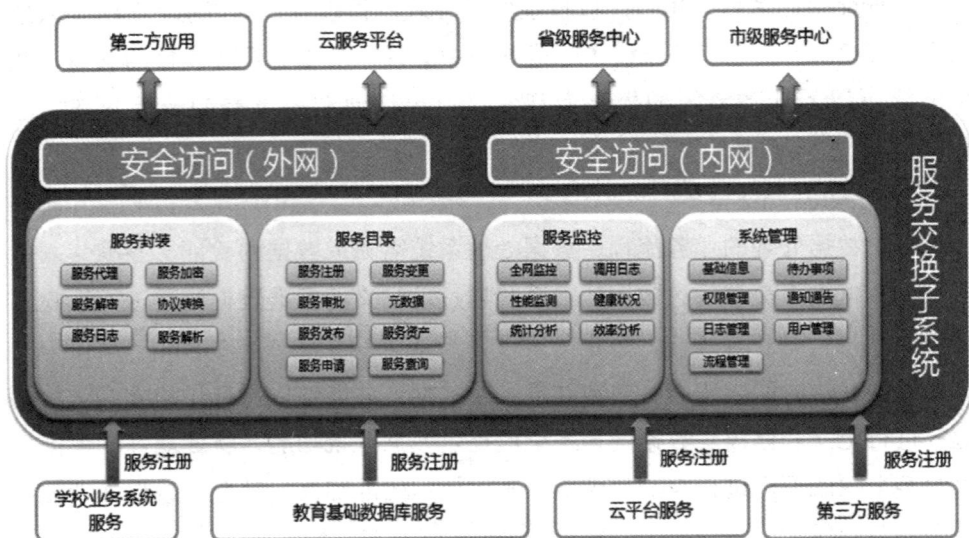

图4-5-14 服务交换体系架构

第六节 门户建设

一、门户建设需求

为了全面满足全区各级中小学教务与管理的需要，以及全区服务中小学师生与家长沟通的需要，需要在现有第一代教育IDC中心与教育综合信息门户的基础上，构建一个全面综合的移动应用门户。此门户既能够服务全区家长与各学校教师之间的相互沟通和即时交互，同时又能服务学校内以及学校与教育局之间的相互沟通、校务管理和教育监督，是一个从三个方面（家长、学校、教育局）发挥综合作用的移动信息门户。移动信息门户支持按照不同的角色访问自动匹配加载对应角色的App的功能模式，能够兼容三种不同访问角色而产生对应的应用App门户子功能级。

在建设南山区教育移动应用门户时，应该充分考虑与现有的南山区第一代大平台的Web Portal门户充分融合，实现对家长、教师、教育局工作人员等多重角色的访问融合、认证统一化，在一个统一的应用访问门户系统上，实现移动客户端按照访问角色的统一授权而自动加载对应App功能子集，实现App功能子集与Web门户的统一用户账户管理系统的对应融合，从而形成一个整体规划一致的移动应用门户。

移动应用门户应该充分考虑利用现代移动智能手机的技术，并且充分结合现代社交平台，如微信等免费工具，为全体教师、行政工作人员，尤其是广大中小学学生家长，构建一个社交简化、应用简洁方便、功能丰富的移动应用体系，全面满足中小学基层教育的需要，充分利用随身携带的通信工具，免费、实时、高效地提供基础教育所需的各类应用，避免走上需要家长付费使用的老路，为南山区的教育体系形成一个有力的支撑体系。

为此，进一步建设南山教育云综合服务大平台，结合当前实际以及未来发展，目前有如下需求有待进一步提升：

（1）连接人与应用。

连接人：教育管理者、教师、学生、家长，包括目标对象的在线状态等。

连接应用：各种应用通过消息连接在一起形成一个应用闭环。

连接人与应用：应用需要人配合完成，产生的信息推送到人（图4-6-1）。

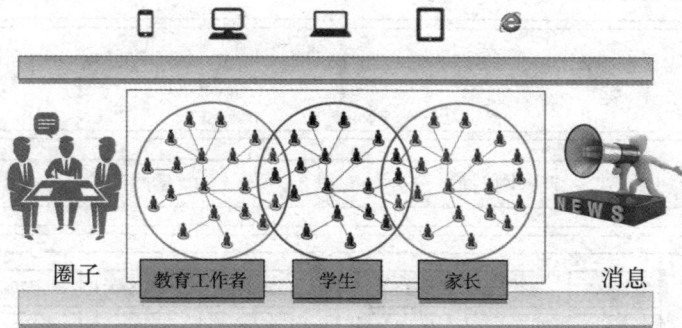

图4-6-1 连接人与应用示意图

（2）个性化应用门户。针对不同的角色建立不同的应用门户。应用门户应支持应用分类、使用频率排序等。应用门户中的应用应细化到应用的功能点上，为某个特定的功能点建立应用入口。

（3）消息总线。应用之间、用户之间需要通知、提醒、配合的消息及时通过总线方式推送传递。

（4）PC客户端及移动客户端入口。提供"云+端"模式，从大平台可以随时到达用户。

为办公室办公居多的用户提供PC客户端入口，进一步增强黏性，提升体验。

为移动化、碎片化时间参与大平台的用户提供移动客户端入口，进一步增强应用的广度、深度及效度。

（一）Web门户需求

本项目将现有的南山教育综合服务平台改造成南山教育网、南山教学网两个Web门户平台。其中，南山教育网主要面向社会公众、教育局干部职工、学校行政管理人员和教师等，提供信息公开和教育管理等服务。南山教学网则主要面向教师和学生，以提供教与学方面的服务为主。

门户架构的改造将基于现有的IBM Portal门户平台，分别开发教育网和教学网两类门户，并分别整合各自的业务系统，两个门户后台采用同一套公共支撑组件和硬件设备。改造之后的门户逻辑架构如图4-6-2所示。

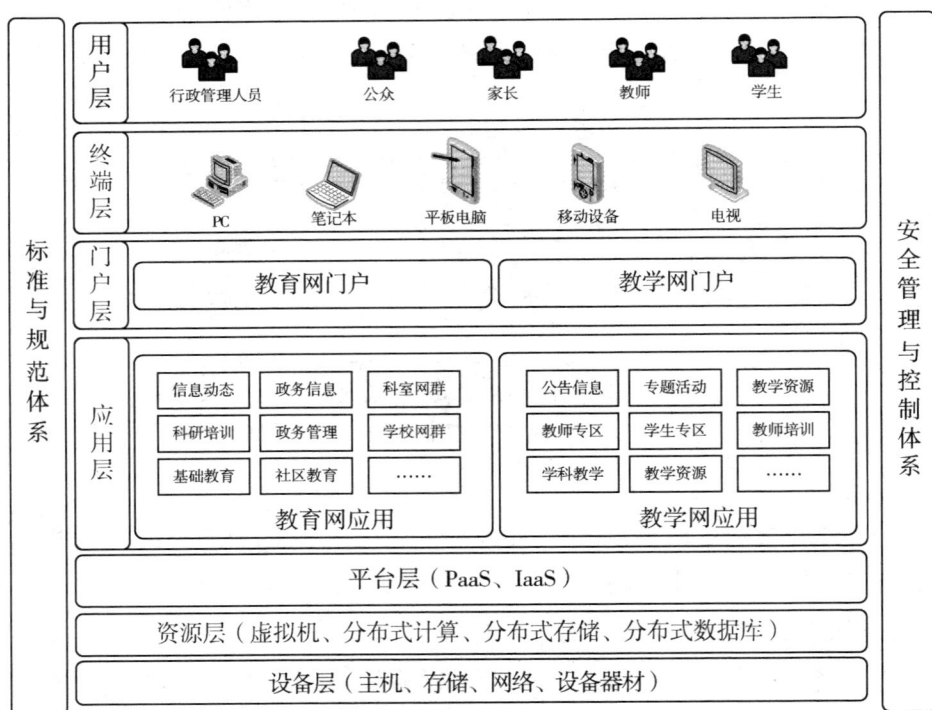

图4-6-2　改造后的门户逻辑架构

（二）移动门户需求

移动门户是智能终端通过智能客户端方式接入的标准门户。移动应用门户遵循平台的安全管理标准，支持单点登录系统（SSO）与统一认证、单点登录模块相结合，提供有线门户与无线门户相同的用户管理体系。本项目将改造各个应用系统的移动应用部分，把相应的应用业务功能模块集成到移动门户上。

（三）个人网络空间需求

南山教育云平台上有局领导、局行政人员、校领导、教师、学生与家长等各种人群，他们使用平台的目的是各不相同的；即便同样是教师，由于学科、学段的不同，使用平台的目的也会完全不同；再即便都是小学数学教师，由于个人对网络的需要或依赖程度不同，利用网络所要完成的任务也会完全不同。因此，每一个用户到南山教育云平台的目的或希望完成的任务都是不相同的。

个人网络空间的概念，正是基于这一普遍需求提出的。

个人网络空间针对不同角色集成了南山教育云平台的各项功能、各种数据、各种服务，是不同角色用户使用南山教育云平台应用的入口。个人网络空间在南山教育云平台的支持下，通过泛在通信网络，实现教师和学生对网络学习空间的有效使用。个人网络空间由个性化可定制的工作台、时间和活动管理模块、知识关系网络模块、互动模块以及推荐模块组成。

（四）系统总体架构需求

系统总体应用架构如图4-6-3所示，分为以下几大部分。

（1）移动终端应用：包括App版移动终端。

（2）移动门户。

（3）移动应用层：包括移动应用支撑平台、各个移动子应用业务系统。

（4）移动应用支撑平台：建立支持主流移动终端（如iPhone、iPad、Android平板电脑/智能手机等）应用的统一移动应用支撑平台，实现对各终端应用的统一用户身份认证、统一服务接口支持和对移动终端接口的安全控制、移动门户配置管理、移动应用接口管理等，实现对移动业务应用的统一支撑。

（5）App版移动终端：通过移动服务代理平台与业务系统通信，实现与桌面/WAP客户端用户的协同业务办理。

系统从移动终端管理服务接收个性化配置数据，获得个性化的功能、界面、资讯服务。

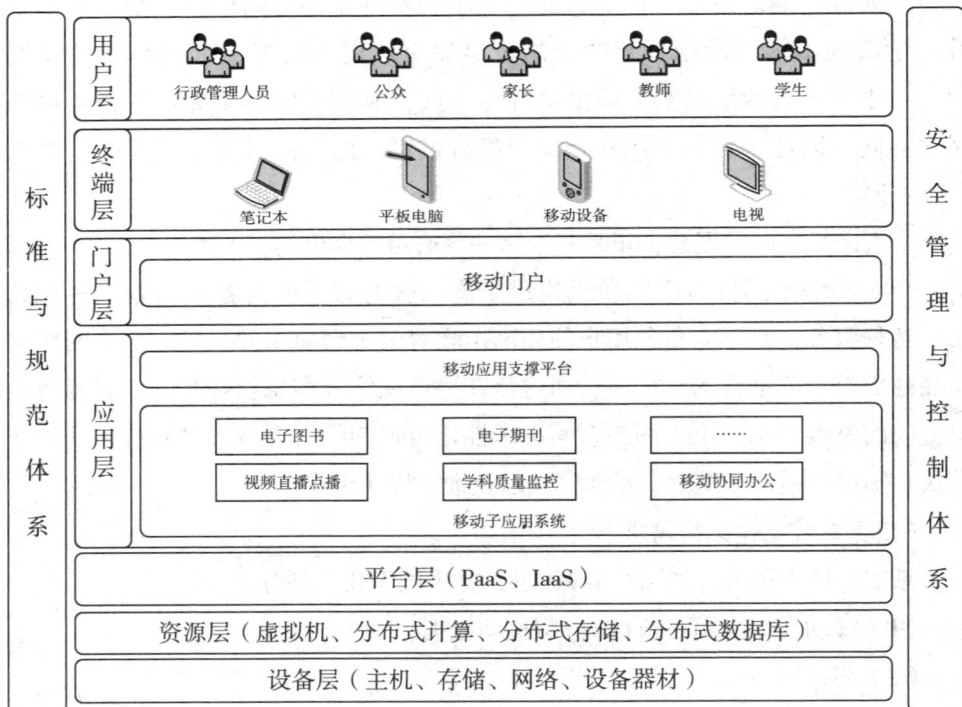

图4-6-3　系统总体应用架构设计

（五）性能需求

按照南山区教育现有的阶段水平，本期建设接入的中小学合计83所，教职工8000多人，学生人数11.8万，学生家长按照双亲计算约24万人。性能接入需求可以从服务层对教师用户接入性能要求、教师手机端性能响应要求、流量最小化设计要求、断点续传特性需求、服务层对家长外网接入性能要求以及家长微信公众平台手机端性能响应要求等方面进行设计。

（六）运维管理要求

系统必须提供良好的后台服务管理工具，用户管理系统的用户添加、删除、修改、查询，对于基本用户信息和业务数据进行操作，方便灵活；账户管理：要求能添加系统用户，并且能停用账户，能给创建的用户直接分配存储空间。运维管理主要可以从组织架构管理功能、系统管控、AD域账号整合、密码修改等方面考虑。

二、门户建设方案

（一）Web门户

1. 南山教育网

通过服务总线，按照服务对象的需求，把各应用系统的不同功能模块分开集成（表4-6-1），建设一个服务于市民、发挥宣传与管理作用的南山教育网门户，如图4-6-4所示。

表4-6-1　南山教育网包含模块

模块名称	说明
信息动态	教育方面的信息动态，包括新闻、教育方面的信息
公告信息	对外公告信息，主要发布区内对外公告的信息
政务信息	南山区政务公开方面的信息
登录入口	全区用户统一系统登录框
服务大厅	对外提供导航服务
科室网群	各个科室网站的链接，方便用户链接到不同的网站查看所需信息
学校网群	各个学校网站的链接，方便用户链接到不同的网站查看所需信息
政务管理网	包括协同办公、督导评估、管理类主题等应用系统
社区教育网	包括社区教育、成人职业教育、幼儿教育等应用系统
友情链接	各个学校、南山区教育网站群以及其他网站的友情链接，方便用户链接到不同的网站查看所需信息

图4-6-4 南山教育网门户

2. 南山教学网

通过服务总线，按照服务对象的需求，把各应用系统的不同功能模块分开集成（表4-6-2），建设一个服务于教师、学生与家长，发挥资源自主推送作用的南山教学网门户，如图4-6-5所示。

表4-6-2 南山教学网包含模块

模块名称	说明
信息动态	教育方面的信息动态，包括新闻、教育方面的信息
公告信息	对外公告信息，主要发布区内对外公告的信息
登录入口	全区用户统一系统登录框，也可以通过"师生卡"进行登录
专题活动	各类信息化、名师讲坛，信息应用推广活动
教学资源	按照学科、学段、地区版本推送各种教学资源
教师专区	按照科目推送各种教学资源，展示教师的优秀资源、空间、作品、协同备课、协同教研、网络培训等

模块名称	说明
学生专区	推送各类最新的网络课堂、教育游戏、网上实验等资源
家长专区	家校互联平台，利用开放选学平台开设家长学校
班级专区	班级社区、活动、同学录、相册等班班通内容
资源超市	包括图书管理、电子图书、电子期刊、视频直播点播、资源库平台、特色亮点与创新应用项目等应用系统
学科教学网	包括中小学学科教学网群、学科教学质量监控、学习平台、各学科的学习工具、教育论坛、教育博客等应用系统
科研培训网	包括教育科研、继续教育、网络教学与继续教育等应用系统
基础教育网	包括三维学区、中小学综合素质评价、心理咨询、德育网站等应用系统
友情链接	各个学校、南山区教育网站群以及其他网站的友情链接，方便用户链接到不同的网站查看所需信息

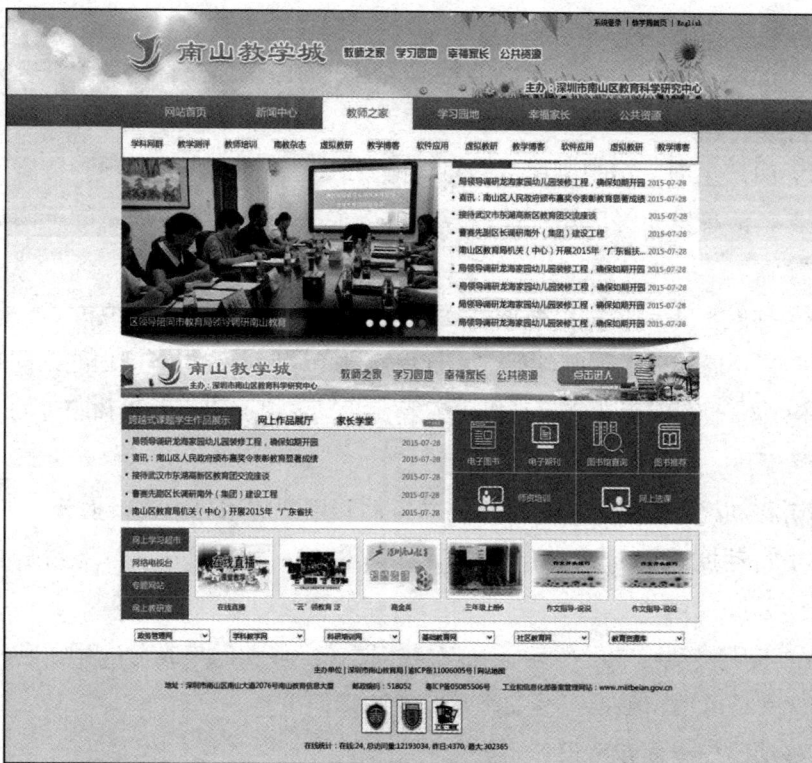

图4-6-5　南山教学网门户

（二）移动门户

利用云存储技术，采用底层数据集中存储，各应用系统前端升级改版，支持PC与智能终端采用App或Web询问方式，将个人学习空间建成个人网络知识管理空间、社交网络空间，开展自主学习与工作。

1. 移动门户设计

移动门户是智能终端通过智能客户端方式接入的标准门户。移动应用门户遵循平台的安全管理标准，支持采用单点登录系统（SSO）与统一认证、单点登录模块相结合，提供有线门户与无线门户相同的用户管理体系。本项目将改造各个应用系统的移动应用部分，把相应的应用业务功能模块集成到移动门户上。

2. 移动门户功能设计

用户单点登录，依赖移动应用支撑平台的统一身份认证，包括用户认证接口、令牌认证接口以及令牌管理等功能，结合各应用系统用户单点登录映射实现移动门户各应用的单点登录。

（1）门户框架。门户框架提供对不同用户的门户界面自定义配置、换肤等功能。

（2）门户桌面。门户桌面以信息块的方式直接展现待办事项、待阅事项、通知公告、信息发布等应用中的内容，可以根据用户角色和职责的不同进行自定义配置。

（3）导航栏扩展定制。根据移动门户的应用集成标准和集成方式，能够集成协同办公、通知公告、邮件处理、日程安排等移动办公类应用功能，同时也可以对其他移动业务应用功能进行集成配置，并且可根据用户角色和职责的不同进行自定义配置。

（4）移动终端换肤。根据移动终端特性和用户应用要求进行换肤。

（5）自动提醒及更新。用户访问移动门户时，如有新版本，系统会自动提醒并进行更新。

（6）基于移动终端的滑动、触摸操作模式。移动门户充分应用了移动终端的特性，支持滑动、触摸等移动终端特有的操作模式。

3. 移动门户界面参考设计

移动门户的内容版式设计如图4-6-6、图4-6-7所示。

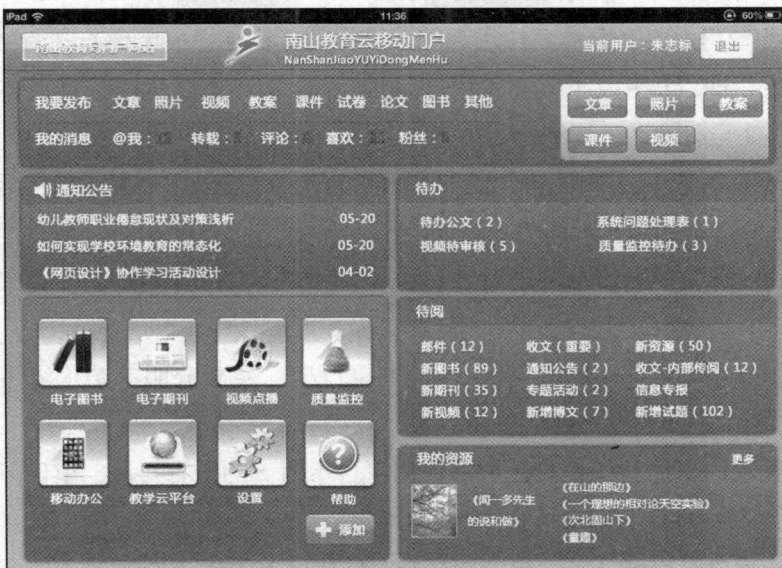

图4-6-6　Pad版

图4-6-7　智能手机版本

（1）设计原则。移动门户的设计依据以下八个原则：

① 移动门户要充分体现应用系统建设的总体目标：一个中心、两种关系、三个特性，即以应用为中心，建立人与技术、人与人之间的关系，体现服务性、共享性与前瞻性。

② 要按用户角色与工作平台设计不同的门户，任何用户进入门户后只需单击不超过两次便能到达最终应用页面。

③ 移动门户以个人工作展开，80%以上的内容是与该访问用户直接关联的。

④ 整个移动门户设计要有个性，逻辑严密、层次分明、结构清楚、方便易用。

⑤ 移动门户能智能记忆用户在使用平台后留下的所有特征，以便下一个阶段系统管理员可以根据统计进行个性化推送。

⑥ 用户可以根据自己的角色和喜好个性化设置版式、风格。

⑦ 给移动门户未来应用模块的挂接留出方便快捷的接口。

⑧ 移动门户要成为每位用户工作与生活的空间，为用户提供方便的办公途径。

（2）设计思路。移动门户秉承"统一平台""统一桌面"的设计思想，直接面向应用功能。在移动门户上是与个人相关的应用功能细粒度模块，使用户直接进入与其相关的内容或事项。我们将移动门户的功能分为四类，分别是沟通功能、本职工作、推送信息和公共信息。这种设计在虚拟的空间中也可以实现在现实生活中个人与个人、个人与工作、个人与组织、个人与社会四个方面的关系形态，如图4-6-8所示。在移动门户中我们还提供了多种个性化工具，可以让用户装饰自己的桌面空间，使每个人的应用桌面多姿多彩。

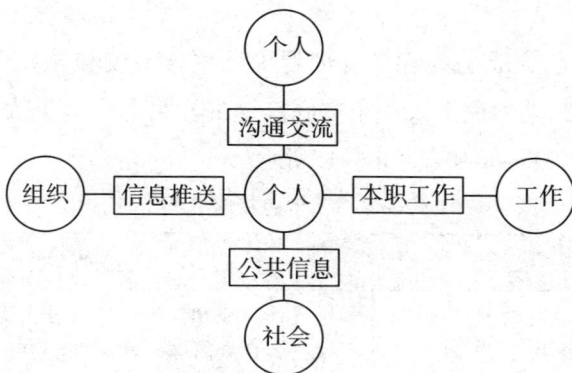

图4-6-8　四个关系四类内容

（3）个性化功能定制。除了内容的体现，移动门户还将为用户提供丰富的个性化功能，包括功能定制和界面定制。移动门户针对不同的用户可以提供不同的功能定制和界面定制，并且可以选择不同的界面主题样式，提升用户体验、提高用户使用效率，让系统真正"活"起来。

（4）移动门户设计。移动门户设计体现了以下三点：①布局简洁、清晰，费控系统及后续扩展的业务系统应用通过快捷图标显示；②紧急事项和待办数量突出提醒；③以内容组件方式展现主要工作和重点关注内容。

（三）个人网络空间

（1）个人网络空间体现五大功能：网络工作管理、网络知识管理、网络互动教学、网络终身学习、网络社交平台。

（2）个人网络空间涵盖六大类角色：局领导、局行政人员、校领导、教师、学生与家长。

（3）个人网络空间功能模块预设内容。

网络工作管理：协同办公、学生学籍管理、学业成绩管理。

网络知识管理：网络云盘、个人档案、个人资料管理、资源检索、电子邮件、公共博客等。

网络互动教学：课堂教学管理、备课、上课、教学资源管理、MOOC（慕课）管理等。

网络终身学习：电子期刊、电子图书、图书借阅、继续教育、视频资源等。

网络社交平台：家校互动、公共应用（QQ、微信、数字城市功能等）、班级互动等。

（4）六类角色集成的内容。管理者（局领导、校领导、行政人员）、教师、学生和家长四类角色个人网络空间推送的栏目与内容见表4-6-3，四类角色个人网络空间如图4-6-9～图4-6-12所示。

表4-6-3　角色集成内容

角色	栏目内容	内容推送
管理者	首页、公文处理、行政管理、公共信息、个人办公、综合应用、消息传递、个人设置	领导日程、通知公告、待办公文、待阅公文、请示汇报、教育局新闻、常用功能、视频直播、视频点播、业务数据统计、教育前沿、友情链接、教育网站群
教师	首页、教学工作、论坛、博客、网络硬盘、消息传递、个人设置	小学期刊、电子图书、友情链接、应用入口、教学资源（按学科+学段推送）、教育局新闻、最新公告、视频点播、视频直播
学生	首页、学习生活、消息传递、论坛、博客、网络硬盘、个人设置	最新留言、我的好友、友情链接、学习课程资源（按学段推送）、电子图书、电子期刊、学习资源（按学段推送）、最新公告、视频点播、视频直播、导航条
家长	首页、学校导航、论坛、消息传递、个人设置	招生信息、收费标准、家长学堂、最新留言、我的好友、子女心声、孩子健康、最新公告、孩子成绩、家长期刊

图4-6-9　管理者个人网络空间

图4-6-10　教师个人网络空间

图4-6-11　学生个人网络空间

图4-6-12　家长个人网络空间

三、现有应用系统的移动化改造

（一）电子图书终端

建设数字阅读平台，使读者除通过传统PC机访问数字资源外，还可通过手机、手持阅读器、平板电脑等方式与平台相连并阅读相关数字资源，真正为用户提供多渠道、多方式的移动阅读功能，如图4-6-13、图4-6-14所示。

图4-6-13　图书管理主界面

图4-6-14　丰富的图书资源

（二）电子期刊

手机知网集成了中国知网庞大、优质、权威的内容资源，结合手机携带、使用便捷的特点，采用中国知网先进的数字出版技术，是专门为手机读者设计、开发的手机数字资源服务平台，如图4-6-15所示。

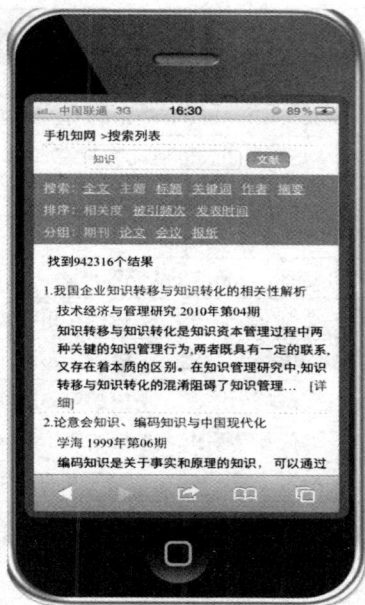

图4-6-15　电子期刊搜索界面

（三）视频直播点播系统

南山区教育局视频点播系统自2008年10月正式上线，至今一直平稳运行，此次要将现有视频点播系统进行平滑升级改造。新版本系统采用主流的播放器，无须安装其他插件即可正常播放视频；增加iOS /Android / Windows Mobile/智能电视等多终端流媒体发布模块，支持标准的HLS播放协议等功能。

（四）需支持移动终端访问的新增系统（表4-6-4）

表4-6-4　需支持移动端访问的新增系统

编号	系统	说明
1	智慧课堂学习平台	iOS和Android的客户端
2	学习工具集	大部分语文、英语、数学、物理、化学、音乐、美术、探究类工具都应以App的形式提供，支持iOS和Android平台
3	基于增强现实的学习	支持Android平台的App
4	物联网教育	支持Android平台的App
5	协同教研平台	支持基于平板的Web访问
6	协同备课平台	支持基于平板的Web访问

续　表

编号	系统	说明
7	学业质量监测与评估	支持基于平板的Web访问
8	微课制作工具	支持iOS/Android平台的App
9	移动办公系统	iOS和Andorid的App客户端
10	科室基础数据云	支持基于平板的Web访问
11	决策支持系统	支持基于平板的Web访问
12	家校互联	iOS和Android的App客户端，家长主入口
13	教育地图	支持基于手机、平板的Web访问
14	教育云盘	支持基于手机、平板的Web访问
15	校园No.1	支持基于手机、平板的Web访问
16	Web门户	支持基于手机、平板的Web访问
17	移动门户	Android客户端，支持手机和平板的Web访问
18	人人通空间	支持基于手机、平板的Web访问

第七节　系统集成

一、基础设施建设方案

基础设施包括新购两组刀片、服务器的虚拟化、原有服务器的集群、云盘建设、集约管理等。

（一）虚拟化方案

利用VMware vSphere整合x86服务器，从而更充分地利用现有的资源。传统的"一种工作负载配一台机器"的服务器部署方法会导致硬件资源过度部署和利用率不足。大多数服务器只利用了其总体负载容量的10%～25%。电力、散热、网络基础架构、存储基础架构、管理开销和不动产导致利用率不足的服务器的成本不断增加。将x86物理机转换为功能完善的虚拟机可以避免服务器数量剧增。VMware虚拟机独立于底层硬件运行，在多种物理服务器（从2-CPU到32-CPU系统）上均受支持。每个VMware虚拟机代表一个具有处理器、内存、网络、存储器和BIOS的完整系统，可以在相同硬件上同时运行Windows、

Linux、Solaris和NetWare操作系统及软件应用程序。在高配置的x86服务器上运行多个工作负载,可以将服务器硬件的利用率从10%~25%提高到80%。使用VMware vCenter Converter实用程序,数分钟即可将物理机转换为虚拟机,同时不会造成服务中断或系统停机。VMware vCenter Converter 可以在多种硬件上运行,并支持最常用的Microsoft Windows操作系统。

(二)总体部署方案

根据项目的整体设计和架构,采用两台IBM FLAX x240刀片服务器,共配置28个刀片、56个物理CPU、448个CPU内核,内存为1792GB,采用虚拟化软件(VMM)——VMware vSphere 5 Enterprise,将服务器的物理CPU、内存、网卡和硬盘等资源抽象出来,映射成若干个虚拟的CPU、内存、网卡和硬盘,构成虚拟机。每个刀片服务器可承载4核8G内存虚拟机约4个,两台刀片服务器可虚拟出4核8G内存、2核8G内存约100台虚拟服务器。

28个刀片虚拟主机组建一个高可用(HA)集群,结合共享存储,通过vCenter统一管理,采用P2V工具VMware vCenter Converter Standalone将物理机直接转换为虚拟机,而不需要中断业务系统。HA集群将自动重新启动集群中另外一台物理服务器上的故障VMware ESX Server上的所有(或部分)虚拟机。方案拓扑图如图4-7-1所示。

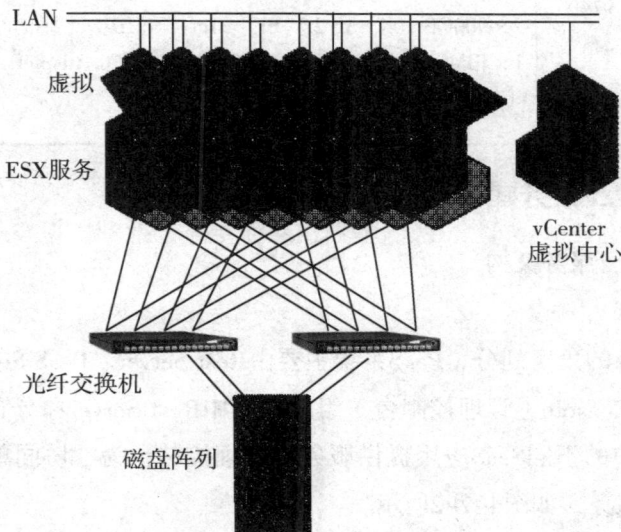

图4-7-1 虚拟化总体方案拓扑图

（三）刀片服务器配置（表4-7-1）

表4-7-1　刀片服务配置表

设备详细清单					
序号	名称	品牌	产品描述	数量	备注
1	刀片中心（含光纤交换机、以太网交换机）	IBM FLEX	IBM Flex System Enterprise Chassis with 2 × 2500W PSU，Rackable IBM Flex System Enterprise Chassis 2500W Power Module × 2 风扇 IBM Flex System FC3171 8Gb SAN Switch × 2 IBM Flex System EN2092 1Gb Ethernet Scalable Switch × 2 IBM 8 GB SFP+ SW Optic Transceiver × 12 （三年7 × 24原厂保修）	2	
2	应用服务器	IBM FLEX x240	IBM Flex System x240 Compute Node, 2 × Xeon 8C Processor Model E5-2660 95W 2.2GHz/1600MHz/12MB, 64GB (8 × 8GB, 2R × 4, 1.35V) PC3L-10600 CL9 ECC DDR3 1333MHz LP RDIMM 2.5m IEC 309 C19 to C20 intra rack cable 2 × 900GB 10K SAS 2.5" SFF Slim-HS HDD 1 × IBM Flex System FC3172 2-port 8GB FC Adapter （三年7 × 24原厂保修）	28	

二、公共云服务建设方案

（一）公共云服务架构

1. 系统框架

从提供服务的角度划分，PaaS系统主要由Rest Server、PaaS Server（分布式系统）和PaaS Console（管理控制台）组成，其中Rest Server和分布式系统面向"客户对象"中的不同SaaS应用提供服务，管理控制台为"协同单位"中的不同管理员提供服务，如图4-7-2所示。

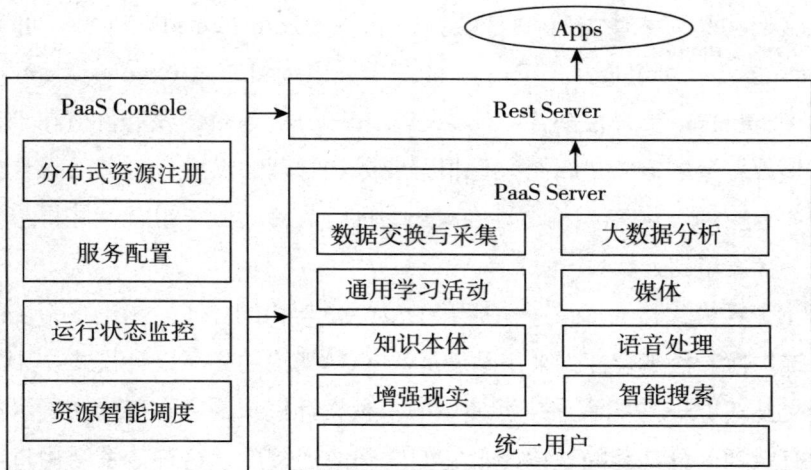

图4-7-2 PaaS框架图

2. 技术路线

应用架构技术是随着计算模式技术的发展而发展的,两者相互推动、相互支撑。为确保IT基础架构的健壮性及适应云计算模式,要提升开发成果的可重用性,节省系统开发与扩面的成本,降低系统开发与扩面的风险,提高系统开发与扩面的效率。

本项目的建设将全面采用SOA、WOA架构技术。应用体系架构方法与技术当前朝着松耦合的构件集成、分布式计算两方面迅猛发展,SOA聚焦这两方面的特征及优势,成为当前应用体系架构的主流方法与技术。第二代面向Web、面向WAN的SOA,则称为WOA,如图4-7-3所示。

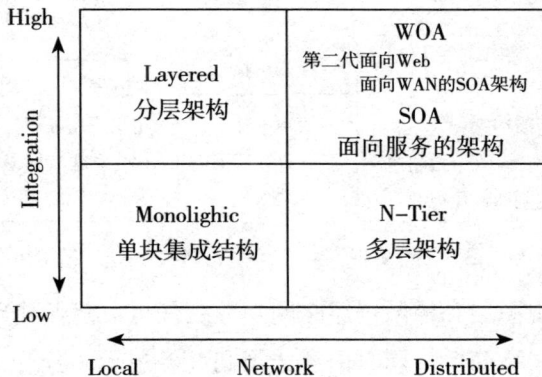

图4-7-3 应用技术架构的选择图

SOA架构具有六大显著的特性：协同性（Interoperability）、可重用性（Reusability）、可组合性（Composibility）、服务契约化（Service Contract）、自治性（Autonomy）、松耦合（Losely Coupling）。SOA的核心价值在于将业务逻辑直接以服务的方式进行封装，根据业务和管理的需要，可灵活组合成各个不同的业务应用。WOA架构，即在Web层进行灵活的服务组合，并将组合后的软件或平台发布到云端。

（1）设计模式技术选择——基于SOA/WOA架构的MVC。为确保系统的适应性、可维护性、松耦合性，采用基于SOA/WOA架构的MVC设计模式。MVC设计模式是交互式B/S/S应用程序广泛使用的一种设计模式。它在存储和展示数据的对象中有效地区分功能模块以降低它们之间的连接度，这种体系结构将传统的输入、处理和输入模型转化为图形显示的用户交互模型，或者换一种说法，是多层次的Web商业应用。MVC体系结构具有三个层面，即模型（Model）、视图（View）和控制（Controller），每个层面有其各自的功能作用。MVC设计模式如图4-7-4所示。

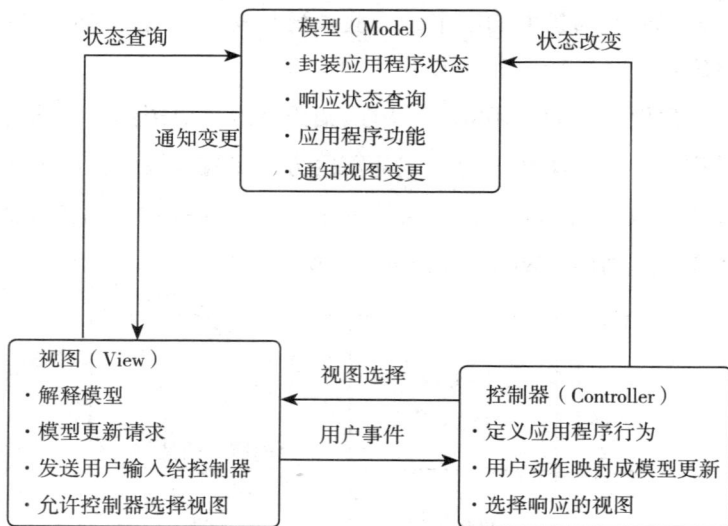

图4-7-4　MVC设计模式

在模型层、视图层和控制器层之间划分责任可以降低代码的重复度，并使应用程序维护起来更简单。同时由于数据和商务逻辑的分开，在新的数据源加入和数据显示变化的时候，数据处理也会变得更简单。

结合SOA/WOA架构设计方法，模型层将由服务层替代，控制器层由Process流程编排层替代，因此基于SOA/WOA架构的MVC设计模式如图4-7-5所示。

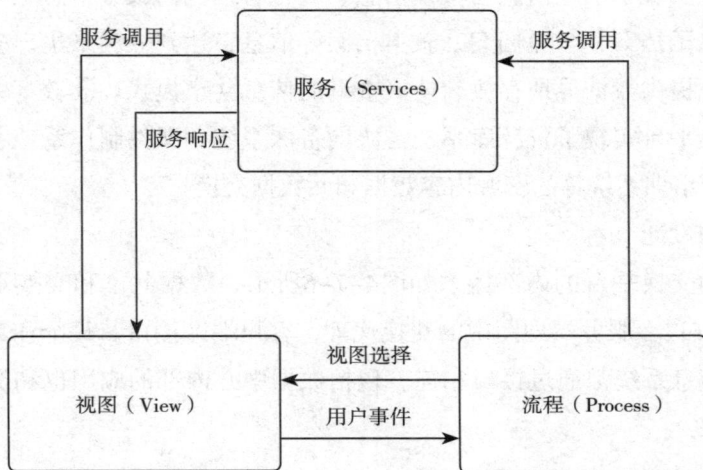

图4-7-5　基于SOA/WOA架构的MVC设计模式

（2）应用接口技术选择——REST和SOAP服务。全面采用SOA/WOA架构，应用与应用之间的接口全部采用服务技术来封装，并将封装好的服务发布到服务总线上，供对方应用调用。服务封装可以采用REST云服务和SOAP Web服务。

因此，应用与应用之间是纯粹的数据接口，则应采用REST云服务技术；应用与应用之间有复杂计算逻辑接口，则应采用SOAP Web服务技术。局域网内的各应用之间的接口既可以采用SOAP Web服务技术，又可以采用REST云服务技术；广域网上的各应用之间的接口则应采用REST云服务技术。

（二）系统采集与交换云服务

数据交换与采集服务的构建主要是为了适应信息共享的发展趋势，使得内部不同业务系统间、内部与外部单位不同业务系统间实现信息交换，为今后业务系统的升级与扩展提供基础平台，缩短管理系统的开发、部署周期和减少投资。

数据交换与采集服务的应用特点主要体现为：①教育数据统一采集，与交换平台实现了学生信息管理系统、智慧课堂学习平台、开放课程选学平台与学业质量监测与测评系统之间，协同教研平台、协同备课平台、教师培训平台与

移动办公系统之间的互联互通，实时自动地一次性采集学生和教师电子信息，减少了工作环节，提高了工作效率，保证了服务质量。②教育数据统一采集，与交换平台实现了学生信息与教师信息、教育管理机构服务信息之间的互联互通，利用电子档案、学业档案、教学档案等信息，达到一次采集、多方利用的效果，并且提供数据异地存放、全区查询的信息共享模式。③教育数据统一采集，与交换平台实现了资源库系统与协同备课系统、课件制作系统、课堂教学系统、教师培训系统等的资源内容数据和元数据交换。

1. 结构设计

共享和交换平台的内部体系如图4-7-6所示，数据共享和交换平台设计成客户/服务方式，服务端即图中的交换代理，客户端即接口，每个和数据中心相连的业务信息系统都通过接口相连，包括数据中心内部的应用也和交换代理通过接口相连。

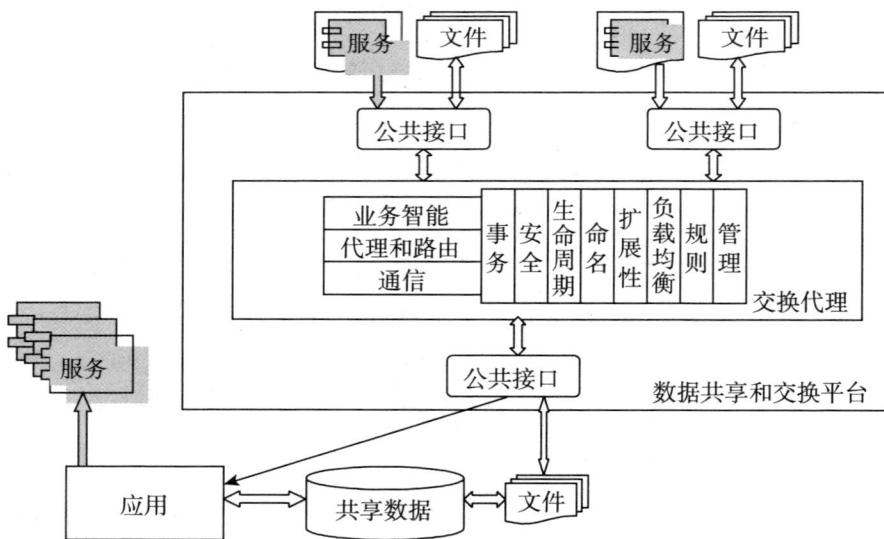

图4-7-6　共享和交换平台的内部体系

2. 运行架构

要完成共享和交换首先要实现整合。随着信息系统的不断发展，信息资源和应用系统在不断变化，平台必须主动适应现有系统的整合机制，提供多种适配器组件，通过图形化配置来封装异构的数据源和应用系统，并且能通过资源管理体系来统一管理。

　　交换平台由中心交换节点和端交换节点组成，依托统一的电子政务外网，通过采用统一的交换协议，实现跨地区、跨部门应用系统之间的数据交换。

　　市共享交换库作为中心交换节点，各相关单位的前置机作为端交换节点，各业务系统通过交换桥接与前置机互联，接入数据共享交换平台。数据交换运行架构如图4-7-7所示。

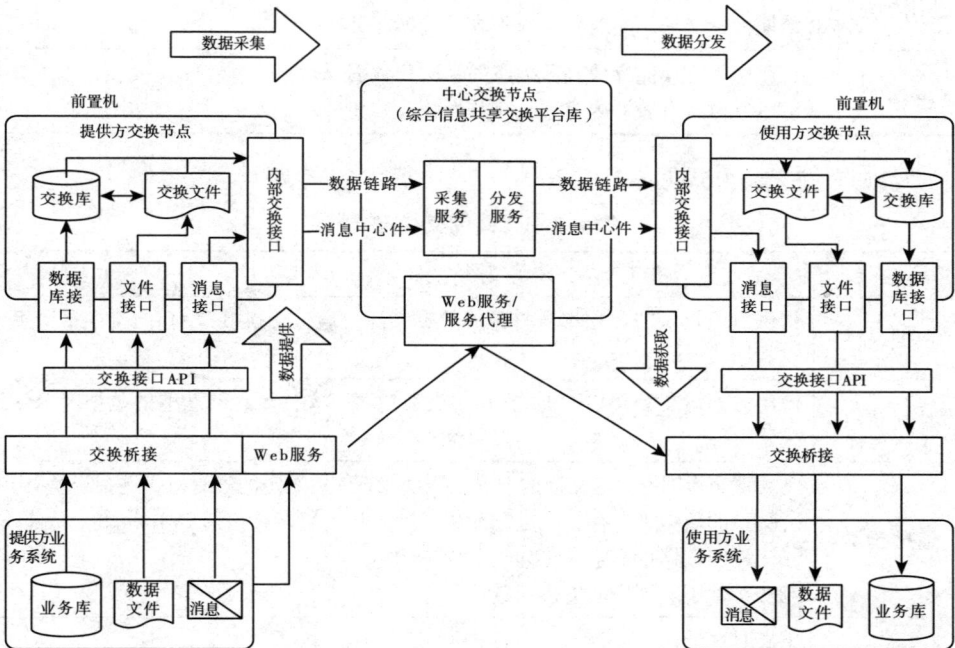

图4-7-7　数据交换运行架构

3. 交换方式

　　交换平台支持的交换方式包括数据库交换方式、文件交换方式、Web服务交换方式以及消息交换方式。四种交换方式适用于不同的交换场景，各有优缺点和约束条件，各有关单位应根据业务需求和应用特点选择合适的交换方式。

（1）数据库交换方式见表4-7-2。

表4-7-2　数据库交换方式

数据库交换方式	
数据提供	提供方所提供的数据存放在业务数据库中，通过交换接口API向交换平台提供数据
数据获取	使用方通过交换桥接从前置机交换库获取数据，数据的表示形式是数据表
适用场景	①交换结构化数据（存放在数据库中的数据）； ②定期批量交换，实时性要求不高的交换任务
约束条件	①只适用于交换能存放到数据库的结构化数据； ②不适宜对所有数据内容进行完整性校验

（2）文件交换方式见表4-7-3。

表4-7-3　文件交换方式

文件交换方式	
数据提供	提供方所提供的数据本身打包成数据文件，通过交换接口API向交换平台提供数据
数据获取	使用方通过交换接口API从交换平台获取数据文件，最终获取的数据表示形式是文件
适用场景	①共享交换库不关心交换的内容，交换双方使用约定的私有格式进行交换； ②交换的数据难以存放在数据库中（如图片、复杂结构的XML）； ③交换的数据量非常大（如提供历史数据）； ④实时性要求不高的交换任务
约束条件	①实时性低； ②不适用于高频率发生的交换任务； ③实施时必须配备消息中间件

（3）Web服务交换方式见表4-7-4。

表4-7-4　Web服务交换方式

文件交换方式	
数据提供	提供方把数据共享Web服务注册到共享交换库目录系统中
数据获取	使用方在共享交换库查询到提供方发布的服务时，直接调用提供方提供的数据共享Web服务，或调用共享交换库的服务代理来使用提供方的服务
适用场景	①实时性要求高，但数据量不大的交换服务； ②使用方不需要所有数据，只需要按需求获取应答式的数据交换

文件交换方式	
约束条件	①不适宜进行大数据量的交换； ②对使用方技术要求较高，必须具备Web服务及相关的开发技能； ③不支持"增量"数据交换； ④要求提供方提供的服务必须稳定，长期保持可用； ⑤对提供方节点的网络要求高，必须长时间保持稳定联通

（4）消息交换方式见表4-7-5。

表4-7-5　消息交换方式

消息交换方式	
数据提供	提供方通过交换接口API提供的数据是轻量级消息
数据获取	使用方通过交换接口API获取的数据是轻量级消息
适用场景	轻量级的数据交换： ①交换内容格式灵活多变，如需要交换很多类业务的数据，每次交换的数据量不多，但每一类业务的格式都不一样； ②对实时性要求较高
约束条件	①对交换双方都有较高的技术要求； ②不适宜大批量的数据交换； ③交换平台不关心交换的内容； ④每一批交换任务必须有明确的接收方（可以是点对多点）； ⑤实施时必须配备消息中间件

三、学习类应用建设方案

（一）云学习平台

根据学校教学的实际需求，课堂教学平台系统主要为教师提供一个高效的备课、互动授课的课堂教学平台。

1. 教学中心

教学中心是教师在办公室或家里使用的软件，教师通过自己的账号和密码登录云平台，获取平台资源。教学中心集成了备课、授课所需要的功能模块，根据教师备课使用的顺序分为课时管理、预习管理、教学设计、课件制作和授课五个部分。

2. 授课中心

授课中心是移动云课堂核心的功能模块之一，为教师授课环节提供了丰富的课堂双向交互功能，可以通过教学中心的"授课"功能模块启动，也可以通过"授课服务"启动。服务启动后教师可以单击相应的班级按钮对授课中心进行控制。

3. 无缝学习中心

无缝学习中心整体框架如图4-7-8所示，用户可以通过自己的移动设备（包括手机、平板、机顶盒、PC）进行学习。在可以上网的情况下，用户可以通过互联网与系统平台进行交互，包括课件的下载和查看、课程通知的查看、学习记录的同步等功能。当不能上网时，用户可以进行离线学习，在能够上网的情况下，移动设备与系统平台实现学习记录的同步。

图4-7-8　无缝学习中心整体框架

4. 评测中心

测评中心包含题库管理、在线作业、在线自测等主要部分。课后作业具备创建作业、布置作业、作业批改（自动或手动批改）以及作业评语等功能。题库管理提供试题的发布、审核及相应的管理功能，教师还可以利用试题库中的试题进行手动组卷以及试卷的审核、查找、导出。

5. 答疑中心

答疑是教学和学习的重要环节，是学生解决学习和作业过程中遇到问题的重要方式。答疑的主要形式有自动答疑和人工答疑。答疑是教师了解学生课堂学习情况，解决学生课堂授课遗留问题的重要方式，有利于对学生的个性化指导。

（二）开放课程选学平台

开放课程是开放教育资源的一个重要部分，是指互联网上可供在课堂教学中使用的一整套课程资源，其中包括课程大纲、教学安排、讲授笔记或者相似内容，另外还可以有课后作业、测试卷、电子书、仿真设备、模型或学习工具、学习手册、视频等其他类型的资源。开放课程开放共享的理念可以高效地实现优质教育资源的共享。麻省理工学院（MIT）自2001年发起开放课程资源

（Open Course Ware，OCW）项目以来，在全球范围内取得了极大的成功。至2012年，大规模在线开放课程（Massive Open Online Course，简称MOOC）作为一种新型在线教学模式闯入人们的视野，并取得了巨大的成功。

本系统中，在教师、学生以及家长等的个人学习空间处为大家提供开放课程选学接口，教师和学生都可以根据自己的需要选择课程。此外，教师还可以开设开放课程。各角色及流程如图4-7-9所示。

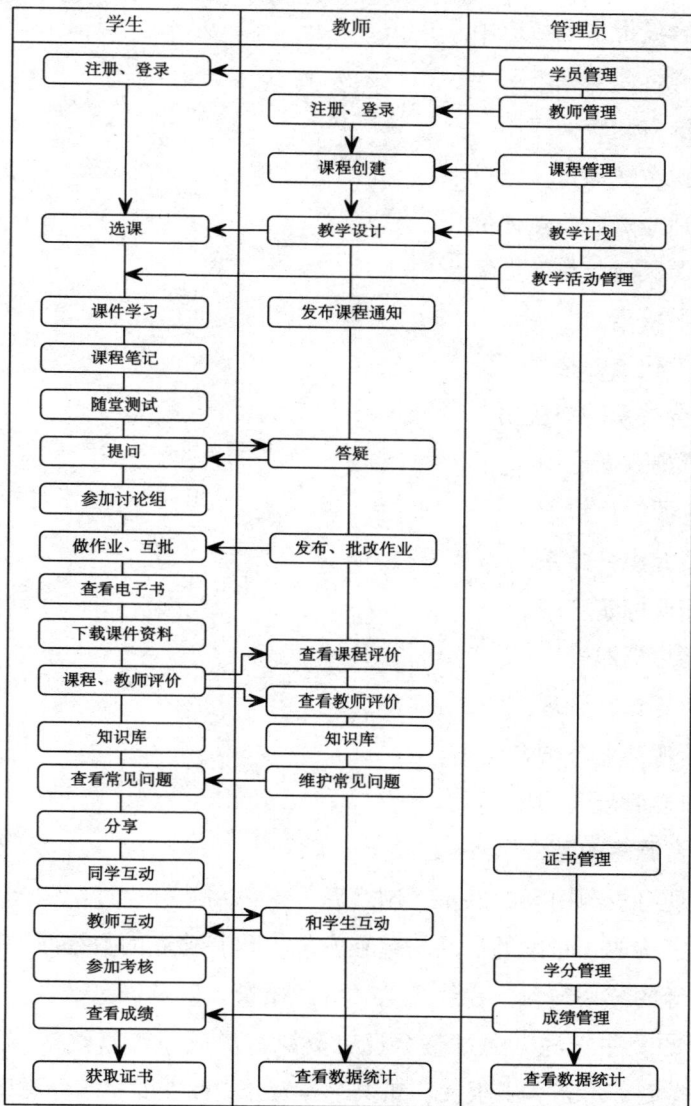

图4-7-9　各角色及流程

（三）资源超市系统

1. 资源超市功能

以国家新课标教材为基础，结合南山区教材使用特点，建立以教材版本、年级、学科、课本章节为标准的资源目录服务协议，采用以教材目录为标准组织资源的形式，构建南山区教育资源管理规范，以本规范为基础实现对南山区所有教育资源的统一入库与管理。主要功能如下：

（1）大容量批量上传应用。

（2）资源智能识别。

（3）资源自动转换应用。

（4）资源在线预览。

（5）自适应资源质量评价。

（6）资源集成与自动更新。

（7）资源检索。

（8）个性化资源推送。

（9）社会关系网络应用。

（10）资源数据挖掘。

（11）资源门户管理。

（12）资源积分体系。

（13）资源标签应用。

（14）网络资源管理。

（15）资源竞赛管理。

（16）资源与业务融合应用。

（17）日志管理。

2. 现有资源库的整合

南山区现有资源由新源共享、国之源、学科网站群、世纪阳光、智乐园、东师理想六家构成，每家的产品均单独安装，具有独立的数据库。南山区要实现对各类资源的统一编目、在线预览、资源质量评价及资源推送，就必须实现对现有资源的统一管理，通过整合现有资源，形成一套以教材目录为一级分类，以资源类型、形态、出版社、知识点等为分类标准的多维分类体系。

通过前期论证，我们发现，以上资源提供商有大部分已无法提供后续服务，因此，资源的统一管理问题需由资源云平台提供方通过爬虫等资源抓取技术解决。接口标准：以南山区教材知识目录为资源接口标准，根据该标准与各库建立相应的资源抓取接口。

3. 系统接口与数据交换

资源超市系统作为教育云平台总的学习资源库，将为云平台中的各类子系统提供学习资源支持。云平台中各类子系统的学习资源都将通过资源接口与资源超市进行数据交换。

资源超市将作为各类子系统（如智慧课堂学习平台等）的资源仓库，各子系统中的资源最终都将汇集在资源超市中（如学生、教师上传的课件、教案、测试题等）。这些资源在资源超市中按照资源的来源和资源类型进行分类储存，用户在资源超市中使用资源检索功能可按照关键词、资源类型等来检索所需要的资源。

此外，资源超市系统利用各类平台资源接口与云平台中的各类子系统进行数据交换，为云平台各子系统提供资源支持。资源超市系统与平台各子系统通过各类资源接口进行资源数据的交换，这些接口包括：

（1）资源存取接口。资源超市系统提供资源存取接口，将各类系统的资源按照资源的来源和类型存储。用户在其他子系统上创建、上传的各类资源都将通过该接口汇集到资源超市系统中。同时，其他子系统也利用该接口从资源超市系统中提取所需要的资源。

（2）资源检索接口。资源超市系统提供统一的资源检索接口，该接口与各子系统的资源检索模块对接。子系统资源检索模块向资源检索接口提供检索条件后，资源检索接口从资源超市系统中检索满足条件的资源。

（3）资源管理接口。资源超市系统提供统一的资源管理接口，该接口与各子系统的资源管理模块对接。子系统资源管理模块通过资源管理接口对资源超市中的各种资源数据进行增加、删除、查找、修改等操作。

（4）资源分类接口。资源超市系统对来自各个子系统的资源根据其类型进行统一分类，同时在后台保留资源在原子系统中的分类信息。

（5）日志数据接口。资源超市系统提供统一的日志数据接口，通过该接口记录用户在各个子系统中的日志数据，利用这些数据提供资源推荐等服务，同时，在各子系统需要时向其提供相关的用户日志数据。

4. 学习工具集

学习工具作为学习的辅助产品，为学习提供了更多方式和途径，极大地提高了学习的效率和质量，有利于学生的知识梳理、知识内化和认知建构，促进了有效学习、深度学习的发生，在学习中发挥着越来越大的支撑性作用。在区域教育云的建设中，学习工具集的建设是非常重要的一部分。按照学科应用规划建设的学习工具集如图4-7-10所示。

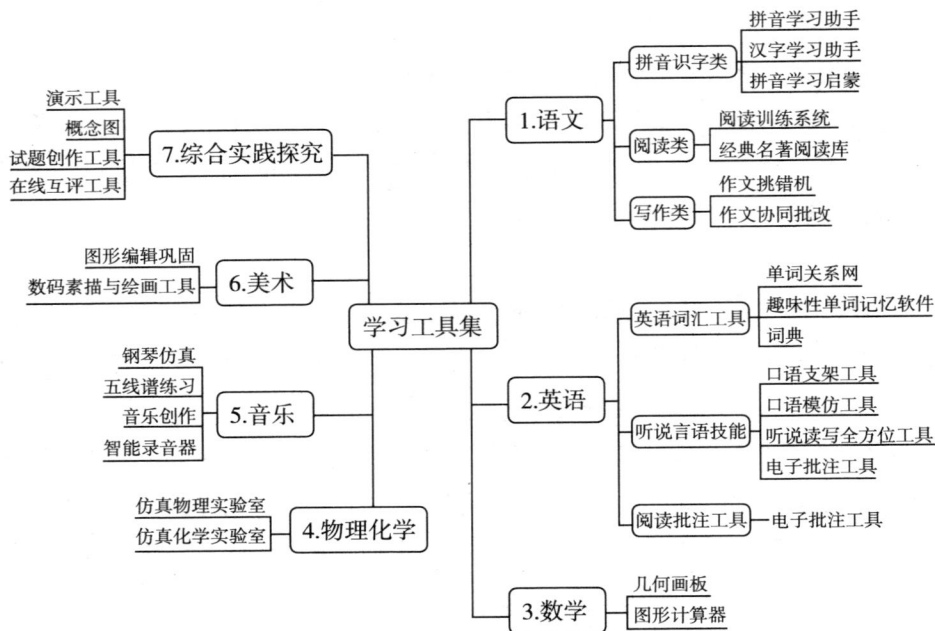

图4-7-10 学习工具集

四、教研类应用建设方案

（一）协同教研平台

协同教研是指具有共同兴趣和爱好的用户聚集在一起，针对某个问题进行研讨和交流，促进个体的专业发展。协同教研平台是在协同知识建构理论、对话理论、知识管理理论的支持下建构的。

协同教研平台应具有以下特点：

（1）协同教研平台具有灵活、开放的资源组织和管理形式。

（2）协同教研平台中的资源允许多用户协同编辑。

（3）协同教研平台不仅可以实现资源的集合，而且可以实现人际的交流研讨。

（4）协同教研平台具有个性化诊断的功能。

（二）协同备课平台

备课是教学工作的基础环节，是对学生学习过程的"预设"，所以备好课是构建高效课堂的基础。备课电子化是当今教师备课改革的一种趋势。网络电子备课的实施能够改变传统备课模式，把教师从烦冗的书写重压中解放出来，减少教师备课的孤独感，提高教师上课的自信，促进教师对教材教法的深度理解。根据协同知识建构理论，协同备课是由一群具有共同目标的教师共同体所形成的基于网络而开展的备课活动。协同备课平台分为网络同步备课频道和网络异步备课频道两种类型。其中，网络同步备课频道是基于同步视频会议而建立的一种网络教研形式，此形式主要参考远程视频会议系统的建构方式建立，但该方式的投入成本和对硬件要求较高，不适合大面积推广。网络异步备课频道主要是针对教师教学设计方案、课件和学案的相关资源进行协同备课。此种备课方式具有较大的灵活性、成本低，适用于多种备课环境，如校本之间的备课、校际的备课等。

基于异步网络备课平台，网络协同备课的基本流程包括五个环节，具体如图4-7-11所示。

| 提交方案，确定协同备课内容 | 邀请好友，建立协同备课共同体 | 协同修改，互评互议 | 实施方案 | 撰写反思，分享实践性经验 |

图4-7-11 网络协同备课流程

在五大网络协同备课环节中，平台可以实现以下几种功能：

（1）共享备课资源，如教案、课件和学案等。

（2）创建协同备课活动通知，邀请好友加入协同备课。

（3）针对备课资源可以多用户进行编辑、批注和评论。

（4）针对备课中的某类问题可以建立讨论区进行交流研讨。

（5）每个方案都有创建者、协作者和旁观者三类角色，每类角色可以分配不同权限的功能。

（三）学业质量监测与评估系统

通过对教育主管部门、学校、家庭、社会的广泛调研以及专家论证，我们发现，目前学业发展水平评价是教育评价中需求最为迫切、内容最为复杂、评价最为客观的指标体系，为此需要研发一个学业质量监测与评估系统，通过题库组卷、云阅卷及评价分析，为学校、教师和学生提供有针对性的诊断报告，也为教育主管部门的决策提供有效依据，真正实现以评促教、以评促学、以评促建。

系统是以区域为单位，基于互联网、教育网的云服务平台，适用于区域内月考、期中、期末、模考等，由"题库+阅卷+分析"三大部分组成，综合运用影像处理、压缩及识别、大数据库等相关技术，以学校常态化考试为切入点，按照小初高的课程标准构建题库标准体系，依据项目反应理论建立自适应题库，结合经典测量理论形成科学、客观的分析报表与诊断报告，形成评价、诊断、改进的闭环分析。

系统在关注学生学业发展水平这一重要指标的同时，兼顾学生的品德发展水平、身心发展水平、兴趣特长养成、学业负担状况等其他教育质量综合评价指标，将定量评价与定性评价、形成性评价与终结性评价、内部评价与外部评价相结合，充分利用已有的学生成长记录、学业水平考试等成果，对评价内容和关键性指标进行分析诊断，从多个维度考查学生学业成就发展水平，最终实现"教师的因材施教，学生的补缺补差"，从而促进教与教、教与学、学与学的全面发展。

系统包括一个中心、两级应用和三个系统，通过数据交换与采集云服务和已有的学习平台、人人通空间、资源超市、德育管理等系统进行数据交换。学业质量监测与评估系统架构如图4-7-12所示。

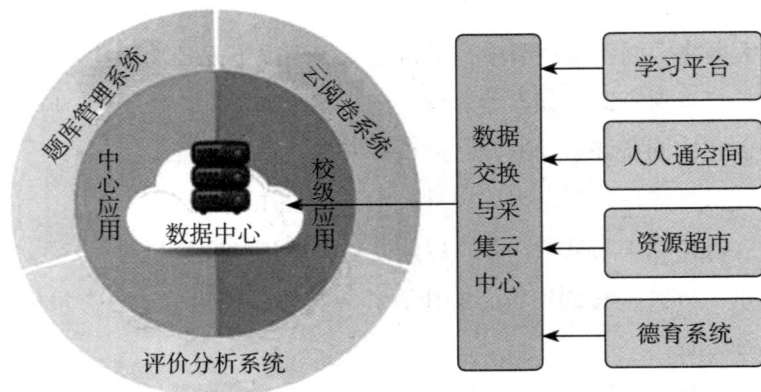

图4-7-12　学业质量监测与评估系统架构

五、管理类应用建设方案

（一）移动办公系统

移动办公也可称3A办公，即办公人员可在任何时间（anytime）、任何地点（anywhere）处理与业务相关的任何事情（anything）。这种全新的办公模式可以摆脱时间和空间对办公人员的束缚，提高工作效率，加强远程协作，尤其是可轻松处理常规办公模式下难以处理的紧急事务。

移动办公系统总体上采用C/S体系架构，后台对接现有的协同办公系统，由协同办公系统提供数据功能接口，客户端采用Android/iOS混合式App的开发模式，支持多种系统的移动设备。移动办公系统大体分为云、服务和客户端三层体系架构，具体体系架构如图4-7-13所示。

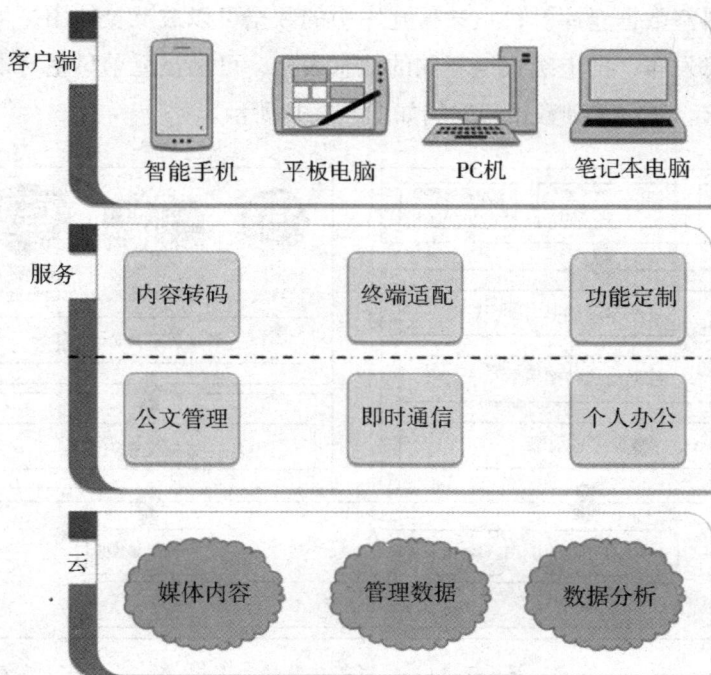

图4-7-13 移动办公系统三层体系架构

移动办公系统主要分为三个模块：公文管理、即时通信和个人办公。公文管理主要提供文件、信息的传递和监控功能，即时通信是集成化的便捷通信工具，个人办公则是提高工作效率和个人办公的贴心助手。这三大模块共同构成了移动办公系统的主体功能。

（二）科室基础数据云

科室基础数据存在数据多头填报导致了数据报送负担重问题、多头存储导致的"数据打架"问题和科室间数据共享不便的问题。面对这些问题，我们提出建立一个科室基础数据云，可以解决如下问题：科室可以自己维护本科室的基础数据，以后再填写各种报表时，利用智能填表工具可以自动产生填报数据，减少填报和统计的工作量；可以在整个教育局层面维护数据的完整性，避免同一份数据存在多处来源，数据一致性较差的问题；可以设置共享权限共享某些数据，供其他科室使用。这样避免了每次使用其他科室数据都需要烦琐的操作过程的问题。

科室基础数据云在日常工作中自动采集数据，数据经过抽取、清洗、加载后，进入科室数据仓库。科室数据仓库中的数据可以被反复使用，可用于科室网站的信息发布，向上级报送不同的信息表格，可满足兄弟科室对本科室信息的使用需求。科室基础数据云架构如图4-7-14所示。

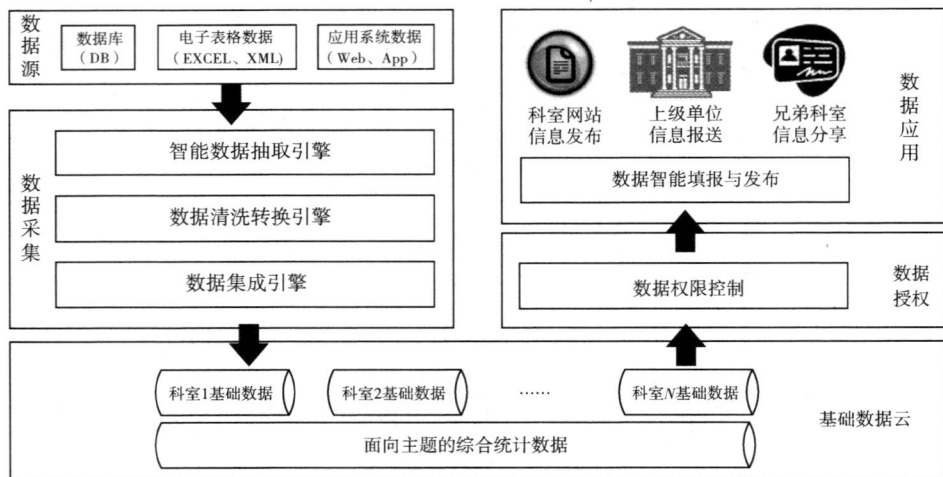

图4-7-14　科室基础数据云架构

（三）教育决策支持系统

教育决策支持系统（Educational Decision Support System，EDSS）是辅助决策者通过数据、模型和知识，以人机交互的方式进行半结构化或非结构化决策的计算机应用系统，能够为决策者提供分析问题、建立模型、模拟决策过程和方案的环境，调用各种信息资源和分析工具，帮助决策者提高决策水平和质量。在教育领域，教育管理的核心是教育决策，所有的教育管理活动都围绕着教育决策的形成和实施来开展。教育决策是教育行政管理和学校管理的关键，决策质量的高低关系到教育能否健康快速地发展，决定了教育事业的成败。因此，教育决策必须在科学的基础上进行，依据大量、可靠、及时的信息，制定出正确的教育方针政策和管理举措，避免教育的低效与浪费，确保教育发展的方向正确。

在教育教学管理工作中，学籍管理、人事管理和财产管理等都属于结构化管理问题，而人才需求预测、教育发展规划制定、教育投资效益分析等则属于半结构化或非结构化管理问题，用决策支持系统解决这些问题时，需通过大量人机交互，借助管理人员的经验和判断能力，才能辅助进行决策。一般而言，教育决策支持系统由交互语言系统、问题处理系统以及数据库、模型库、方法库、知识库管理系统组成，主要面向命题者、教师、校长以及更高层次的教育管理者提供教育决策支持服务，如图4-7-15所示。如今，随着教育大数据时代的到来，基于大数据分析服务而形成的高质量数据分析报告将极大地优化决策支持系统所提供的教育决策服务。

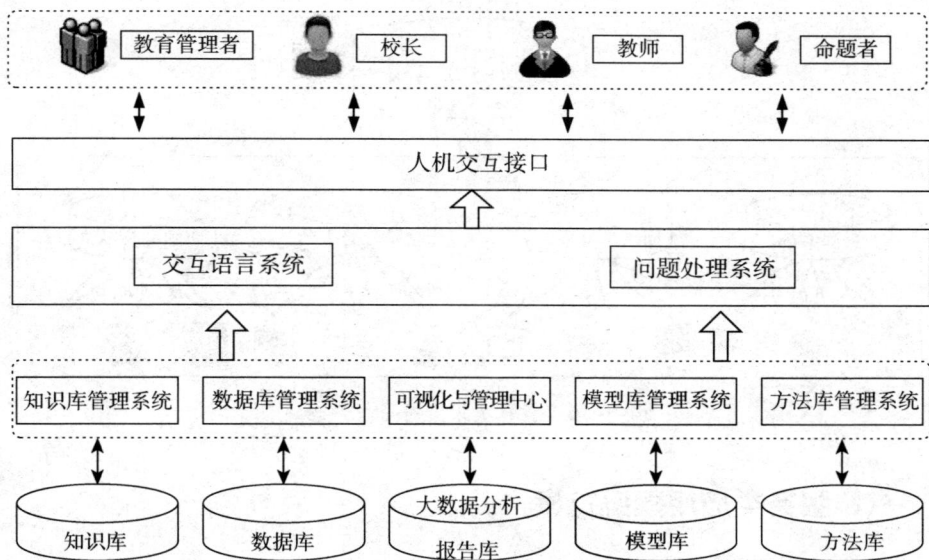

图4-7-15　教育决策支持系统结构

教育决策支持系统主要包括跨平台的教育数据采集模块、教育数据存储模块、教育数据分析与挖掘模块、教育决策建议模块及其管理模块，如图4-7-16所示。

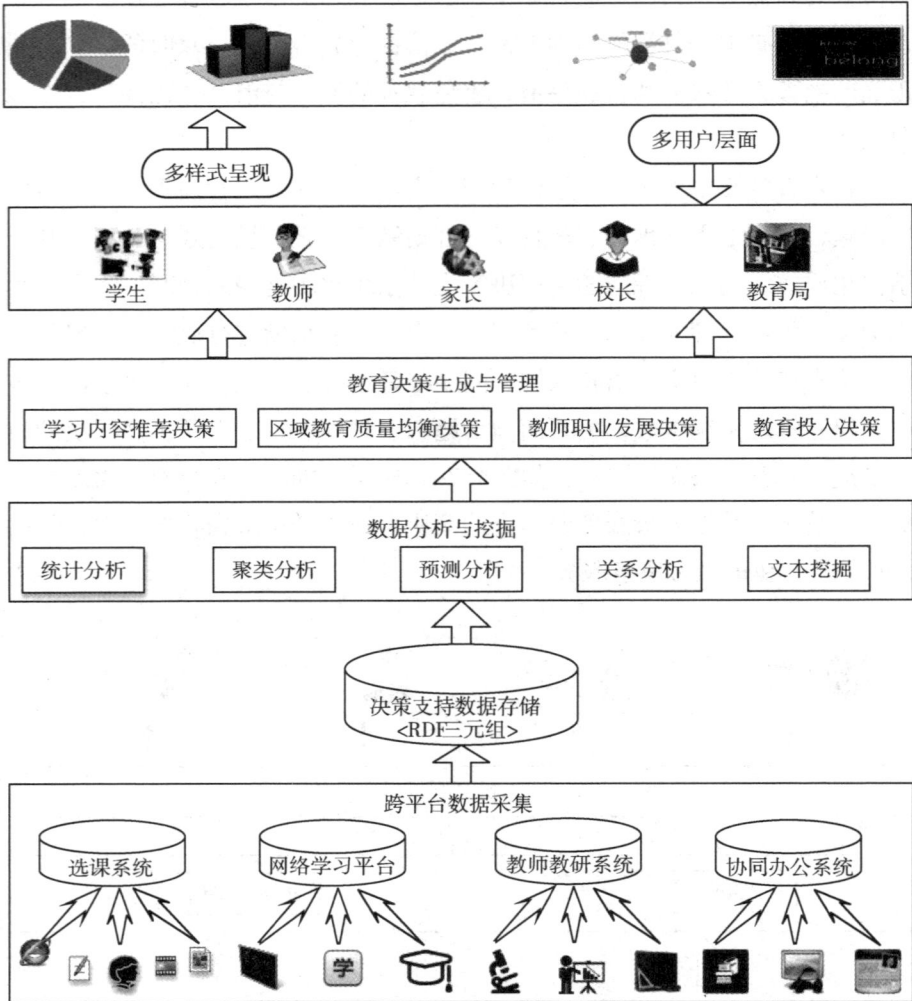

图4-7-16　教育决策支持系统数据流

六、服务类应用建设方案

（一）家校互联

家校互联是指家庭与学校以沟通为基础，相互配合，合力育人，使孩子受到来自两方面系统一致、各显特色、相辅相成的教育影响力，形成多种终身受益的必要素质，更好地实现社会化。

家校互联平台不是孤立的短消息推送系统，而是和教育网中各相关平台互联互通的，如图4-7-17所示。除了传统的输入信息群发功能，家校互联平台还支持从其他平台导入数据，通过消息合成引擎合成要发送的信息然后群发。例如，教师可以从学业质量监控系统中获得学生学业信息，还可以从OA系统中转发通知、活动等信息给家长。

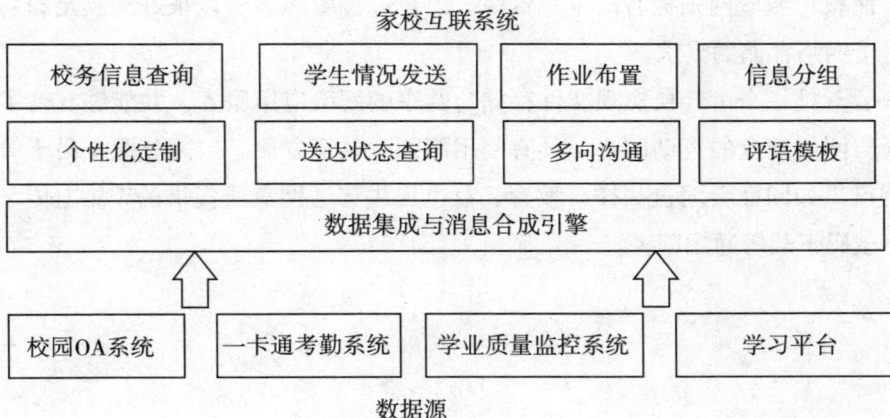

家校互联系统

| 校务信息查询 | 学生情况发送 | 作业布置 | 信息分组 |
| 个性化定制 | 送达状态查询 | 多向沟通 | 评语模板 |

数据集成与消息合成引擎

| 校园OA系统 | 一卡通考勤系统 | 学业质量监控系统 | 学习平台 |

数据源

图4-7-17 家校互联平台结构

系统应支持学校与家长、教师与家长、家长之间的一对一交流和群体交流，同时支持学生与教师、学生与学生之间的多对多交流，如图4-7-18所示。信息和资源管理模块支持学校信息、教学信息和教学资源等的发布，实现校务的公开。

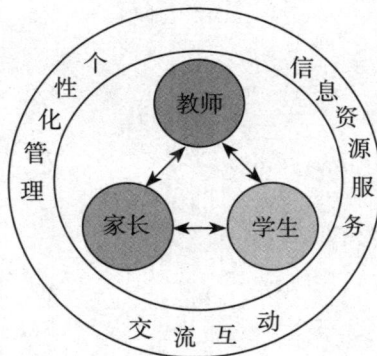

图4-7-18 家校互联系统关系功能

在以上核心功能的基础上，可以拓展具体的业务功能：学生情况发送、布置作业、多向沟通、送达状态查询、信息分组、评语模板、校务点播、个性化定制等。

（二）教育云盘

网络硬盘是互联网上的流行应用，它操作简单，可以安全可靠地存储文件、不受地域限制地分享文件，可以有效取代传统的U盘、移动硬盘和FTP。不过社会上的免费版网络硬盘容量有限、速度较慢，不能满足教育用户的使用需求，而教育城域网则拥有高带宽资源、海量存储资源，可以很好地满足教育用户对于网络存储的需求。

云盘是一个可轻松实现文件存储与共享的网络应用服务，并能够支持本地目录与网络硬盘的自动同步，具有使用简便、共享方便、按需分配、易于管理等特点。如同社会网盘一样，教育云盘也提供普通网盘所提供的Web上传、使用下载码下载等通用服务。

第五章 基于小程序的轻应用教育大平台

第一节 建设需求

一、总体业务需求

基于小程序的轻应用教育大平台主要是解决南山区教育局移动应用访问较慢、用户体验感差、扩展性不强、存在安全隐患等问题。考虑到目前互联网企业在云平台建设、海量数据处理、大流量访问、安全体系建设方面均较为成熟，广东省、深圳市有关政府部门在网上办事大厅、住房租赁平台、城市服务等业务领域已有成功的应用基础，基于小程序的轻应用教育大平台拟采用与互联网运营商合作的思路，依托公有云平台，参照粤省事等小程序模式，依托小程序入口，建立南山区教育局小程序微应用超市（门户），集成教师助手、调查问卷、慕课、网络知识空间、师生阅读、四点半活动等应用，并建立小程序开放平台。南山区教育局和学校根据业务需求，将逐步集成更多的微应用，满足全区教育工作者、学生、家长等教育、学习的需要。

互联网公有云平台通过光纤专线与南山教育云平台联通，实现同城无差异化部署和访问。小程序应用通过访问现有的统一用户中心获取信息，便于实名认证。

二、业务流程分析

基于小程序的轻应用教育大平台建设的核心内容为小程序开放与集成平台、微应用超市（门户），并集成教师助手、调查问卷、慕课、网络知识空间、师生阅读和四点半活动等小程序应用。另外针对南山教育云平台已有的基础数据提供可视化分析和展示功能。具体的业务流程分析如图5-1-1所示。

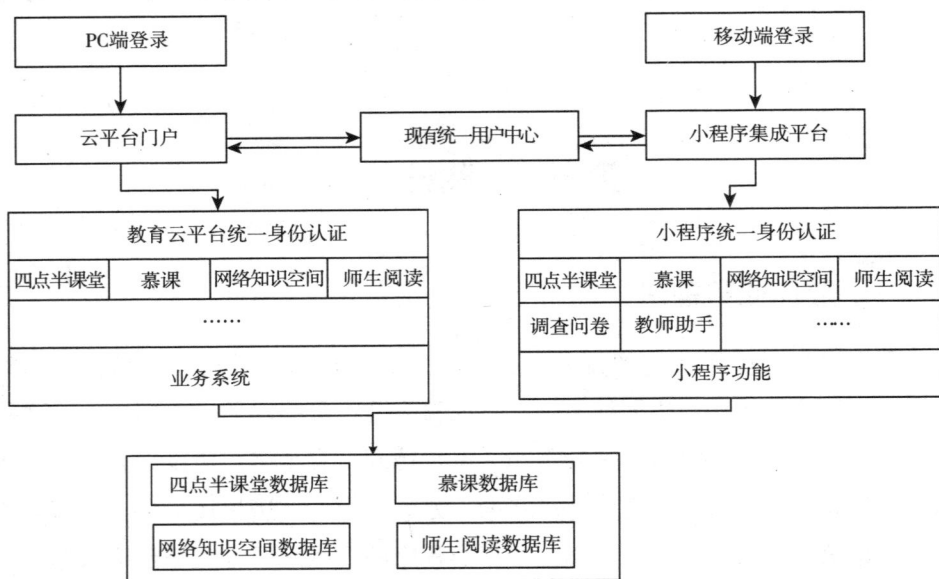

图5-1-1 整体业务流程

三、功能需求

（一）小程序开放平台建设功能需求

1. 统一身份认证需求

为保障移动应用安全，避免各小程序应用的重复登录，基于小程序的轻应用教育大平台需要开发移动端统一身份认证平台。统一身份认证平台与现有用户中心对接，进行身份识别。首次登录时需要输入用户名、密码，然后绑定微信，后续可通过微信授权直接登录。

（1）与现有统一用户中心对接。完善的用户同步认证策略是平台能够正常使用的关键。首先，通过专线打通公有云与南山区教育局网络，保证教育云小程序开放平台与教育局内部系统实现数据互通。其次，为了保证用户在任何时间成功登录平台，必须保证用户数据的及时同步。教育局内部系统用户数据发生变化，会向教育小程序开放与集成平台做用户数据的实时同步，保证用户数据的一致性。实时同步采用增量同步的方式，同时，每天晚上定时进行用户数据的全量校验同步。

（2）登录管理。

微信端：首先通过微信打开小程序，首次打开小程序需要进行微信账户授权，授权完毕后会弹出身份认证窗口，需要输入现有教育局业务系统中的用户名和密码，用户名和密码验证通过后，后台会自动实现微信账号与教育局现有账号的绑定，并且基于用户的权限在小程序上呈现不同的业务板块和内容。

PC端：PC端认证方式类似，平台会提供统一的门户入口，用户登录需要使用微信小程序扫描二维码。

2. 开放平台管理功能需求

开放平台管理功能需要实现权限管理、接入管理等功能。

（1）权限管理。

应用授权：通过应用授权用户能获得访问相关应用API资源的权限。

安装授权：用户在应用管理后台安装应用的时候，系统提示需要的权限。如果同意授权则可以正常安装。

（2）接入管理。服务商在建立或更新小程序时，系统进行验证与审核。如果通过，则可成功接入微应用平台。

3. 开放平台安全需求

实施单位应采用可靠的技术路线，保证用户数据、统一登录认证和前端代码的安全。

4. 开发与集成标准规范需求

实施单位要制定统一的开发和集成标准，满足其他小程序应用的接入。

（二）微应用超市功能需求

基于小程序的轻应用教育大平台以微信小程序作为统一的移动端入口，集成教师助手、调查问卷、慕课、网络知识空间、师生阅读和四点半活动等应用。未来，根据南山区教育局及区属学校的应用需求，逐步开发更多的移动应用小程序，并集成到小程序应用超市。

（三）微应用开发与集成需求

本次主要开发在移动端使用频率高、应用成效好的小程序应用。基于小程序的轻应用教育大平台实施单位主要开发教师助手、调查问卷功能。

另外部分系统建设时要求开发单位提供移动应用，但由于缺少统一的移动应用框架和标准未实施，本次要求原有软件开发单位按照小程序统一的开发框架和接入标准，将原有业务系统基于小程序进行功能开发，并由本次实施单位进行集成。这类系统包括慕课、网络知识空间、四点半活动、师生阅读。

未来根据统一的小程序开放平台标准和接入规则，南山区教育局和区属各学校可根据需要开发和集成其他小程序应用。

（四）数据展示需求

南山区教育局通过10余年的信息化建设，沉淀了大量的基础数据，这些数据分散在各业务系统中，需要通过统一的汇集和可视化展示，了解全区学生、教师等变化情况和趋势，掌握信息资源的利用情况，为科学决策提供数据支撑。

四、性能需求

（1）在网络（如电子政务外网、教育城域网）稳定的环境下，系统操作界面单一操作的系统响应时间不大于3秒。

（2）系统支持不低于10000个并发用户的访问请求。

（3）系统支持年数据量为300万条记录数、500GB的数据量。

（4）系统提供7×24小时的连续运行，平均年故障时间＜1天，平均故障修复时间＜60分钟。

五、系统安全需求

根据《深圳市公安局等部门关于落实国家信息安全规定推进信息系统等级保护工作的通知》的有关要求，基于小程序的轻应用教育大平台按照安全等级保护二级标准设计。

本次建设的移动应用云平台通过专线将南山区教育局的私有云进行延伸，充分利用公有云平台的出口带宽、计算、存储和网络安全保障体系，形成私有云和公有云混合部署的模式。

公有云平台提供防火墙、入侵检测、入侵防御、防病毒、Web防火墙、ATP攻击（高级可持续威胁攻击）防护、DDoS（攻击分布式拒绝服务攻击）防护、CC攻击防护、弹性防护、数据库和日志审计等基础安全服务，以及出口带宽、计算存储服务。

六、用户类型需求

（一）南山区教育局

（1）对移动应用云平台可远程运维、管理和监控。

（2）对移动应用平台接入进行授权审批。

（3）对业务系统进行配置、管理和维护。

（4）使用移动端业务系统开展办公、管理及服务工作。

（二）学校

（1）学校管理员可对学校用户权限进行分配管理。

（2）学校和教师可利用平台提供的应用开展交流、教育教学。

（3）学校可按统一的标准规范开展移动应用建设，并接入统一的小程序门户。

（三）学生及家长

使用移动终端通过实名认证后可加入班级，参与问卷调查，使用移动平台进行学习和使用资源。

第二节　总体设计

一、建设目标

以"互联网+"、云计算、大数据等新一代信息技术为支撑，建成稳定、安全、用户体验良好的南山区教育局微应用小程序开放与集成平台，为南山区教育局及各学校提供个性化移动应用的部署环境和支撑平台，满足全区学校、教师、

学生、家长等在移动端学习、教研、办公、管理、服务的需求，探索智能化、个性化、多元化、生态化的南山区智慧教育新模式，打造全国"互联网+教育"示范项目。

二、建设内容

基于小程序的轻应用教育大平台主要建设内容如下。

移动应用云平台：通过购买服务的方式由互联网企业提供公有云平台，为南山区教育局微应用小程序开放和集成平台提供计算、存储、网络带宽、安全、运维等配套资源。

应用平台开发：包括小程序开放平台、微应用超市、微应用开发与集成（含教师助手、调查问卷、慕课、网络知识空间、师生阅读、四点半活动等应用）以及数据展示等。

三、设计原则

（一）标准化原则

软件设计严格执行国家、深圳市有关软件工程和行业标准，保证系统质量，提供完整、准确、详细的开发文档。

（二）先进性原则

确保系统符合信息化技术发展的趋势，具有明显的技术先进性。

（三）安全性原则

确保操作的安全和数据的安全，充分保障网络系统和应用系统的安全，同时设计数据备份系统，确保数据安全。

（四）可扩展性原则

为适应将来的发展，系统应具有良好的可扩展性，可以实现不间断的服务升级和应用扩展。

（五）实用性原则

系统要力求最大限度地满足实际工作需要，充分考虑各业务层次、各管理环节数据处理的实用性，把满足用户工作和管理业务需求作为第一要素进行考虑。

四、总体应用框架

整体架构分为教育城域网和互联网两个区域：教育城域网承载教育局内网

基础系统平台及应用运营管理后台，互联网部分主要承载公有云专域微应用小程序开放与集成平台，两个区域通过专线将网络打通，如图5-2-1所示。

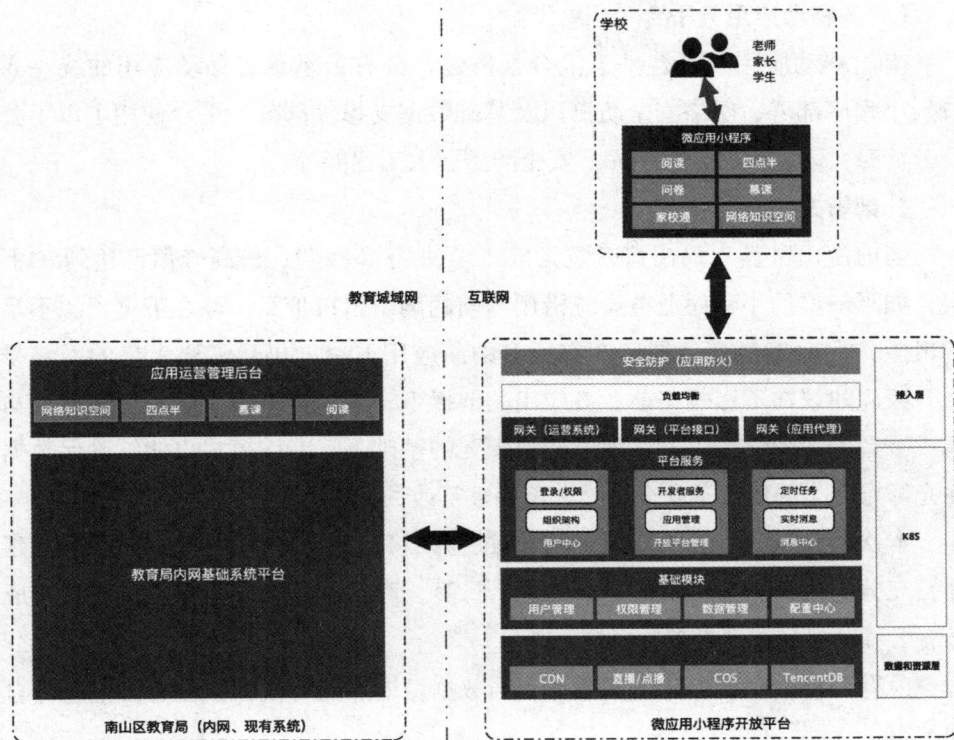

图5-2-1　总体应用框架

　　基于小程序的轻应用教育大平台的核心为微应用小程序开放与集成平台，旨在提供一个第三方应用统一管理平台。整个平台由六个层次组成，分别为基础资源层、基础模块层、平台服务层、网关层、负载均衡层和安全防护层。

　　基础资源层基于公有云构建，利用公有云主机、对象存储、云数据库等服务能力。基础模块包括用户管理、权限管理、数据管理、配置中心等，主要实现用户角色层面管理。平台服务主要实现对基础模块的封装，形成用户中心、开放平台管理以及消息中心三个功能。网关层是整个平台对外服务的网关接口层，包括运营系统管理、应用代理管理、平台接口管理三部分。负载均衡负责入口负载均衡。安全防护层为整个平台提供安全防护。

　　用户包括教师、家长和学生等角色，通过小程序使用应用。其中教育局应用根据实际情况分别部署在教育局内部和公有云上。

五、硬件部署及网络安全方案

（一）移动应用云平台

南山移动应用云平台基于混合云搭建，公有云承载了移动应用的统一入口、小程序部署、网络安全防御以及基础数据支撑等部分。平台使用了以下公有云资源：云主机、云数据库、安全防护、人工智能等。

1. 部署方案

当前南山区教育局出口带宽为5G，在业务高峰期，最高峰值已达到5G上限，如果新增的小程序业务系统沿用当前的网络出口带宽，存在带宽资源不足的风险，同时考虑到后期还会有更多的新应用上线，仍然需要大量的网络带宽，因此建议在不影响当前业务应用的前提下，专门针对微应用小程序开放与集成平台配置专线线路。在保障网络带宽的基础上，专线模式也能够确保数据在光纤专网中的传输是安全可靠、不易被篡改的。

本次建设的移动应用云平台是通过专线将南山区教育局的私有云进行延伸，充分利用公有云平台的出口带宽、计算、存储和网络安全保障体系，形成私有云和公有云混合部署的模式。

公有云提供底层存储计算服务，当数据量增加的时候，在公有云上进行自动扩容。

公有云主要提供云主机、视频云、AI人工智能、云数据库等服务。为了保证数据的畅通，未来需要在公有云和私有云中通过应用加速保证带宽和速率。

2. 云主机与南山教育云融合

新建"南山教育在线"小程序作为云平台的移动入口，由容器服务、集群、云数据库、Redis（远程字典服务）、MongoDB、云主机、负载均衡和主机安全、Web应用防火墙、云监控支撑、云计算与安全防护组成。教育局共性应用，学校、第三方业务服务利用南山教育私有云主机（内网）进行支撑，这样既能保证整体互联网移动端带宽、安全、内外网隔离，又能满足爆发式移动业务增长以及敏捷化运维的需求。

目前全区约15万学生，家长按照15万计算。移动端平台所需带宽，按照总计35万左右用户计算，最高并发数为2000，每个用户带宽损耗为20Kbps（消息类型），总共带宽需要约40Mbps。现预设带宽为100Mbps自动调整，遇到流量突然爆发式增长时，后台会进行自动调整以满足业务需求。

稳定与容灾：提供99.95%的服务可用性和99.999999%的云硬盘数据可靠性。需搭载稳定的网络架构，采用成熟的网络虚拟技术和网卡绑定技术，在T3+以上数据中心中运行。

管理方式：支持控制台、API或CLI（命令行界面）来完全控制服务器实例，随时查看和配置资源。

访问控制：提供逻辑隔离的私有网络功能，网络访问控制（ACL）可以在子网级别上控制进出流量。

安全防护：针对云主机提供木马检测、暴力破解防护、漏洞扫描等基础防护功能，提供DDoS防护和DNS（域名系统）劫持检测等高级安全防护服务。

弹性IP：支持弹性IP，配置固定公网IP地址，不受虚拟机关机影响。

3. 云数据库

云数据库不仅为南山区教育局移动应用云平台提供动态数据存储服务，而且还为部署在公有云上的第三方应用提供动态云数据库服务。为了满足第三方应用对数据库多样化的需求，云数据库提供多种类型的数据库，包括MySQL、SQLServer、PostgreSQL、Redis、MongoDB等。

（二）网络信息安全方案

信息系统安全等级保护应依据信息系统的安全保护等级情况保证信息系统具有相应等级的基本安全保护能力。不同安全保护等级的信息系统要求具有不同的安全保护能力。

基本安全要求是针对不同安全保护等级的信息系统应该具有的基本安全保护能力提出的安全要求。根据实现方式的不同，基本安全要求分为基本技术要求和基本管理要求两大类。基本技术类安全要求与信息系统提供的技术安全机制有关，主要通过在信息系统中部署软硬件并正确地配置其安全功能来实现；基本管理类安全要求与信息系统中各种角色参与的活动有关，主要通过控制各种角色的活动，从政策、制度、规范、流程以及记录等方面做出规定来实现。

基本技术要求从物理安全、网络安全、主机安全、应用安全和数据安全几个层面提出；基本管理要求从安全管理制度、安全管理机构、人员安全管理、系统建设管理和系统运维管理几个方面提出。基本技术要求和基本管理要求是确保信息系统安全不可分割的两个部分。

1. 信息安全风险分析

系统主要安全威胁来自黑客攻击、BUG影响、不良信息传播、管理漏洞。

2. 信息安全规划

南山区教育城域网总体安全等级为二级。

南山区教育城域网已经从硬件设施、软件系统、安全管理等多方面加强了安全保障体系的建设，为该系统提供了安全可靠的运行环境。三大安全体系的安全保障框架包括安全技术体系、安全管理体系、安全运维体系，如图5-2-2所示。

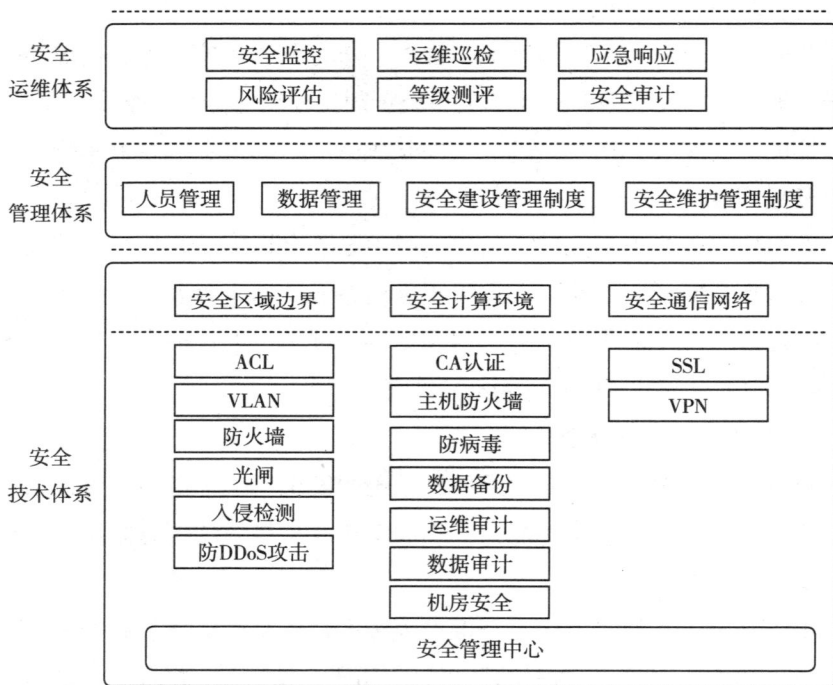

图5-2-2　信息安全总体架构

3. 安全部署策略

南山区教育局已有的私有云平台主要依托南山区教育城域网部署，按信息安全等级保护二级要求进行设计，在应用发布出口区域配置了2台天融信防火墙；在应用服务器区域配置了2台安恒WAF-1000TG应用防火墙，配置了数据库审计系统、日志审计系统、运维审计与风险控制系统、防垃圾邮件网关、业务监控管理系统、主机加固系统等安全设备；在用户出口区域配置了2台深信服AD-8200负载均衡设备、2台深信服AF-8020安全检测设备和2台深信服AC-

10000网络安全审计设备；同时，在城域网接入区域配置了行为审计中心、防病毒系统等。

南山区教育局微应用小程序开放与集成平台以小程序为入口向终端用户提供服务，整个平台和应用会暴露在互联网当中。为了保证整个平台的安全，需要充分利用公有云现有的安全防御能力，保障智慧教育云平台的整体安全性，对外部的恶意流量攻击进行防护。默认情况下，可提供300Gbps带宽的流量清洗防护。

（1）网络安全。本项目采用多层次、多维度的实时监控和离线分析手段，为业务平台提供业务安全、信息安全等层面的安全服务。其中，业务平台安全包括网络隔离（虚拟私有云技术）、DDoS防护、入侵检测和漏洞扫描四部分，实现自动化安全运维管理，如图5-2-3所示。

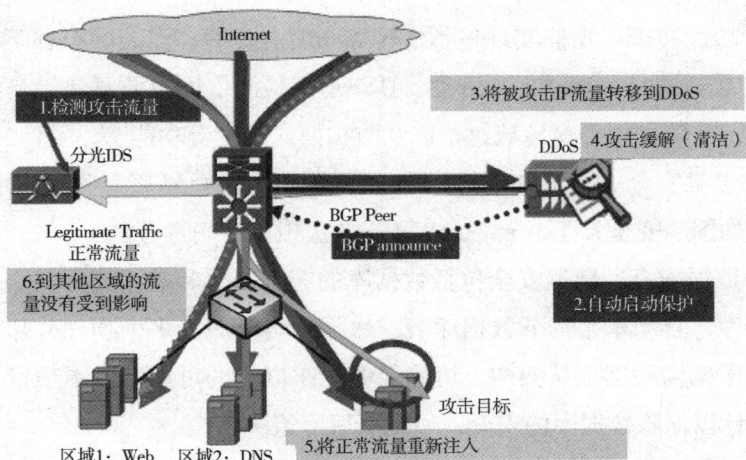

图5-2-3　小程序出口安全防护体系

（2）应用安全。本项目通过在应用前端开通部署云智能WAF（Web应用防护系统）防火墙功能进行安全防护。智能WAF防火墙可以有效防护黑客针对小程序和应用系统的攻击行为，如SQL注入攻击、XSS跨站攻击等。

云Web应用防火墙采用SaaS化模式交付，通过修改DNS引流设置，用户无须部署任何硬件设备即可分级获取Web防护能力。云Web应用防火墙接入前后效果如图5-2-4所示。

接入前：

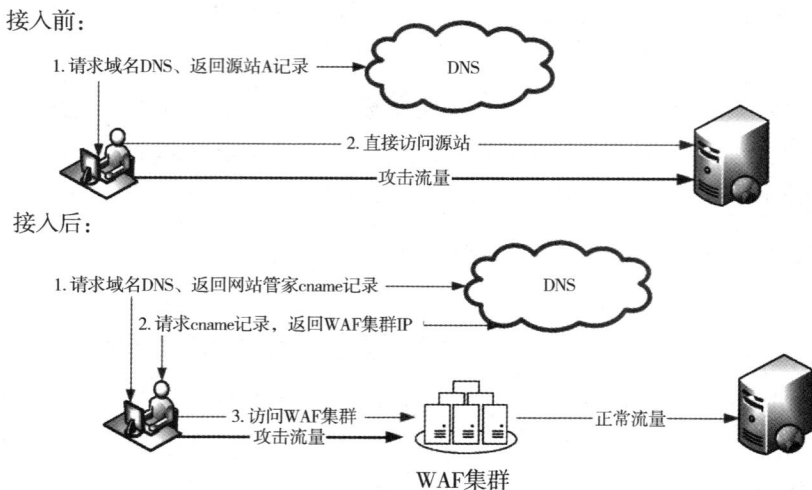

图5-2-4 云Web应用防火墙接入前后效果

（3）功能实现。功能实现包括实现Web攻击防护、漏洞虚拟补丁、数据防泄漏、CC攻击防护、BOT行为管理、DNS劫持检测、网页防篡改、自定义防护策略、自定义防御规则、地域封禁以及防护模式设定等功能。

（4）主机安全。云安全包括vCPU调度隔离、内存隔离、磁盘I/O隔离以及操作系统加固、安全补丁、云平台Web安全虚拟机防病毒等。

（5）数据安全。数据安全包括数据库的容灾安全和数据使用安全，采用分布式数据库，自动水平拆分数据库表，数据均匀分布在多个物理分片当中。本项目数据库架构采用主从架构，可确保99.95%以上的可用性。本项目针对数据库进行审计以保障数据库的安全，做到事后可追溯。

4. 运维管理安全

云平台运维管理安全主要涉及用户管理，是通过云平台内部管理平台实现的，主要包括角色访问的管理、特权用户访问管理审计、双因素强认证。出于平台安全考虑，本平台的运维采取多权分立的方式，实现平台用户、使用单位管理员、云平台系统管理员等多权分立的角色安全管理体系。

六、技术路线

（一）K8s+go架构

Kubernetes（K8s）是一个全新的基于容器技术的分布式架构领先方案。

Kubernetes是Google开源的容器集群管理系统（谷歌内部：Borg），在Docker技术的基础上，为容器化的应用提供部署运行、资源调度、服务发现和动态伸缩等一系列完整功能，提高了大规模容器集群管理的便捷性。

Kubernetes是一个完备的分布式系统支撑平台，具有完备的集群管理能力、多层次的安全防护和准入机制、多租户应用支撑能力、透明的服务注册和发现机制、内建智能负载均衡器、强大的故障发现和自我修复能力、服务滚动升级和在线扩容能力、可扩展的资源自动调度机制以及多粒度的资源配额管理能力。同时Kubernetes提供完善的管理工具，涵盖了开发、部署测试、运维监控在内的各个环节。

在Kubernetes中，Service是分布式集群架构的核心，一个Service对象拥有如下关键特征：拥有一个唯一指定的名字；拥有一个虚拟IP（Cluster IP、Service IP，或VIP）和端口号；能够体现某种远程服务能力；被映射到了提供这种服务能力的一组容器应用上。

Service的服务进程目前都是基于Socket通信方式对外提供服务的，如Redis、Memcache、MySQL、Web Server，或者是实现了某个具体业务的一个特定的TCP Server进程。虽然一个Service通常由多个相关的服务进程来提供服务，每个服务进程都有一个独立的Endpoint（IP+Port）访问点，但Kubernetes能够让用户通过服务连接到指定的Service上。有了Kubernetes内建的透明负载均衡和故障恢复机制，不管后端有多少服务进程，也不管某个服务进程是否会由于发生故障而重新部署到其他机器上，都不会影响用户对服务的正常调用，更重要的是这个Service本身一旦创建就不会发生变化，这意味着在Kubernetes集群中，用户不用为了服务的IP地址的变化问题而头疼。

容器提供了强大的隔离功能，所以有必要把为Service提供服务的这组进程放入容器中进行隔离。为此，Kubernetes设计了Pod对象，将每个服务进程包装到相对应的Pod中，使其成为Pod中运行的一个容器。为了建立Service与Pod间的关联管理，Kubernetes给每个Pod贴上一个标签（Label），如给运行MySQL的Pod贴上name=mysql标签，给运行PHP的Pod贴上name=php标签，然后给相应的Service定义标签选择器（Label Selector），这样就能解决Service与Pod的关联问题。

在集群管理方面，Kubernetes将集群中的机器划分为一个Master节点和一群工作节点Node。其中，在Master节点上运行着与集群管理相关的一组进程（kube-apiserver、kube-controller-manager和kube-scheduler），这些进程实现了对整个集群的资源管理、Pod调度、弹性伸缩、安全控制、系统监控和纠错等管理能力，并且都是全自动完成的。Node作为集群中的工作节点，运行真正的应用程序。在Node上Kubernetes管理的最小运行单元是Pod。Node上运行着Kubernetes的kubelet、kube-proxy服务进程，这些服务进程负责Pod的创建、启动、监控、重启、销毁以及实现软件模式的负载均衡。

Kubernetes集群解决了传统IT系统中服务扩容和升级的两大难题：只需为需要扩容的Service关联Pod创建一个Replication Controller（RC），则该Service的扩容及后续的升级等问题将迎刃而解。

Kubernetes集群的管理节点负责管理集群，提供集群的资源数据访问入口，拥有Etcd存储服务（可选），运行API Server进程、Controller Manager服务进程及Scheduler服务进程，关联工作节点Node。Kubernetes API Server提供HTTP Rest接口的关键服务进程，是Kubernetes里所有资源的增加、删除、修改、查询等操作的唯一入口，也是集群控制的入口进程；Kubernetes Controller Manager是Kubernetes所有资源对象的自动化控制中心；Kubernetes Schedule是负责资源调度（Pod调度）的进程。

client-go是Kubernetes官方推出的一个库，方便用来调用Kubernetes的RESTful API。

（二）多层B/S/D结构体系

多层B/S/D结构是将应用功能分成表示层、业务逻辑层和数据层三部分。其解决方案是对这三层进行明确分割，并在逻辑上使其独立。分层是从逻辑上将子系统划分成许多集合，而层间关系的形成要遵循一定的规则。分层可以降低子系统间的依赖关系，使系统以更松散的方式耦合，从而更易于建设、维护和进化。可以根据业务的变化，通过快速开发或者配置调整适应系统新的业务需求。

对于可视化应用除基于浏览器的方式，针对有特殊展现需求的用户还提供客户端的展示工具，主要是面向移动终端（如iPhone、iPad、Android手机）操作系统的客户端版本，满足各类用户的实际应用需要。用户可以通过门户子站系统获取所需要展示的数据到本地，再加载到工具中进行展示，这样一是能够提供比浏览器更加丰富的动态展现方式，二是可以减轻服务器的压力。

相比较传统的两层（C/S）结构而言，三层（多层）结构具有如下优点：系统管理简单，大大减少了客户机维护的工作量；具有灵活的软、硬件系统；提高了程序的可维护性和可扩展性；增强了系统的安全性。

（三）人工智能技术

充分利用公有云人工智能基础能力为南山区教育局微应用小程序开放与集成平台提供保障。人工智能能力包括文字识别、人脸识别、语音识别、声纹识别等。

第三节　小程序开放平台建设

一、开放平台架构设计

（一）小程序应用集成选型

基于小程序的轻应用教育大平台要通过小程序打通教育局应用，构建统一的小程序开放平台，未来市教育局建成统一的小程序开放平台之后，基于小程序的轻应用教育大平台需要与全市平台对接。针对众多小程序的整合，小程序开放平台提供两种方案：一是通过"小程序间跳转"实现各类应用的切换，二是通过"单体小程序"整合每个应用。结合南山区教育局应用现状以及小程序的规则限制，基于小程序的轻应用教育大平台不适合采用"小程序间跳转"的方案，从业务需求和用户体验上看，基于小程序的轻应用教育大平台推荐采用"单体小程序"方案。集成方案如图5-3-1所示。

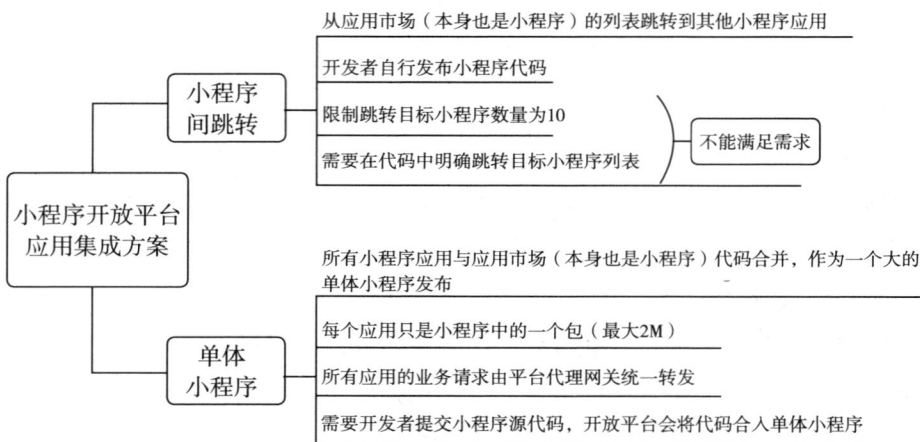

图5-3-1　基于小程序的轻应用教育大平台集成方案

应用小程序主要涉及应用运营后台系统和应用后台服务两部分。运营后台系统由PC端Web页面与对应的后台系统组成，用于对小程序展示的内容进行后台管理，提供内容的上传、编辑等功能。小程序应用后台是支撑小程序运行的后台系统，包括服务器、网络以及后台服务应用程序等。应用小程序业务逻辑如图5-3-2所示。

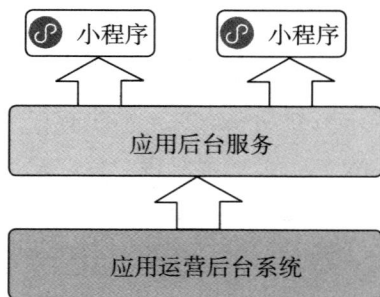

图5-3-2　应用小程序业务逻辑

（二）现有应用小程序集成

考虑到部分应用部署在教育局内部，如阅读、四点半活动、慕课、网络知识空间等，为了应用后台部署位置保持不变，用户基础数据和应用数据通过专线实现同步。

整个项目除了教育云小程序开放平台建设，还需要建设单体应用小程序，针对既有的阅读、四点半活动、慕课、网络知识空间等应用，需要原有应用服务商进行小程序开发，然后提交源代码一起合并到单体小程序中集成。

阅读、四点半活动、慕课、网络知识空间等微信小程序后台部署在教育局内网中，通过专线与小程序开放平台实现业务请求互通。已有业务系统小程序集成方式如图5-3-3所示。

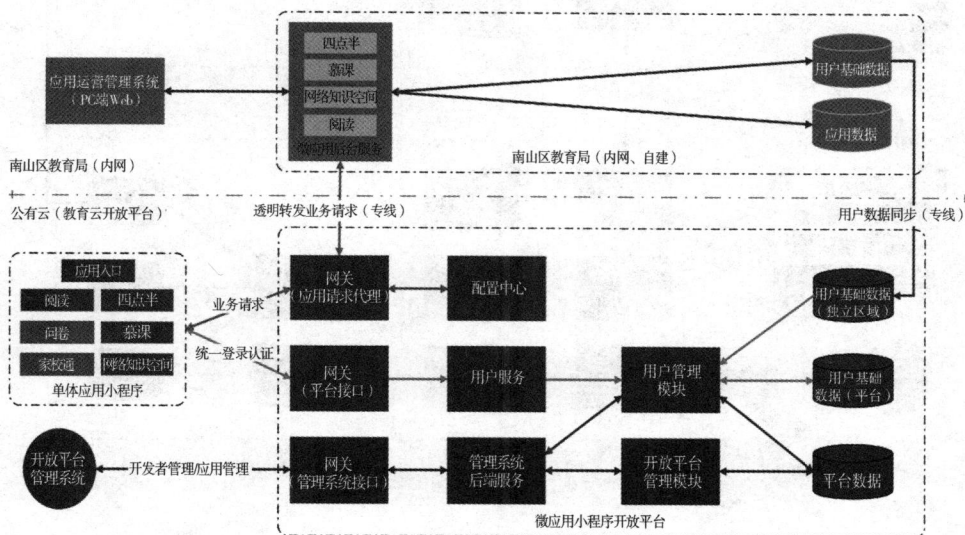

图5-3-3　已有业务系统小程序集成

（三）新建应用小程序

针对调查问卷、教师助手等新建应用，应用运营后台系统和应用后台服务都部署在公有云上，由教育小程序开放平台完成业务请求在小程序与应用后台服务之间的透明转发。

用户应用入口同样是单体小程序应用。首先用户进行统一身份认证，通过网关（平台接口）进行认证访问，通过教育小程序开放平台实现与内部用户基础数据的同步和认证，然后用户通过手机端微信进行业务请求访问，直接访问小程序开放平台的网关（应用请求代理）。新建应用小程序集成方式如图5-3-4所示。

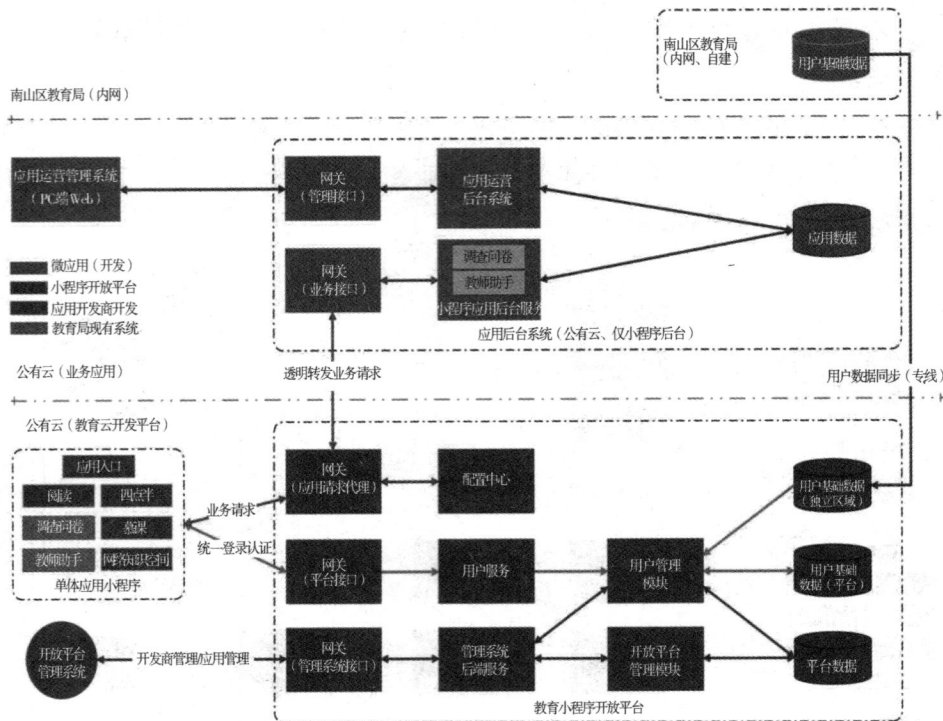

图5-3-4　新建应用小程序集成

所有应用代码统一集成到微应用小程序中，以单个小程序的形式发布；应用代理网关统一转发业务请求。

（四）应用代理网关

为了保证平台的安全性和稳定性，小程序访问应用后台需要经过公有云应用防火墙和负载均衡。应用防火墙提供网络应用防火墙功能，帮助平台应对Web攻击、入侵、漏洞利用、木马、篡改、后门、爬虫、域名劫持等网站及Web业务安全防护问题。应用防火墙将Web攻击威胁压力转移到公有云云网站管家防护集群节点，分钟级获取Web业务防护能力，为平台安全运营保驾护航。

负载均衡小程序提供业务负载均衡服务，小程序访问应用后台时，通过负载均衡器将请求均匀地分发到代理网关，保证用户访问小程序的稳定性。应用代理网关连接示意如图5-3-5所示。

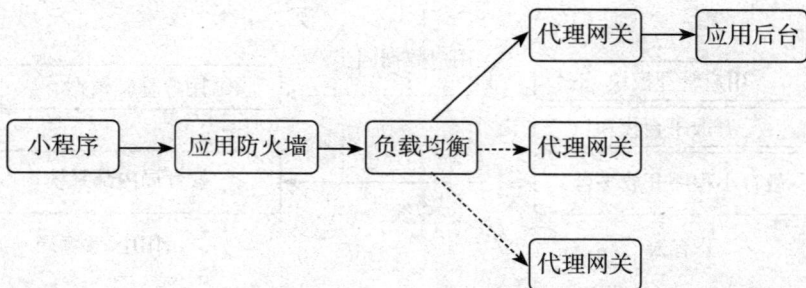

图5-3-5 应用代理网关连接示意

（1）开放平台提供统一应用代理网关，在小程序应用与应用后台之间转发请求与响应。

（2）代理网关采用分布式部署方式，由负载均衡器实现负载均衡。

（3）代理网关单机QPS：4w/s。

二、统一身份认证

（一）概述

为了保证用户在使用平台时的安全和减少不同小程序应用的重复登录，在移动端需要做统一的身份认证。整个平台认证基于OAuth2.0协议标准，利用微信作为第三方授权认证进行登录。

（二）与现有统一用户中心对接

完善的用户同步认证策略是平台能够正常使用的关键。首先，通过专线打通公有云与南山区教育局网络，保证教育云小程序开放平台与教育局内部系统实现数据互通。其次，为了保证用户在任何时间都能成功登录平台，必须保证用户数据的及时同步。教育局内部系统用户数据发生变化，会向教育小程序开放平台做用户数据的实时同步，保证两边用户数据的一致性。实时同步采用增量同步的方式，同时，每天晚上定时进行用户数据的全量校验同步。

教育小程序开放平台提供完善的用户接口，包括基于专线的增量同步接口和全量同步接口，以及基于公网对外提供的统一登录认证、用户信息查询和消息推送等接口。接口供第三方应用开发使用。针对用户名和密码等敏感字段的同步，会基于业务本身的需求考虑采用权限和加密等方式处理。用户同步认证流程如图5-3-6所示。

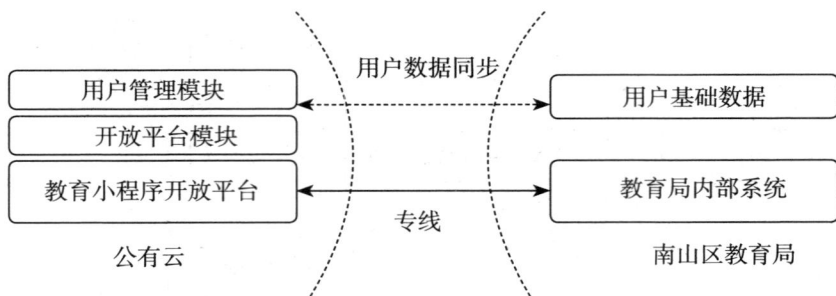

图5-3-6　用户同步认证流程

（三）登录管理

1. 微信端

首先通过微信打开小程序，首次打开小程序需要进行微信账户授权，授权完毕后会弹出身份认证窗口，需要输入现有教育局业务系统中的用户名和密码。用户名和密码验证通过后，后台会自动实现微信账号与教育局现有账号的绑定，并且基于用户的权限在小程序上呈现不同的业务板块和内容。身份认证流程、业务流程和数据流程如图5-3-7～图5-3-9所示。

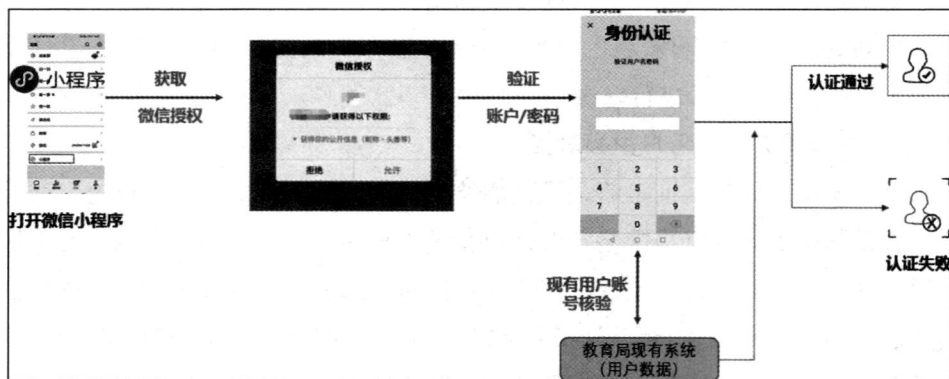

图5-3-7　身份认证流程

图5-3-8　业务流程

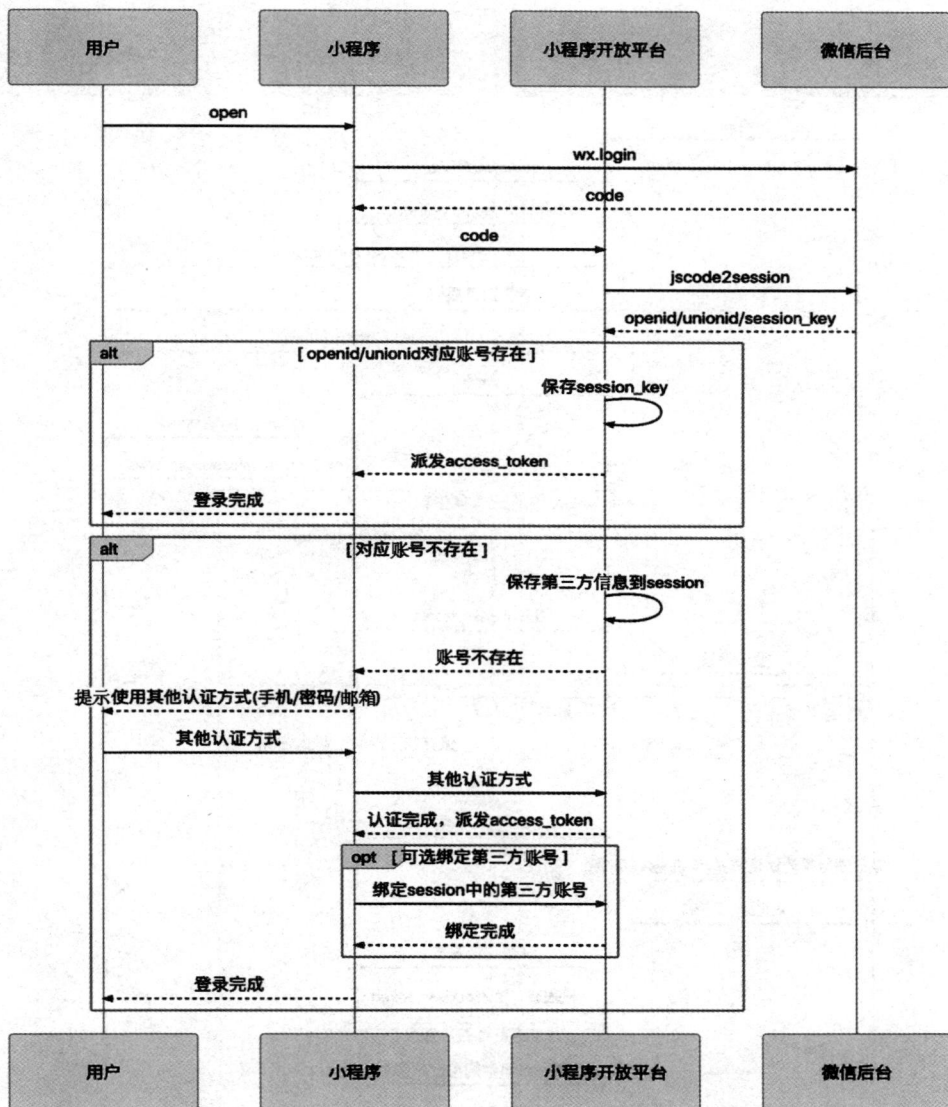

图5-3-9　数据流程

2. PC端

PC端认证方式类似，平台会提供统一的门户入口，用户登录需要使用微信小程序扫描二维码。PC端认证数据流程如图5-3-10所示。

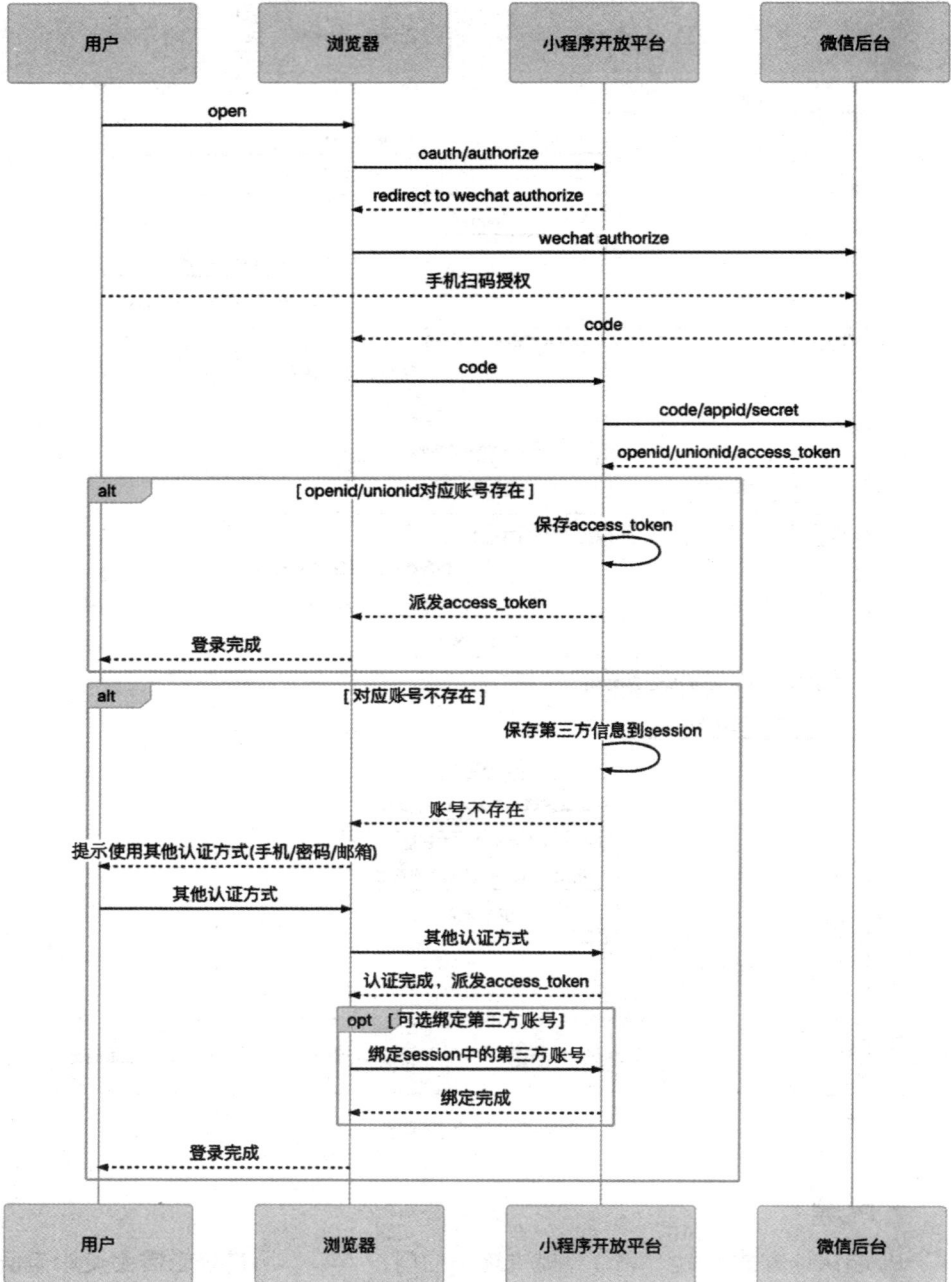

图5-3-10 PC端认证数据流程

三、开放平台管理

（一）平台管理

开放平台管理是针对第三方应用的接入和维护搭建一个开放平台，主要包括服务商管理后台、应用管理后台、内部运营后台和开放接口API四部分功能，如图5-3-11所示。

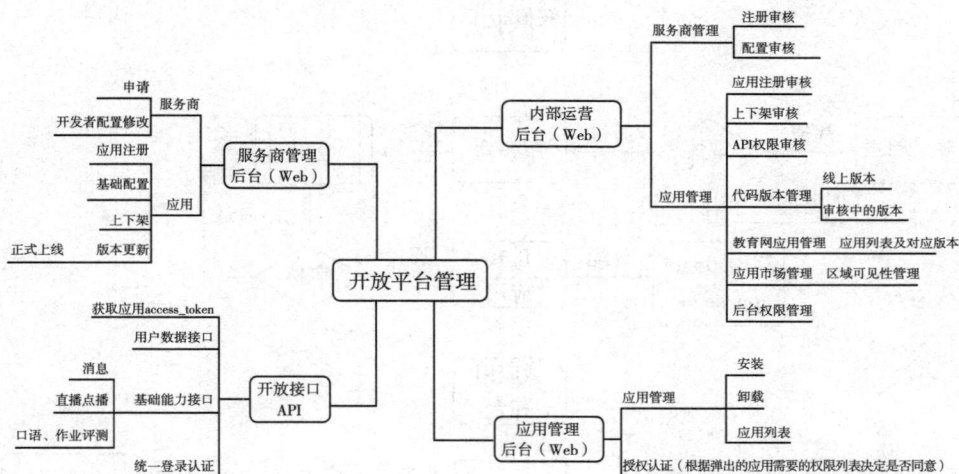

图5-3-11　平台管理框架

（1）服务商管理后台：面向开发服务者，提供信息管理、应用注册、应用配置、接口权限申请、应用安装信息展示等功能。

（2）应用管理后台：面向教育局或者学校，提供应用管理、应用安装、卸载状态管理、应用市场管理、授权管理等功能。

（3）内部运营后台：面向内部管理人员，提供开发者管理、应用小程序代码、版本管理、应用市场管理、应用安装、机构对应的应用列表、访问统计数据展示等功能。

（4）开放接口API：面向开发服务者，提供基础接口和应用接口支持。

（二）权限管理

1. 应用授权

app_id，app_secret => app_access_token，通过应用授权用户就可以获得访问相关应用API资源的权限。

2. 安装授权

用户在应用管理后台安装应用的时候，系统提示需要的权限。如果同意授权则可以正常安装。

（三）接入管理

（1）服务商注册与应用上架流程如图5-3-12所示。

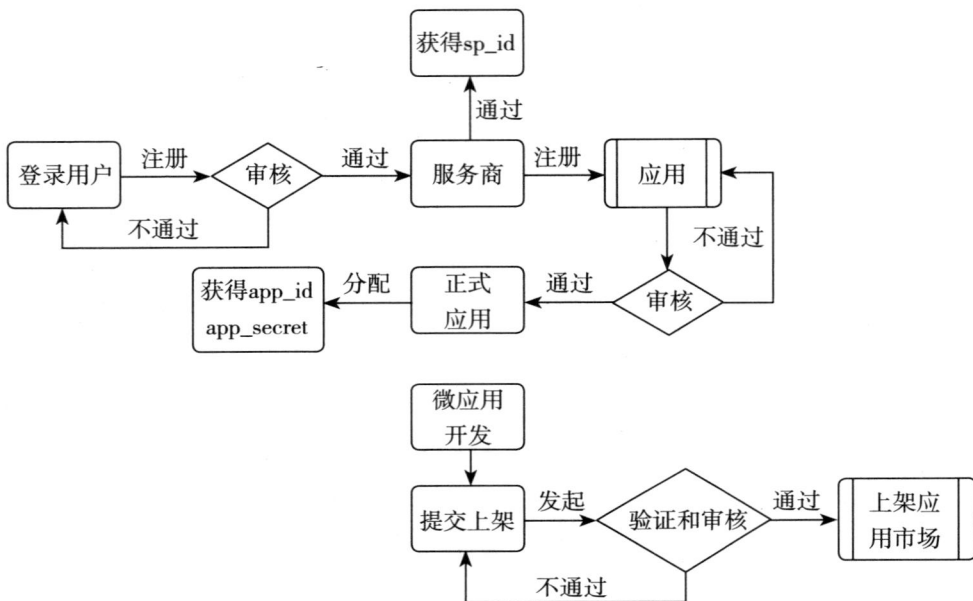

图5-3-12　应用上架流程

（2）服务商更新应用版本流程如图5-3-13所示。

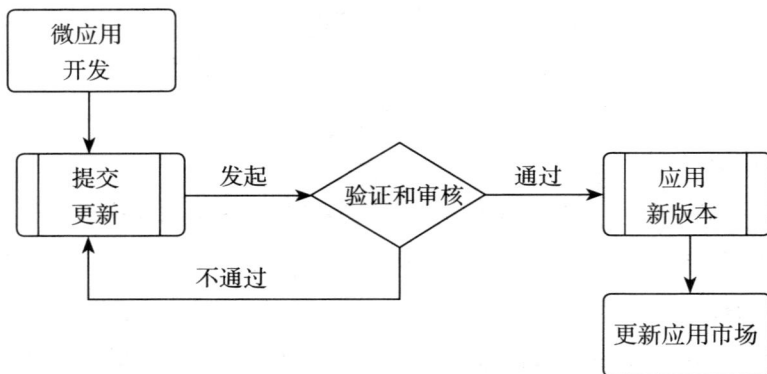

图5-3-13　应用更新流程

四、开放平台安全设计

（一）用户数据面临的主要威胁

用户数据面临的威胁主要来自以下几个方面：

（1）cookies泄露。平台中所有的访问都以HTTPS进行。传统的HTTP访问流量中包含了cookies信息、请求信息、路由信息，通过劫持HTTP请求，分析其中的cookies字段，即可伪造身份信息，进行访问。而HTTPS在传输的过程中，会将所有的流量，使用非对称加密的方式，将数据加密，从而降低流量被嗅探导致身份信息泄露的风险。

（2）CSRF（跨站请求伪造）攻击。针对CSRF攻击，平台不使用cookies作为身份校验的字段，而是在每次请求的过程中，将身份信息token添加到header中，作为身份信息校验字段，进行校验。URL中不再包含身份信息，从而避免了恶意诱导用户单击，泄露身份信息cookies导致的损失。同时，平台也会校验请求referer，对于未知的请求来源直接拒绝，避免恶意访问。

（3）XSS攻击。此外，平台会对请求的字段类型、数据进行安全合法性校验，在小程序、Web页面以及后端存储上，对数据进行相应的转义，避免XSS攻击。

（二）用户数据安全

开放平台需要从教育局用户数据库中同步用户名、身份证号、班级、学校、姓名字段，用于登录用户身份认证和用户信息展示。

开放平台的数据库都运行在公有云的VPC内网中，不直接对外暴露端口，在源头上避免了外网嗅探以及暴力破解密码导致的数据泄露风险。

此外，可以通过设置防火墙规则、限制访问数据的来源地址降低数据被泄露的可能性。

（三）统一登录认证安全

OAuth（开放授权）是一个开放标准，允许用户授权第三方移动应用访问它们存储在另外的服务提供者上的信息，而不需要将用户名和密码提供给第三方移动应用或分享数据的所有内容。

OAuth 2.0 已于2012年10月正式发布为RFC 6749，标准内容可参考https：//tools.ietf.org/html/rfc6749。

本方案基于OAuth 2.0标准实现用户统一登录认证，安全性可以得到保证。

（四）前端代码安全

小程序前端代码融合以后，再通过微信开放平台发布，避免代码泄露的风险。

五、数据融合设计

随着信息化的建设，南山区教育局已经建设了部分业务系统，部分系统在使用，部分废弃不用。系统经过多年使用，积累了大量的数据，但各个系统是由不同的服务商开发的，所以在数据层面形成了壁垒，无法实现数据互通。

在开放平台的设计中，要充分考虑数据层面的互通，包括数据接口注册、数据接口管理、数据接口调用、数据接口监控等多个组件。基于标准协议将各类教育应用与教育云平台打通，各教育应用间通过教育云平台实现数据互通，如图5-3-14所示。

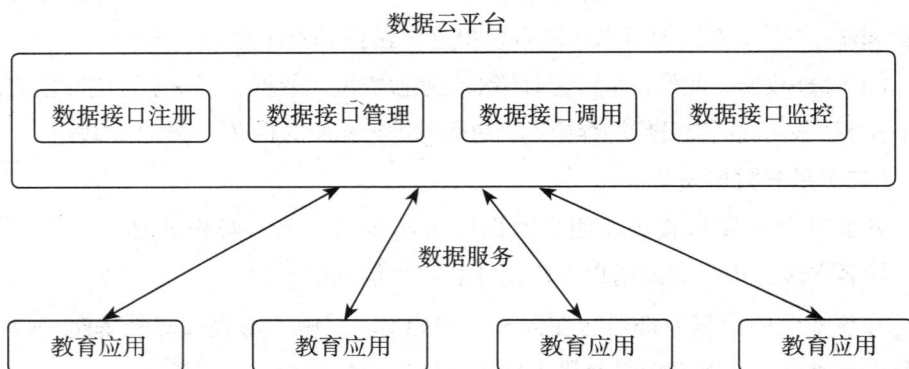

图5-3-14 数据互通设计

以数据接口注册为例，如图5-3-15所示，各教育应用首先需要在教育云平台注册数据接口，以便提供数据服务。原有教育应用系统基于标准协议进行改造，根据实际情况，自行在教育云中注册相应接口，从而实现开放数据、开放平台接口。新建应用统一按照标准进行开发，以满足开发后续应用的需求。

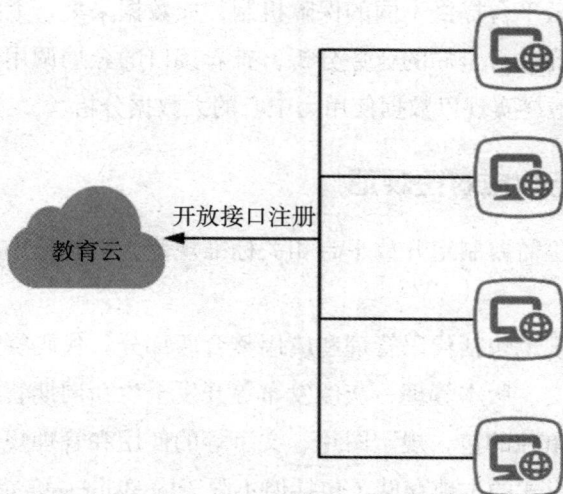

图5-3-15　数据接口注册

新的应用开发接入时，不需要进行应用间的数据请求，而需要向教育云平台发出请求，如图5-3-16所示。查看相应接口的列表并获取返回数据。平台会提供标准的请求格式与语法，基于数据权限的前提设定条件，各应用可以获取所需的数据，最终盘活数据资产。

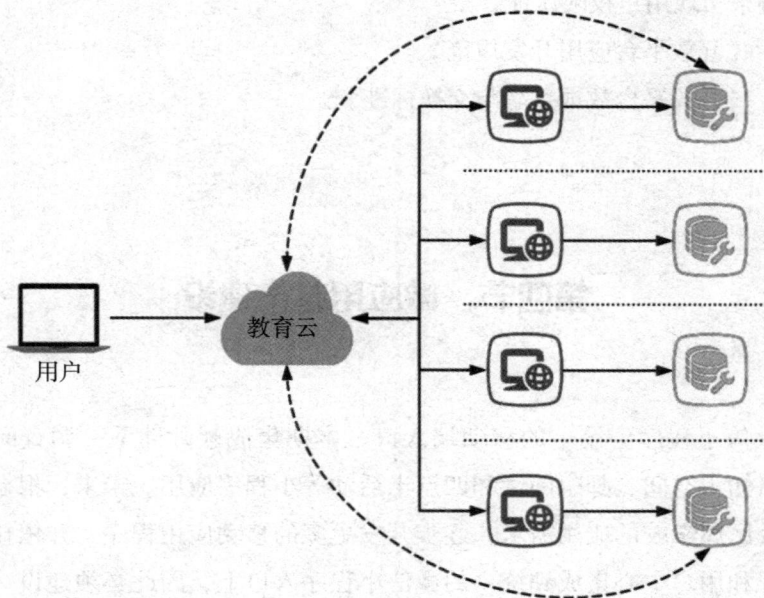

图5-3-16　新应用开发接入

同时，教育云平台提供不同的保障机制，如数据采集、上报、监控等。基于数据的使用情况进行全局的业务分析，查看接口的全局调用情况、系统间的接口调用情况，最终实现以数据使用为中心的大数据分析。

六、开发与集成对接规范

项目实施单位需要制定开放平台相关标准规范，为其他小程序应用接入提供统一标准。

开发和对接规范包括代码管理和应用整合两部分。代码管理包括开发者服务平台、代码提交、版本管理、灰度发布等开发全生命周期管理。应用整合，每个应用会作为单独的包，规定图片、文字等的使用和管理规范。应用开发要求不要使用任何形式的本地存储（包括但不限于localstorage、cookie），不要在项目中使用小程序自带的tabbar，有需要可以使用自定义tabbar。

按照项目的总体框架，可以确定建设内容和标准规范的逻辑关系，需要提供如下信息标准规范体系，并在教育云平台项目执行落地的过程中逐步完善：

（1）《小程序开放平台服务接口标准》。此接口标准提供统一的用户与权限认证接口，方便其他应用调用。为降低使用成本，此接口标准通过微信或小程序扫码来实现用户权限认证。

（2）《开放平台应用开发规范》。

（3）《开放平台数据共享与交换标准》。

第四节　微应用超市建设

以微信小程序为统一的移动端入口，本期集成教师助手、调查问卷、慕课、网络知识空间、师生阅读和四点半活动等小程序应用。未来，根据南山区教育局及区属学校的应用需求，逐步开发更多的移动应用程序，并依托统一的身份认证和用户中心集成到统一的微信小程序入口上，因此必须建设一个具有统一标准的微应用管理平台，即微应用超市，这样区域可以统一进行共性应用的推送，学校也可以根据需要自主选择与集成个性化应用。微应用超市示意图、微应用推送范围自定义、目前已经集成的微应用列表以及微应用超市新应用入驻如图5-4-1~图5-4-4所示。

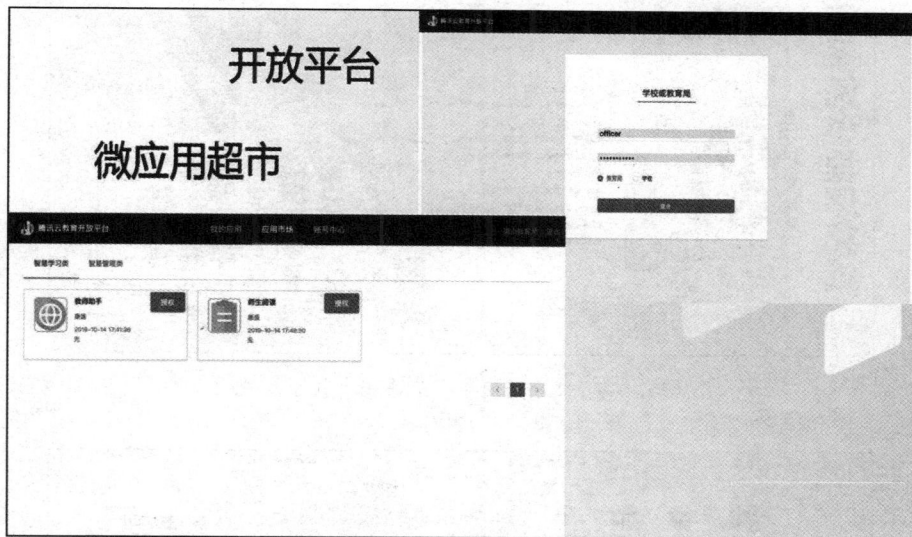

图5-4-1　微应用超市示意图

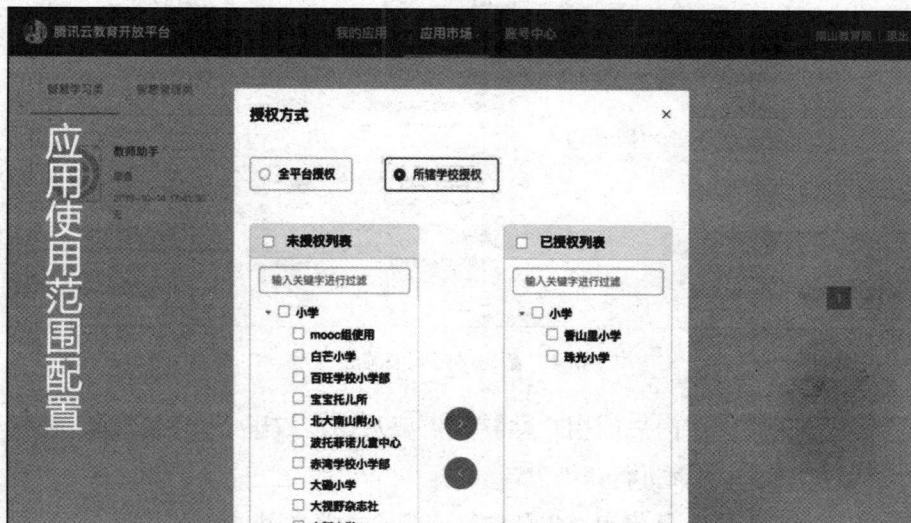

图5-4-2　微应用超市试用范围配置示意图

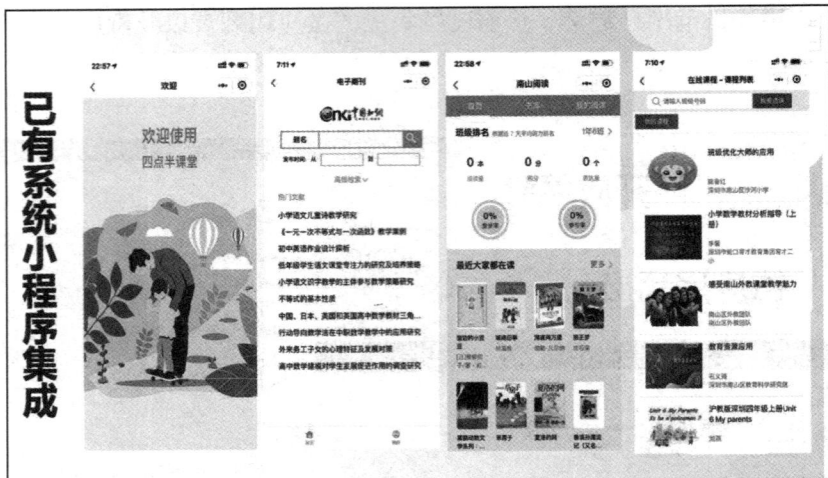

图5-4-3　微应用超市已有系统小程序入驻

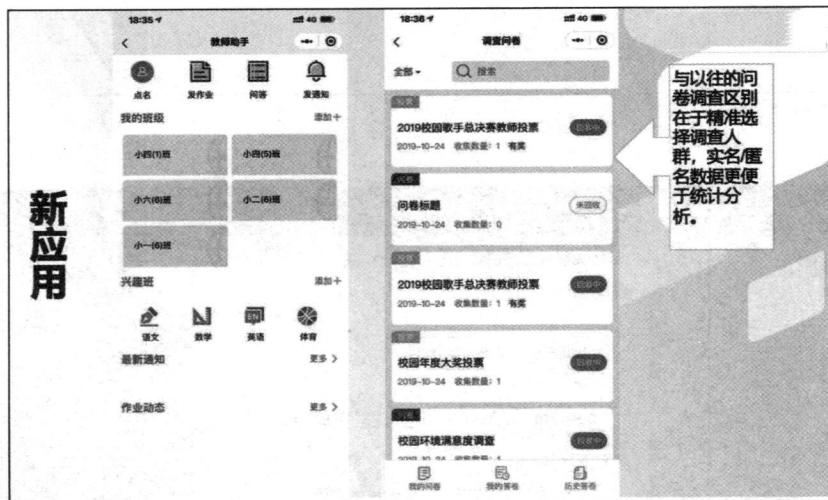

图5-4-4　微应用超市新应用入驻

为了增强微应用门户的用户体验，需要从用户权限、应用权限、视图权限、数据权限等多方面进行详细设计。

（1）用户权限，基于用户角色进行功能的分类，用户包括教师、家长、学生、教育管理人员等角色。不同角色使用时小程序能够根据角色呈现不同的功能视图。应用权限、视图权限、数据权限等都应该基于用户权限进行分类设计。

（2）应用权限，能够基于应用使用范围、应用类型进行分类，如校园类应用、教学类应用、管理类应用等。

（3）视图权限，特指不用用户登录微门户使用小程序时，呈现在不同用户界面的视图内容。教师视图、家长视图、学生视图、教育管理者视图都分别呈现各自的内容。

（4）数据权限，教育云平台对数据进行统一汇总，基于用户的角色赋予查阅数据的响应权限。原则上，前期数据权限仅实现基于用户角色的分类，后期扩展再实现更细粒度的数据权限管理。

第五节　微应用小程序集成

本项目构建小程序创新开放平台，为小程序应用提供完善的接口规范和标准，实现对多个小程序应用的统一管理和呈现。同时，小程序平台能够实现与现有用户中心的对接，实现教育局现有用户账户体系与微信账户的绑定，满足微信端和Web端单点登录的需求。微应用小程序集成的主要特点表现如下：

（1）开放架构，如图5-5-1所示。

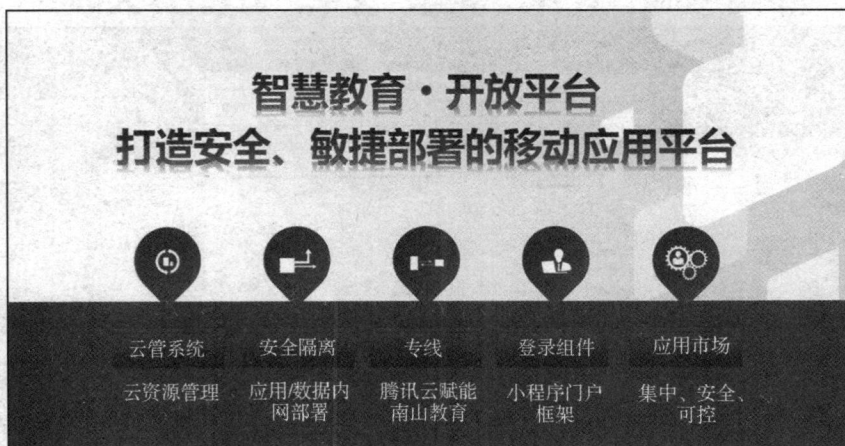

图5-5-1　开放架构

（2）新旧数据融合与原南山教育云数据链路运行情况如图5-5-2所示。

图5-5-2　新旧数据融合与原南山教育云数据链路运行情况

（3）小程序极简、敏捷管控，如图5-5-3所示。

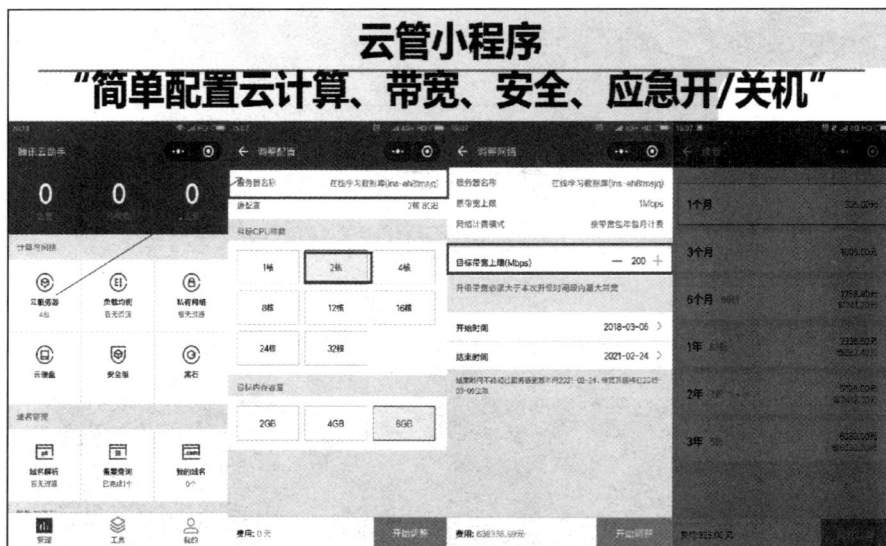

图5-5-3　小程序极简、敏捷管控

（4）高效安全防控，如图5-5-4、图5-5-5所示。

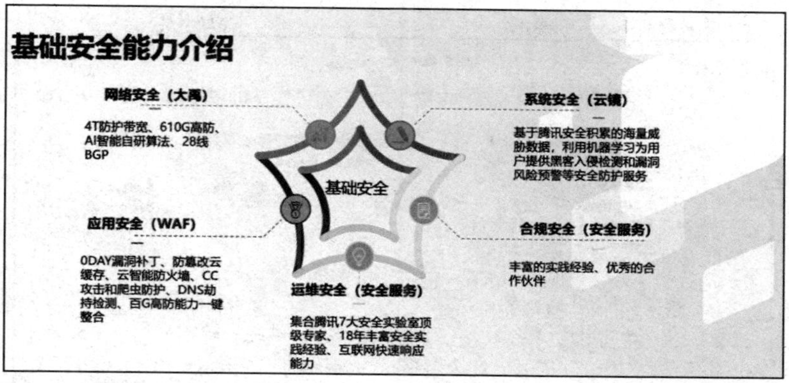

图5-5-4　入口隔离、全面安全防护

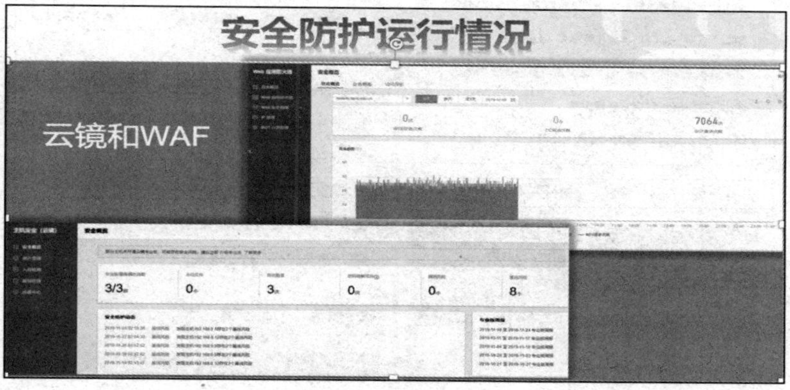

图5-5-5　安全防护运行情况

（5）公有云的私域管理，如图5-5-6所示。

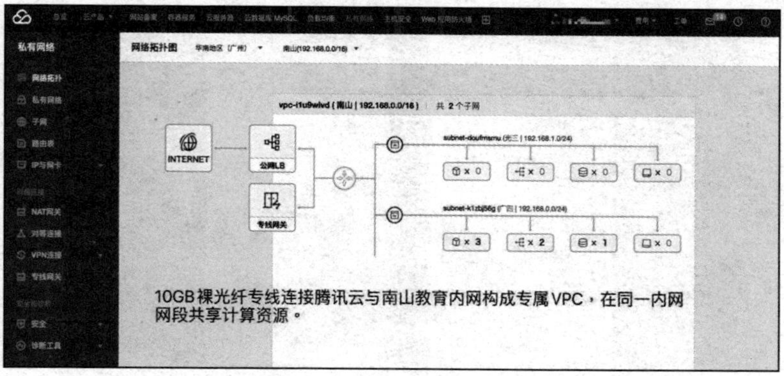

图5-5-6　光纤连接云构成南山教育专属域

（6）首创小程序的集成平台，数据互联互通，如图5-5-7～图5-5-9所示。

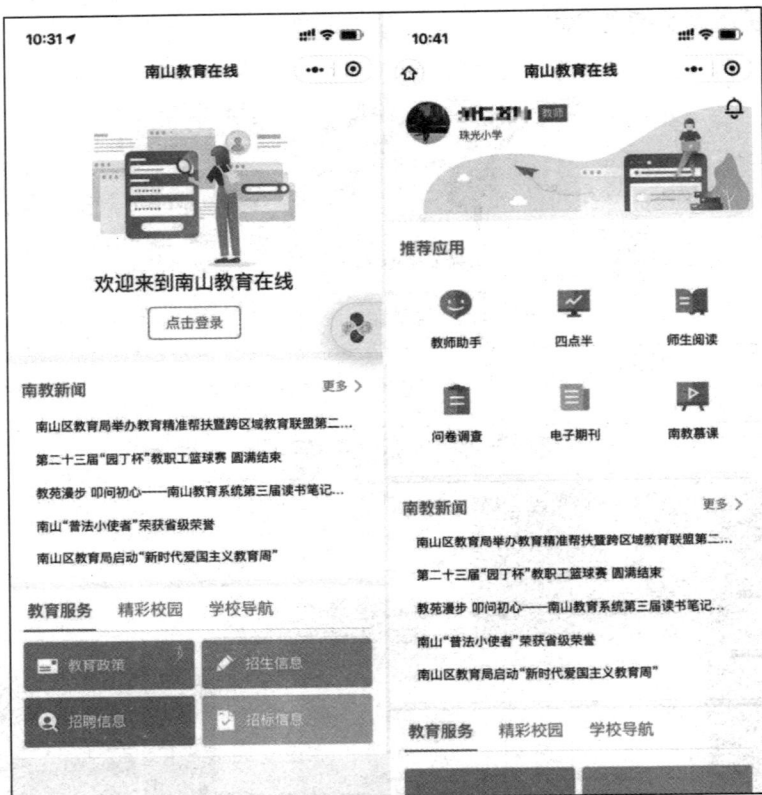

图5-5-7　南山教育在线示意图

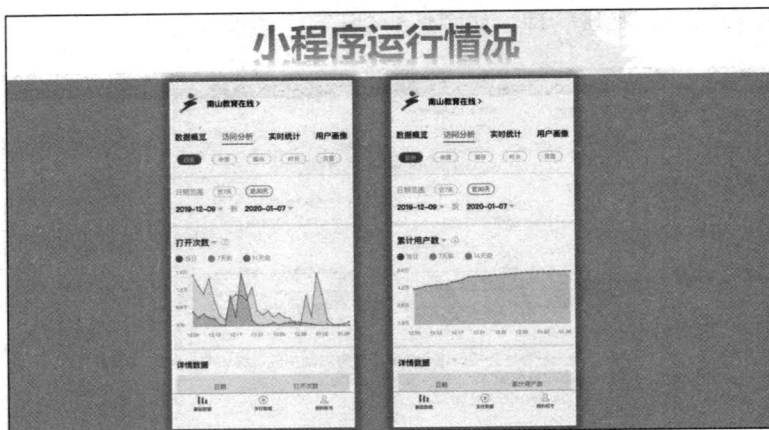

图5-5-8　小程序运行情况监控

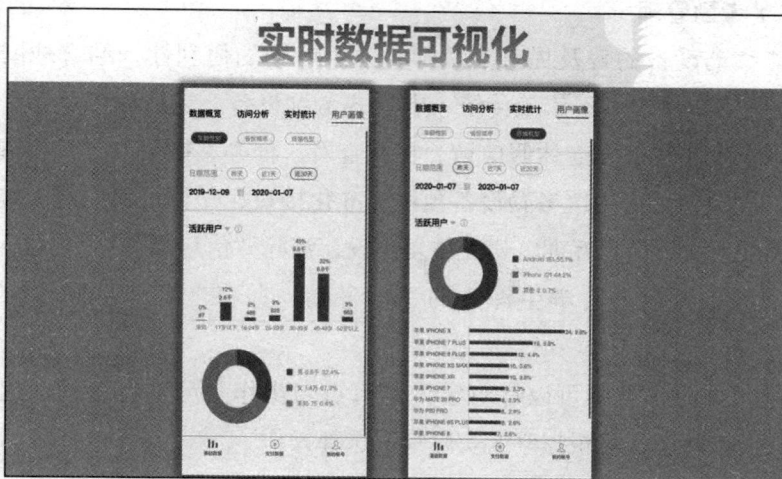

图5-5-9　实时数据可视化

一、教师助手

（一）概述

教师助手的用户对象主要是教师群体，提供考勤管理、班级通知、家校沟通等功能，如图5-5-10所示。

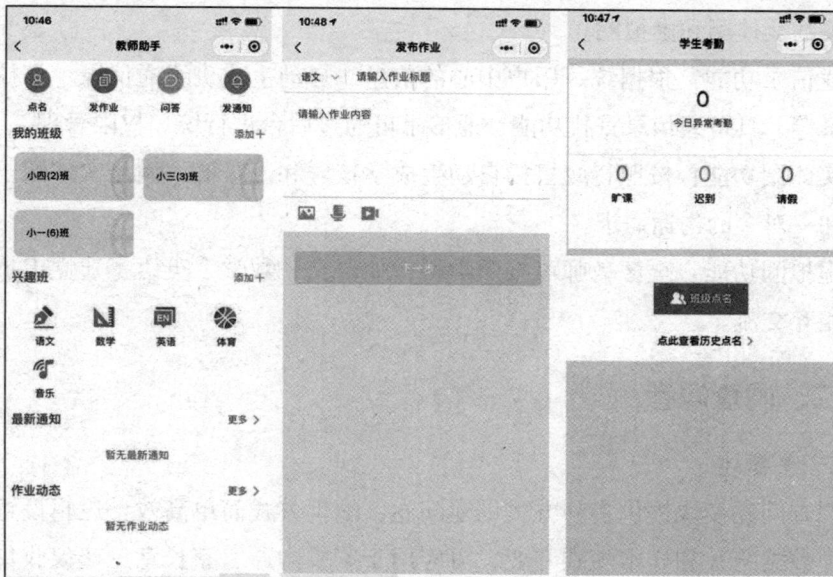

图5-5-10　教师助手

（二）考勤管理

智能移动设备的普及提升了教师、学生考勤的便利性，结合地图技术、Wi-Fi位置感知技术，不依赖传统一卡通式考勤设备，支持教师签到，并按需配置考勤审批流程、发起休假申请、在线查看、催办、撤销、考勤提醒等。与此同时，教师助手为传统考勤设备预留标准化接口，学校可将原有系统对接进来，实现线上线下信息互通，避免重复建设，消除"信息孤岛"。

教师助手可以进行学生课堂的手动考勤，并将考勤信息同步给班主任老师。

在点名页面，教师可以针对学生进行点名操作，分别有正常、迟到、旷课、请假四个状态，可根据学生实际情况选择操作。

（三）班级通知发布

教师助手可以进行班级群发消息操作。近年来，频发的雾霾、暴雨、台风等极端天气给学校正常的教育教学秩序带来了不同程度的影响，教育主管部门及学校管理层的重视程度及管理水平随之逐步提高。在遇到极端天气需要紧急通知调整教学安排的情况方面，智慧校园提供了方便的途径及人性化的工具。

（四）圈子功能

教师助手与微信无缝结合，教师及家长通过手机端登录微信后，可自动进入相关的实体圈和虚拟圈。

通信录功能：根据统一用户中心的信息，自动生成班级通信录、学校教师通信录等，具备通信录查找功能。通信录可通过后台进行统一权限管理。

实体圈功能：按照行政机构自动生成学校群和班级群，满足实体圈子的一对一和一对多的沟通需求。

虚拟圈功能：全区教师可按照学科，如语文、数学、英语等建立虚拟圈，以便相互交流。

二、调查问卷

（一）概述

调查问卷模块提供多种方式创建问卷，编辑方式简单高效，逻辑设置功能强大，数据统计和样本甄别专业，可应用于家校沟通、家长意见建议收集、学生成绩分析、教师信息采集等场景。

（二）新建问卷

调查问卷有三种创建方式，包括平台新建空白问卷、选择问卷模板、文档编辑问卷导入，如图5-5-11所示。

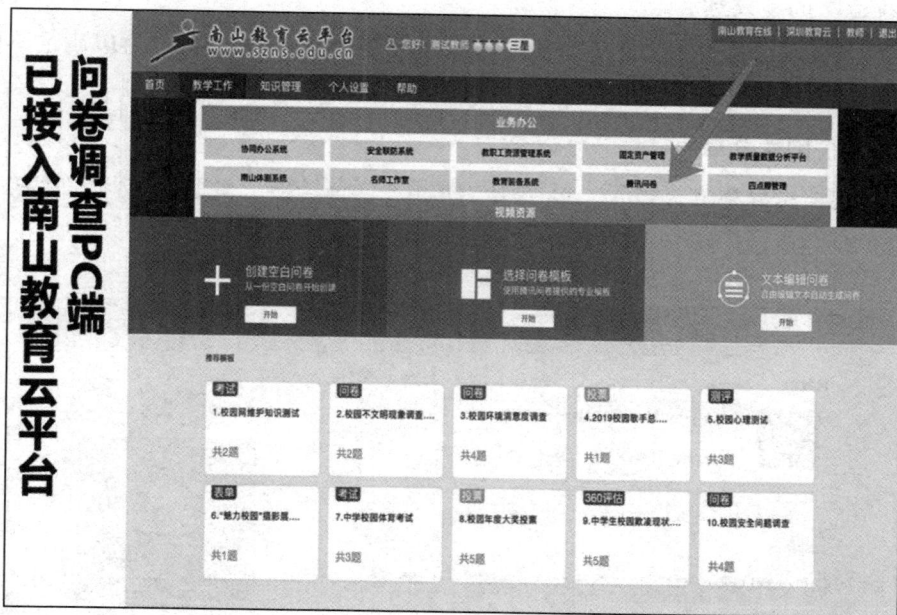

图5-5-11　新建问卷入口

（三）问卷创建类型

在创建问卷时，可根据使用问卷场景进行不同类型的选择，有六种问卷类型模式，分别是调查、考试、投票、表单、360度评估、测评，如图5-5-12所示。

图5-5-12　问卷类型

（四）问卷模板

在建立问卷时，可以根据问卷类型选择合适的模板，并且可以修改问卷模板的内容，提高问卷的发布效率。

（五）问卷设置

问卷编辑设置应科学合理、可选择性强、个性化设置完善，可以满足不同调查的需要。

（六）问卷分享

问卷信息分享方式多元，可使用二维码、网址链接、微信、QQ、微博等，如图5-5-13所示。

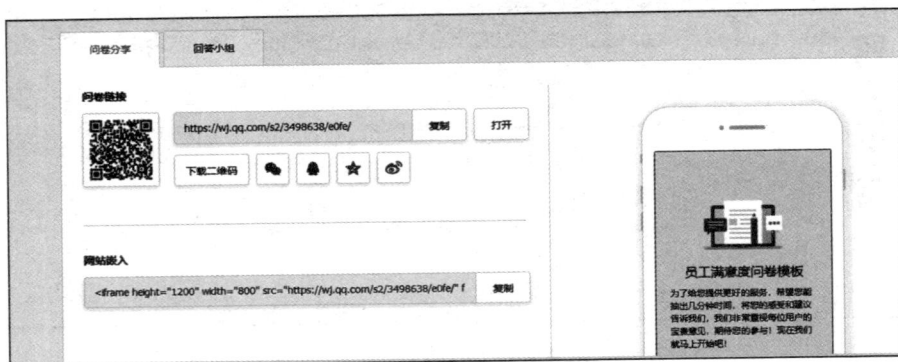

图5-5-13　问卷分享链接

（七）数据导出

可选任意时间段导出问卷信息原始数据，如图5-5-14所示。

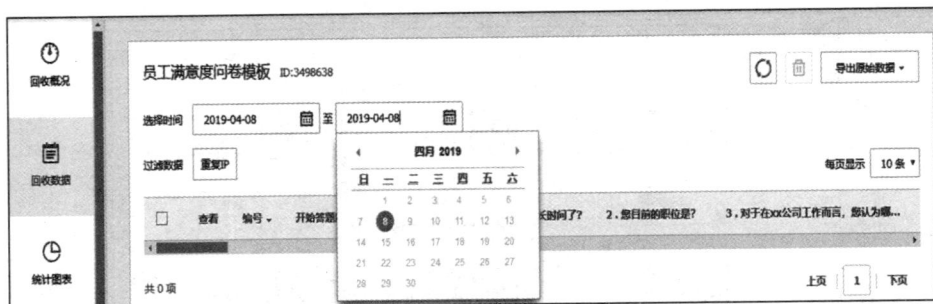

图5-5-14　问卷回收

（八）辅助分析

可生成多种图表辅助分析，如饼状图、柱状图、条形图、折线图。

三、慕课

（一）概述

南山教育云平台已有慕课系统，本次需要原开发单位按照统一的开发接入标准进行小程序前端功能开发，并由本次实施单位将其集成到小程序超市中，供全区教师在线学习使用。

南山教育慕课平台主要面向教师培训领域，为南山区教师提供在线课程服务。

（二）选课

功能描述：在现有的在线课程中，选择自己想要学习的课程。

（1）课程信息页：显示内容简介、课程目录及要求。

（2）选课加入班级：输入选课密码，加入所选班级。

（3）班级首页：选课成功，显示所选课程及课程时间、地点。

（三）在线学习

（1）查看各种类型的学习材料，查看"视频""文本""文档""练习"等模块。

（2）切换学习材料，显示课程目录。

四、网络知识空间

（一）概述

南山教育云平台已建设了网络知识空间，本次需要按统一的小程序开发标准完成前端小程序功能开发，并将其集成到小程序超市中。由于原有网络知识空间项目实施时未要求移动应用，因此，该项小程序前端功能开发需要核算费用。

南山教育云平台网络知识空间以新兴的互联网技术为南山区教育系统每位师生建设网络社交空间，使用对象为全体教师与学生，空间以个体为基本元素，为个人提供各类富媒体知识内容的创作、管理与分享，充分激发广大师生在教研、学习、生活中的创作热情，为南山区广大师生提供一个展示自

己、分享知识、共建资源的社交平台。通过社交网络技术为人和人、人和内容、内容和内容建立起自动化的有机关联，实现群组与个体知识的快速流通。

（二）首页展示

网络知识空间提供首页功能，用户可浏览首页中个人所关注的人、话题发表的相关动态知识信息内容，并可对信息内容进行转载、评论、喜欢等互动操作，如图5-5-15所示。

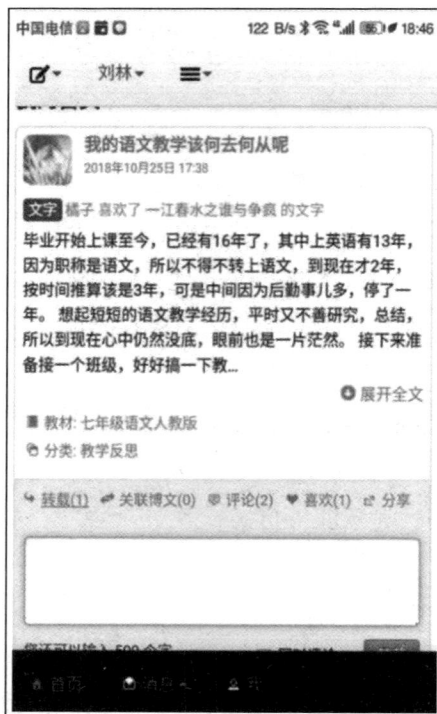

图5-5-15　转载与评论

（三）内容发布

网络知识空间提供内容发布功能，可发布文字、图片等多种富媒体内容，如图5-5-16所示。

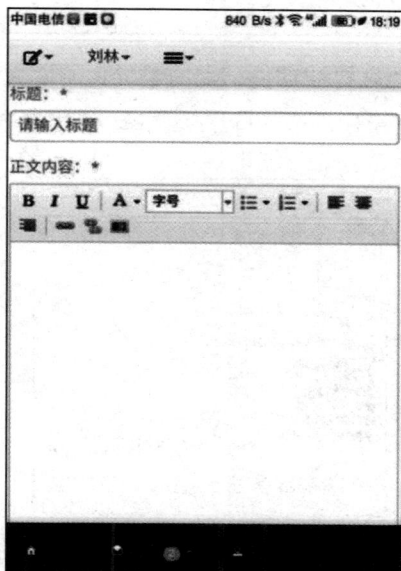

图5-5-16　内容发布

（四）知识检索

网络知识空间可检索内容，输入关键字，通过全部、博文、找人等多种方式检索，如图5-5-17所示。

图5-5-17　知识检索

（五）消息提醒

网络知识空间提供消息提醒功能，可查看@我的博文、@我的评论、评论、转载、关联博文、喜欢、粉丝，全部标记为已读，如图5-5-18所示。

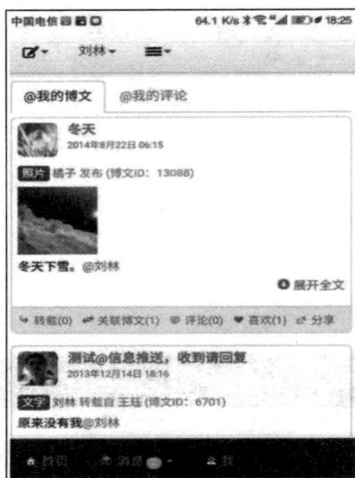

图5-5-18　消息提醒

（六）个人信息管理

网络知识空间提供个人信息管理功能，包括修改个人信息、设置年级学科、我的博文分类等，如图5-5-19所示。

图5-5-19　信息设置

五、师生阅读

（一）概述

为全面提高南山区中小学生阅读质量，引导中小学生阅读正确的书籍文献，查看教师推荐的阅读作品，实时查看学生阅读动态、阅读数据、阅读成就，定期接收阅读报告，查看学生阅读作品，便于教师与家长对学生进行规范监督管理，拟建立师生阅读系统，以长效提高阅读质量。

南山教育云平台已建立了师生（攀登）阅读系统，本次需要原开发单位按照统一的开发接入标准进行小程序前端功能开发，并由本次实施单位将其集成到小程序超市中，如图5-5-20所示。

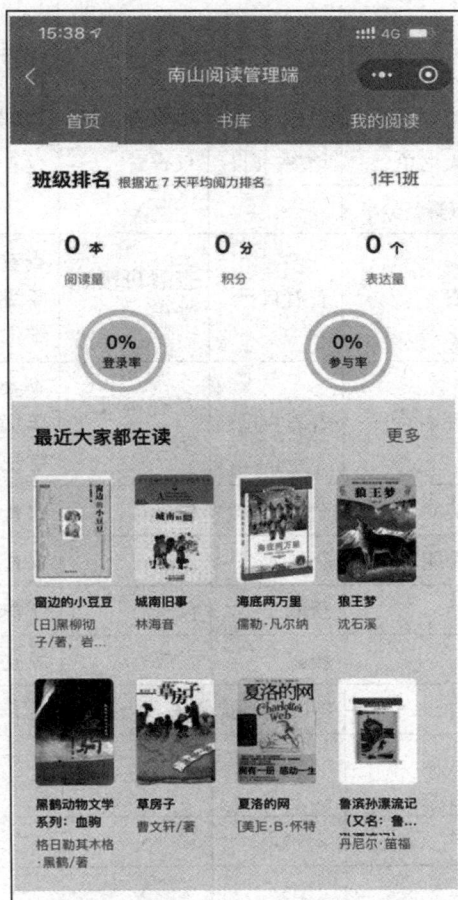

图5-5-20　师生阅读示意图

（二）功能描述表（表5-5-1）

表5-5-1 功能描述

功能＼身份			学生	教师	校管	家长
功能模块	任务系统	阅读任务	接收	布置（给学生）	仅查看	仅查看
	作品系统	老师布置	提交	推送/批改	仅查看	仅查看
		自主提交	提交	仅查看	仅查看	仅查看
		收藏推荐	仅查看	推送/增减	仅查看	仅查看
		展示功能	仅查看	推送/增减	推送/增减	仅查看
	书单管理	书籍检索功能	√	√	√	√
		系统内置年级默认书单	仅查看	增/减书目	仅查看	仅查看
		教师书单	×	接收方	增/减书目	×
		学生个人书单	增/减书目	仅查看	仅查看	仅查看
	社交功能	评论、点赞、分享	√	√	√	√
	统计分析功能	阅读报表	查看自己	查看班级、学生	查看学校、年级、班级、学生	查看自己（孩子）
		阅读报告	查看自己	查看班级、学生	查看学校、年级、班级、学生	查看自己（孩子）
	积分系统	阅力值功能	获取	仅查看	仅查看	仅查看
		能量石功能	获取	发放	仅查看	仅查看
		勋章功能	获取	仅查看	仅查看	仅查看
	消息/通知功能		获取	发放	发放	获取
	数据同步更新功能		即时同步更新书目信息、题库信息			
资源模块	书库资源（书籍、篇章信息）		√	√	√	√
	题库资源		√	√	×	×
	音视频资源		√	√	×	×

六、四点半活动

（一）概述

南山教育云平台已建设了全区统一的四点半活动系统，本次需要原开发单位按照统一的开发接入标准进行小程序前端功能开发。

南山区教育局为全面保障南山区中小学开展四点半活动，对学校、机构、家长与学生实施规范监督管理，从而建立南山区中小学四点半活动长效管理机制。

南山区教育局通过信息的沉淀指导和规范学校活动的开展，将监管落实到学校活动的每个动作和环节，建立起一整套标准化、精细化的活动管理机制，有效整合和规范社会各类教育培训机构资源，形成机构资料库，随时查询每个机构的基本资料及历史教学档案。

南山区教育局结合学校情况，致力于从学期初的课程管理、学期中的教学管理、学期末的数据分析及考核管理全面帮助学校开展四点半活动，建立授课教师缺勤推送管理员、学生缺勤推送班主任的职能分工，实现层级管理，全方面测评课程及教师。机构可以申报课程，课程内容包括课程简介、类别、目标、教师资质及详情。申报课程的前提是通过学校初审，初审信息通过后课程信息和机构信息可以被区域内所有学校查看，被申报的课程只要机构管理员同意即可与学校合作并在校内开设。

家长与学生可以报名感兴趣的课程，家长可以实时了解孩子的学习进度及出勤情况，随时随地获取学校和教师的最新课堂风采信息，在期末时给课程及教师填写评价，反馈孩子的学习结果，如图5-5-21所示。

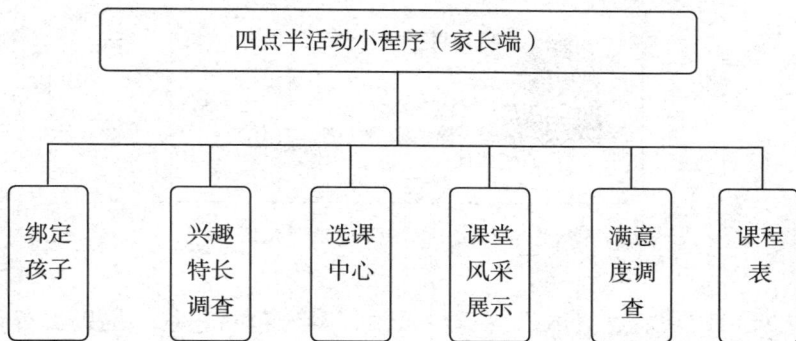

图5-5-21　四点半活动小程序（家长端）

（二）信息绑定

家长在手机上注册登录后，需要填写绑定码进行用户绑定，绑定码是后台自动生成的，由班主任统一发放给每个家长，家长在填写绑定码后会显示对应的孩子信息，确认孩子信息后绑定成功，如果信息错误需重新填写绑定码，如图5-5-22所示。

图5-5-22　四点半选课示意图

用户绑定成功后，进入选择身份页面，身份包括爸爸、妈妈、爷爷、奶奶、外公、外婆、其他，选择其中一个身份即可，如图5-5-23所示。

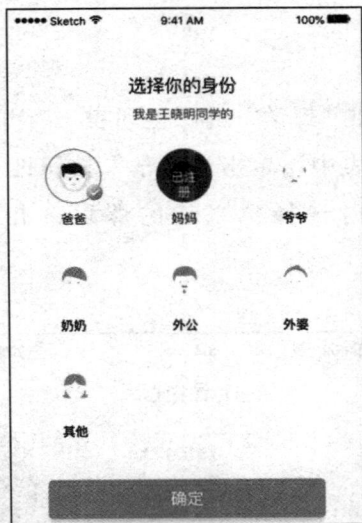

图5-5-23　信息绑定示意图

（三）兴趣特长调查

选择完身份后进入孩子兴趣选择界面，根据分类选择孩子感兴趣的课程，建议让孩子自己选择，每个孩子最多选择五个兴趣，如图5-5-24所示。兴趣选择比较多的课程学校选择的可能性大，如果兴趣不在挑选范围内，可选择"其他"。

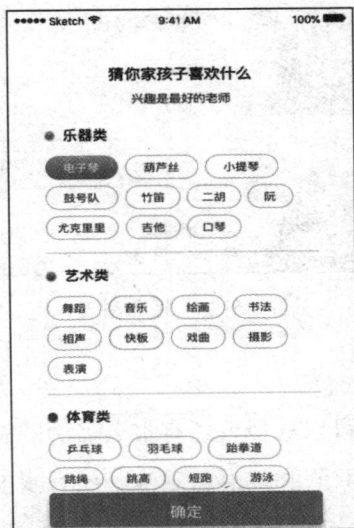

图5-5-24　兴趣特长调查示意图

（四）选课中心

1. 想学课程

想学课程是所有添加"想学"的课程列表，当可以选课时，将感兴趣的课程添加到"想学"列表中，单击"想学"按钮即可添加。想学课程功能方便直接在开始报名时选择感兴趣的课程，相当于"购物车"，如图5-5-25所示。

图5-5-25　课程列表

2. 可选课程

可选课程是当前所有可以选择且还有报名名额的课程，可以看到课程已报名额、剩余名额以及上课时间和地点、老师、还有多少孩子想学课程的信息。如果感兴趣，可以单击图片或者课程标题进入"课程详情"页查看课程的简介，再单击"立即报名"按钮即可，如图5-5-26所示。

图5-5-26　可选课程示意图

3. 已选课程

已选课程是所有已报名的课程，包含自主报名课程及教师预选报名课程，报名的课程可以在选课结束前45分钟取消和换课（教师预选的报名课程不可取消和换课），取消后还可以选择其他课程，也可以直接操作换课，将已选课程换成其他可选课程，如图5-5-27所示。

图5-5-27　已选课程示意图

（五）课堂风采展示

教师发布的课程动态包括图片、文字、视频，家长可以通过这些实时了解孩子在课堂上的动态并可以点赞，与教师互动，如图5-5-28所示。

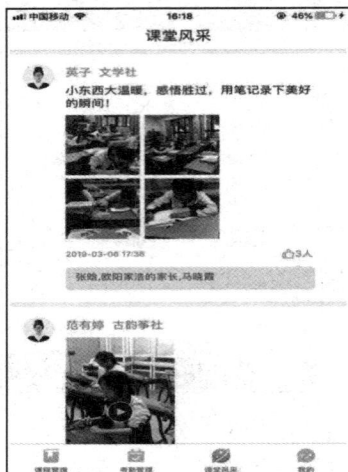

图5-5-28　课堂风采展示

（六）满意度调查

课程评价总共有5颗星，可以根据教师的上课情况酌情给星，还可以写简洁的评语去评价教师。不同等级的星级数对应了不同的标签，教师可以拥有多个同等级标签，如图5-5-29所示。

图5-5-29　满意度调查示意图

（七）课程表

通过课程表可以看到每周所有已选课程的时间、地址、教师等信息，还可以实时查看当天孩子的签到时间和状态，如图5-5-30所示。

图5-5-30　课程表示意图

（八）首页展示

首页包含用户管理、主要功能（选课中心、课堂风采、满意度评价）、最新消息展示、正在学的课程学习进度几个部分，如图5-5-31所示。

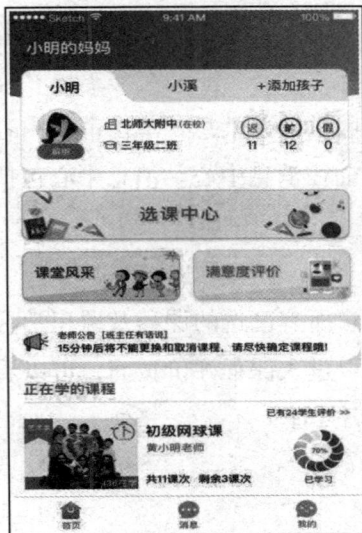

图5-5-31　首页展示示意图

1. 账户切换

多子女家庭可以绑定多个子女账户，单击子女姓名可以随意切换，并展示当前子女的基本信息（所在学校及年级）、签到信息（迟到次数、旷课次数、请假次数），如图5-5-32所示。

图5-5-32 切换账户示意图

2. 最新消息

首页展示当前时间接收的最新消息，单击消息内容可以进入消息中心，单击底部导航栏的消息也可前往消息中心。消息中心包括系统消息、老师公告、评论提醒、点赞提醒。

3. 正在学的课程

正在学的课程展示用户所有已选的课程及课程学习进度、共多少课次、剩余多少课次，单击评价可以进入课程评价页面，可以看到其他同学给老师的评价内容（评价内容做了匿名处理）。

第六节　数据中心展示

一、概述

　　数据展示是将南山教育云平台中的基础数据以及小程序应用基础数据通过抽取、可视化分析等技术手段，实现大屏展现。用户可直观地了解全区教育领域的基础数据和变化趋势等情况。各种统计展示模型如图5-6-1～图5-6-6所示。

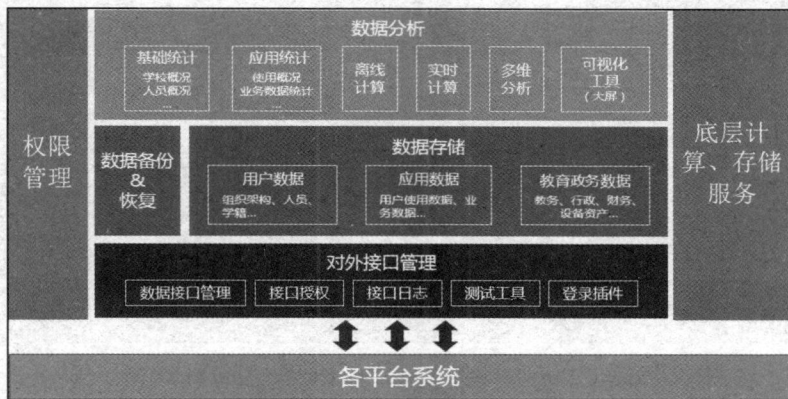

图5-6-1　数据展示分析架构

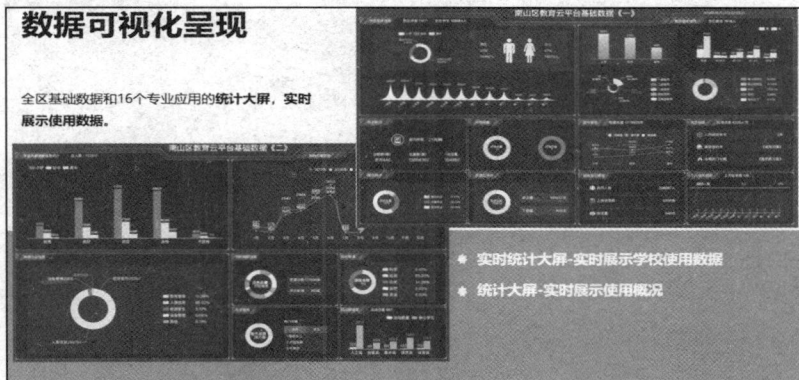

图5-6-2　数据可视化示意图

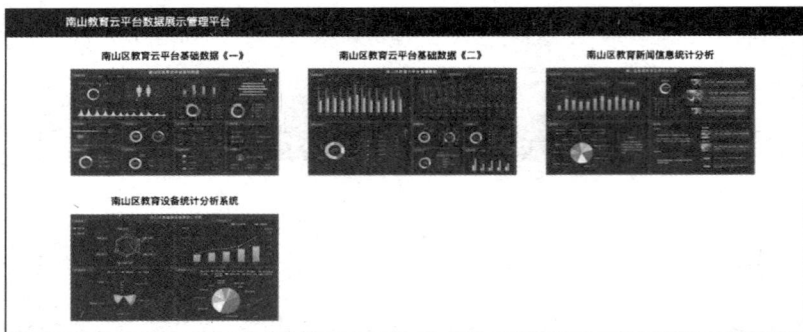

图5-6-3　数据可视化汇总

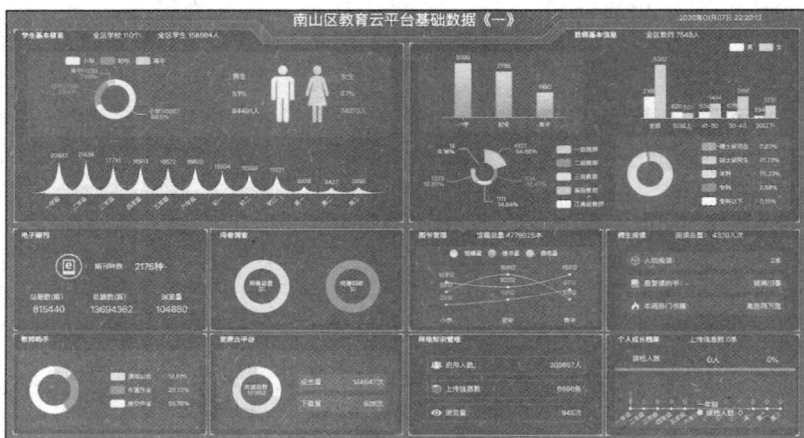

图5-6-4　南山教育云基础数据（一）

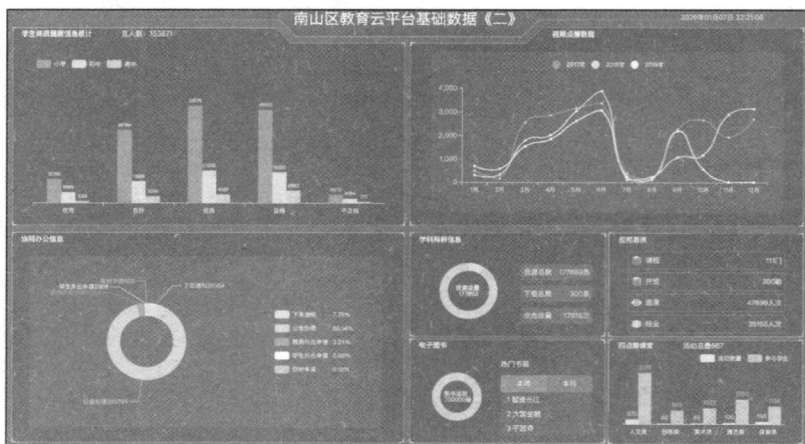

图5-6-5　南山教育云基础数据（二）

图5-6-6 南山教育新闻信息统计分析

二、数据展示信息

1. 学生基本信息（表5-6-1）

表5-6-1 学生基本信息表

学段	性别	单位	年级	班级	人数
全段 小学 初中 高中	全部 男 女	全区学校列表 （关联学段选择，如学段选择小学，学校列表中有小学的） ……	所有年级 一年级 二年级 ……	全校班级列表（关联单位）选择，如选择某个单位，自动呈现该校班级列表	

2. 教师基本信息（表5-6-2）

表5-6-2 教师基本信息表

年龄	性别	学历	职称	学段	单位	人数

3. 图书管理系统（表5-6-3）

表5-6-3 图书管理系统表

单位	学段	馆藏量	开始时间	结束时间	增书量	借阅量

4. 学科网群系统（表5-6-4）

表5-6-4　学科网群系统表

学科	资源总量	资源条数	开始时间	结束时间	新增条数	点击量	下载量

5. 学业成绩管理系统（表5-6-5）

表5-6-5　学业成绩管理系统表

考试名称	单位	班级	参考人数	平均分	优秀率	及格率	进步率

6. 师生阅读（表5-6-6）

表5-6-6　师生阅读信息表

单位	年级	班级	人数	人均阅读字数	人均阅读本数	最爱读的书

7. 个人成长档案（表5-6-7）

表5-6-7　个人成长档案表

单位	年级	班级	人数	建档人数	开始时间	结束时间	上传信息数

8. 网络知识管理（表5-6-8）

表5-6-8　网络知识管理表

单位	角色	年级	班级	启用人数	开始时间	结束时间	上传信息数

9. 视频直播点播（表5-6-9）

表5-6-9　视频直播点播表

单位	资源总量	资源条数	开始时间	结束时间	新增条数	点击量	下载量

10. 电子图书（表5-6-10）

表5-6-10　电子图书信息表

单位	图书册数	中华书苑资源数	开始时间	结束时间	新增册数	借阅量	下载量

11. 资源云平台（表5-6-11）

表5-6-11　资源云平台表

单位	资源总量	资源条数	开始时间	结束时间	新增条数	点击量	下载量

12. 问卷调查（表5-6-12）

表5-6-12　数据展示问卷调查表

单位	阅卷总数	开始时间	结束时间	新增阅卷数

13. 电子期刊（专有数据库）（表5-6-13）

表5-6-13　电子期刊信息表

单位	类别	期刊总数	资源条数	开始时间	结束时间	借阅量	下载量

14. 协同办公（表5-6-14）

表5-6-14　协同办公信息表

单位	事项	总数	开始时间	结束时间	数量

15. 教师助手（表5-6-15）

表5-6-15　教师助手信息表

单位	事项	总数	开始时间	结束时间	数量

16. 体质监测系统（表5-6-16）

表5-6-16　体质监测系统表

单位	事项	总数	开始时间	结束时间	数量

参考文献

［1］（美）巴巴拉·西尔斯，丽塔·里齐.教学技术：领域的定义［M］.乌美娜，刘雍潜，译.北京：中央广播电视大学出版社，1999.

［2］坂元昂.教育工艺学简述［M］.北京：人民教育出版社，1979.

［3］蔡林.实用电化教育手册［M］.成都：四川科学技术出版社，1990.

［4］陈丽，等.技术进化与社会发展［M］.北京：北京师范大学出版社，2004.

［5］郭元祥.教育逻辑学［M］.北京：人民教育出版社，2002.

［6］宫淑红.美国教育技术学的历史与范式演变［D］.广州：华南师范大学，2003.

［7］何克抗，李文光.教育技术学［M］.北京：北京师范大学出版社，2002.

［8］李运林，李克东.电化教育导论［M］.北京：高等教育出版社，1986.

［9］南国农，李运林.电化教育学［M］.2版.北京：高等教育出版社，1998.

［10］南国农，李运林.教育传播学［M］.北京：高等教育出版社，2005.

［11］乌美娜.现代教育技术［M］.沈阳：辽宁大学出版社，1999.

［12］萧树滋.电化教育概论［M］.北京：北京师范大学出版社，1988.

［13］尹俊华.教育技术学导论［M］.2版.北京：高等教育出版社，2002.

［14］杨改学，张筱兰，郭绍青.现代教育技术教程［M］.兰州：甘肃教育出版社，2001.

［15］祝智庭.现代教育技术——走进信息化教育［M］.北京：高等教育出版社，2001.

［16］章伟民，曹揆申.教育技术学［M］.北京：人民教育出版社，2000.

［17］何克抗.信息技术与课程深层次整合理论［M］.北京：北京师范大学出版社，2008.

［18］南国农.80年代以来中国电化教育的发展［J］.电化教育研究，2000（12）：3-6.

［19］南国农.从视听教育到信息化教育——我国电化教育25年［J］.中国电化教育，2003（9）：22-24.

［20］南国农.我们对电化教育知道多少［J］.电化教育研究，1998（2）：2-5.

［21］郑永柏.中国教育软件发展的过去、现在和未来［J］.中国远程教育，2001（4）：61-62.

［22］郑永柏，王杏村.教育软件的发展与第三代教育软件［J］.学科教育，1999（8）：27-31.

［23］何克抗.TPACK的理论基础及对教育信息化的重要意义与影响［J］.中小学教材教学，2017（10）：4-9.

［24］全美教师教育学院协会创新与技术委员会.整合技术的学科教学知识：教育者手册［M］.任友群，詹艺，译.北京：教育科学出版社，2011.

［25］Shulman L. S. Those who understand：Knowledge growth in teaching［J］. Educational Re- searcher，1986，15（2）：4-14.

［26］Shulman L. S. Knowledge and teaching：Foundation of new reform［J］. Educational Review，1987，57（1）：1-22.

［27］Mishra P，Koehler M. J. Technological pedagogical content knowledge：A framework for teacher knowledge ［J］. Teachers College Record，2006，108（6）：1017-1054.

［28］何克抗.建构主义——革新传统教学的理论基础［J］.电化教育研究，1997（3）：3-9.

［29］何克抗，李克东."主导—主体"教学模式的理论基础［J］.电化教育研究，2000（2）：3-9.

［30］何克抗.也论教学设计与教学论——与李秉德先生商榷［J］.电化教育研究，2001（4）：3-10.

［31］何克抗.从Blending Learning看教育技术理论的新发展［J］.电化教育研究，2004（4）：21-31.

［32］何克抗.关于教育技术学逻辑起点的论证与思考［J］.电化教育研究，

2005（11）：3–19.

［33］李克东，赵建华.混合学习的原理与应用模式［J］.电化教育研究，2004（7）：1–6.

［34］桑新民，李曙华，谢阳斌."乔布斯之问"的文化战略解读——在线课程新潮流的深层思考［J］.开放教育研究，2013（3）：30–41.

［35］祝智庭.以智慧教育引领信息化教育变革与创新［J］.发明与创新，2014（3）：4–7.

［36］祝智庭，贺斌.智慧教育：教育信息化的新境界［J］.电化教育研究，2012（12）：5–13.

［37］汪晓霞，范爱华.从系统的视角看教育软件的生存与发展［J］.中小学电教，2008（9）：61–64.

［38］张建锋.浅谈国内教育软件发展现状与趋势［J］.中小学电教，2009（11）：147.

［39］李超.Web 3.0环境下个性化信息服务研究［J］.科技情报开发与经济，2011（7）：118–120.

［40］刘畅."网人合一"：从Web 1.0到Web 3.0之路［J］.河南社会科学，2008（2）：137–140.

［41］王伟军，孙晶.Web 2.0的研究与应用综述［J］.情报科学，2007（12）：1907–1913.

［42］李湘媛.Web 3.0时代互联网发展研究［J］.中国传媒大学学报，2010（4）：54–56.

［43］单成现.Web 2.0时代SNS与国家安全问题研究［J］.信息网格安全，2011（6）：60–62.

［44］叶小路，邹霞.Web 2.0综述及其发展趋势展望［J］.软件导刊，2008（12）：72–74.

［45］段寿建，邓有林.Web技术发展综述与展望［J］.计算机时代，2013（3）：8–10.

［46］陈宁江，金蓓弘，范国闯.多层企业应用的关键：J2EE应用服务器［J］.计算机科学，2003（1）：149–153.

［47］张倩.J2EE与.NET平台的比较研究［J］.电脑学习，2003（6）：27–29.

［48］吴国强.基于虚拟化技术的云计算平台架构研究［J］.电脑编程技巧与维护，2017（16）：61–62.

［49］张耀祥.云计算和虚拟化技术［J］.计算机安全，2011（5）：80–82.

［50］丁养志.浅析虚拟化技术在云计算中的运用［J］.软件，2014（3）：176–177.

［51］龚强.云计算关键技术之虚拟化技术认知研究［J］.信息技术，2013（11）：1–3.

［52］蔡长安，王盈瑛.C/S和B/S的模式的比较和选择［J］.渭南师范学院学报，2006（2）：47–50，74.

［53］曾学军.浅析B/S和C/S结构的开发与应用［J］.电脑知识与技术，2007（18）.

［54］凌晓东.SOA综述［J］.计算机应用与软件，2007（10）：122–124.

［55］王磊.SOA与云计算的结合［J］.信息技术，2013（7）：110–112.

［56］郭清顺.SOA是一种思想［J］.中国教育网络，2009（8）：20.

［57］郑若伦.一种SOA参考架构［J］.吉林省教育学院学报，2011（6）：61–62.

［58］肖越，肖成龙，孙威.基于SOA的云计算模型框架研究［J］.电脑知识与技术，2017（20）：46–47，65.

后 记 ▶

书稿完成在即，心里比较忐忑。主要原因是自我认为对一名教育一线的实践者而言，很难把控前沿的技术与理念，但我还是想把我的思想通过文字表达出来，给区域"互联网+教育"大平台提供一些参考与借鉴。

教育综合服务大平台这个主题进入我的视野，应该追溯到2008年，当时南山区为创建"广东省第一个推进教育现代化示范区"，提出了"教育信息化是教育现代化的基础与条件，用教育信息化引领教育现代化"。为了实现这一目标，我们着手建设"南山教育综合服务大平台"，即第一代"互联网+教育"大平台。随着移动技术与云计算的发展，2015年我们建设了"南山教育云综合服务大平台"，即第二代"互联网+教育"大平台。教育综合服务大平台包含了数十个业务应用，而移动应用App是重量级应用，但学生与家长应用率低，如何开发一款轻量级的移动应用呢？于是我们在2019年探索建设了"基于小程序的服务大平台"，即第三代"互联网+教育"大平台。为将南山区在大平台建设方面的经验与做法分享给大家，就有了本书的一些粗拙的文字与表述。

本书能顺利问世，专家与领导的指导不可缺少。我在研究过程中得到了北京师范大学余胜泉教授团队、深圳市华昊咨询有限公司、京华信息科技股份有限公司、腾讯云计算（北京）有限责任公司、深圳天致信息工程咨询有限公司以及南山区教育科学研究院余耀贤院长和我们教育技术与创新部这个团队的支持与帮助。在此，对直接或间接地支持与实施南山区教育综合服务大平台的人们致以衷心的感谢！

石义琦

2020年8月于深圳